财税政策促进文化产业创新发展的作用研究

丁　芸　蔡秀云　著

中国税务出版社

图书在版编目（CIP）数据

财税政策促进文化产业创新发展的作用研究/丁芸　蔡秀云著. --北京：中国税务出版社，2016.7
ISBN 978-7-5678-0442-5

Ⅰ.①财…　Ⅱ.①丁…②蔡…　Ⅲ.①财政政策-作用-文化产业-产业发展-研究-中国②税收政策-作用-文化产业-产业发展-研究-中国　Ⅳ.①F812.0②F812.422③G124

中国版本图书馆 CIP 数据核字（2016）第 151480 号

书　　名：财税政策促进文化产业创新发展的作用研究
作　　者：丁　芸　蔡秀云　著
责任编辑：王远灏
责任校对：于　玲
技术设计：刘冬珂
出　　版：中国税务出版社
北京市丰台区广安路 9 号国投财富广场 1 号楼 11 层
邮政编码：100055
http：//www. taxation. cn
E-mail：swcb@ taxation. cn
发行中心电话：（010）83362083/86/89
传真：（010）83362046/47/48/49
经　　销：各地新华书店
印　　刷：北京联兴盛业印刷股份有限公司
规　　格：787 毫米×1092 毫米　1/16
印　　张：19.5
字　　数：305000 字
版　　次：2016 年 8 月第 1 版　2016 年 8 月第 1 次印刷
书　　号：ISBN 978-7-5678-0442-5
定　　价：49.00 元

前言

我们对“文化”一词并不陌生，文化是一种内在的精神层面的无形的宝贵资产，在日新月异的市场经济中，人们从中发现了商机，很巧妙地将“文化”与“产业”联结在一起，开启了文化在新时代的传承和创新。进入 21 世纪后，文化产业日益融入现代化经济模式中，并扮演着不可或缺的重要角色。然而在我国，文化产业创新发展还处于初级阶段，但其凭借低碳环保、历史传播、受益大众等一系列优势，已被社会广泛认可为环保产业、绿色产业、朝阳产业。文化产业的发展和创新促进了我国产业结构调整、可持续发展的战略方针的落实，提升了我国的文化软实力和国际竞争力；同时，文化产业的发展也促进了我国文化产业的革新与文化管理方式的转变，提升了国民的综合文化素质及文化创新能力，繁荣了国家文化。

2011 年 10 月，在党的十七届六中全会上，国务院总理温家宝在《政府工作报告》中提出并明确了 将“文化产业建设成为国民经济支柱产业”的发展目标。同时，全会通过的《中共中央关于深化文化体制改革　推动社会主义文化大发展大繁荣若干重大问题的决定》中也提出了推动社会主义文化大发展大繁荣的历史性任务和文化强国的伟大战略目标。2012 年 2 月 28 日，文化部发布了《“十二五”时期文化产业倍增计划》，明确规划了新时期文化产业发展纲领，主要包括文化产业的发展方向、发展任务和发展方法。

2015年10月29日，党的十八届五中全会通过的《中共中央关于制定国民经济和社会发展第十三个五年规划的建议》明确提出，要求“十三五”时期基本建成公共文化服务体系，文化产业成为国民经济支柱性产业。

2004—2013年，我国文化产业增加值从3102亿元增加到21320亿元，平均年增长速度超过20%。2013年文化产业增加值约占国内生产总值（GDP）的3.77%，较2012年增长了0.3个百分点，文化产业发展成效显著。但是，这些成果与其他国家相比还远远不够，与文化产业发达的美国、日本、韩国、德国和英国等相比仍然存在很大差距。主要表现在：我国的文化产业增加值占GDP的比重在3%左右，文化产业发展相对发达的国家文化产业增加值占GDP的比重一般在10%左右，差距较大。我国文化产业的发展还处于探索阶段，文化产品的准公共物品的特征增加了文化政策的决策复杂性，目前并未创造出最大价值效用，文化资源还没有得到合理有效的配置，未能实现帕累托最优。所以，需要重新定义政府在市场上的作用，协调利益分配和资源配置，引导文化产业高效全面发展。一方面，发挥政府“有形的手”的作用，加强对文化产业的监管和调控，制定相关的财政政策、税收政策支持并促进文化产业的发展；另一方面，通过政府的衔接和引导，提升国民文化素质和文化吸纳能力，与时俱进，并与世界接轨。

本书共11章，主要包括以下内容：

第一章　导论，首先介绍选题背景和意义，以及国内外对文化产业概念和内涵进行的界定和分类；其次对国内外支持文化产业发展的财税政策的文献进行梳理和综述；最后阐述本书的研究思路、方法。

第二章　财税政策支持文化产业发展的理论分析和路径探讨，首先阐述发展文化产业的必要性，然后运用外部性、公共产品等理论来揭示政府支持文化产业发展的理论依据，并对财税政策支持文化产业发展的作用路径进行探讨。

第三章　我国文化产业发展概况及评价，首先对我国文化产业发展情况进行概述，系统梳理我国文化产业的发展成果及发展中存在的问题，并在此基础上对我国文化产业的发展进行整体评价。

第四章　我国文化产业税收政策的现实考察，首先回顾了我国文化产业税收政策的历史沿革，接着系统梳理全国层面上当前我国支持文化产业发展的税收实践，然后是归纳整理各省市财税政策支持文化产业发展的主要做法。

第五章　北京市支持文化产业发展的财税政策，在分析北京市文化创意产业发展现状的基础上，指出北京市文化创意产业发展中存在的问题，然后介绍北京市支持文化产业发展的主要做法以及促进文化创意产业发展的财税政策。

第六章　东部地区财税政策支持文化产业发展的主要做法，主要阐述东部地区代表性省市的主要做法，进而对东部地区支持文化产业发展的财税政策进行评析。

第七章　中西部地区财税政策支持文化产业发展的主要做法，主要阐述中西部地区代表性省市的主要做法，进而对中西部地区支持文化产业发展的财税政策进行评析。

第八章　我国财税政策支持文化产业发展的效果评价，对我国财税政策支持文化产业发展的效果进行初步评价，在此基础上发现当前支持文化产业发展的税收政策存在的问题。

第九章　国外税收支持文化产业发展的政策及借鉴，首先介绍国外税收支持文化产业发展的政策，然后阐述基于经验研究和国际比较的结论。

第十章　支持文化产业发展的财税政策选择，首先介绍国外文化创意产业财税政及借鉴，提出构建支持文化产业发展财税政策的原则和总体思路，以及支持文化产业发展的税收政策的现实选择，使用财政、金融等政策工具合力推进文化产业的发展。

第十一章　促进北京市文化产业发展的财税政策建议，首先明确界定财政政策支持的范围，接着规划文化创意产业的财税政策体系，并在此基础上提出完善北京市支持文化创意产业的财政政策和税收政策。

本书系北京市教育委员会项目《促进北京文化服务管理和文化创意产业财税政策改革与创新对策研究》的研究成果，感谢北京市教育委员会的资助。

本书主要由首都经济贸易大学财政税务学院丁芸教授、蔡秀云教授撰写，陈远燕老师参加撰写并对部分章节进行了修改补充，硕士研究生李超、连晓莉、冯满协助承担了部分资料的收集整理工作。

限于水平，本书难免有疏忽、不足或失误之处，恳请读者批评指正。

作者

2016 年 5 月

目录

第一章

导　论

第一节　研究背景和意义

一、研究背景

在经济全球化的背景下，生产要素的跨国流动以及跨国公司的发展和第三产业的兴起，形成了商品和服务的全球化市场。同时，第三次科技革命以后，网络信息的快速传播、互联网经济的推动、新闻传播行业的快速发展促进了全球一体化程度的提高，加强了世界各国人民的联系。伴随经济全球化的发展，不同民族、不同国家之间的交往在客观上促进了不同地域之间文化的融合。同时，文化产业是全球经济发展的重要环节，在经济全球化的发展过程中，文化促进了文化传播和创新。在文化产业发展过程中展现出来的商品和服务间接地促进了其他产业链的循环。例如，文化产业中的文化产品、图案文物、陶瓷图案等，可能会激发时装设计师的灵感，使设计师设计出更多复古时尚的服装，所以文化产业的发展不仅促进了艺术在不同领域之间的传播，而且促进了服装行业的发展，带动了消费人群，增加了就业机会。同时，文化产业也培养出大量优秀的复合型人才，提升了人才在文化产业中的核心地位，此外，文化产业由于其地域性的特征，加快了区域之间的合作步伐，实现了文化产业均衡性发展，而且，文化产业发展已经成为经济发展的核心产业。由于当今世界资源紧缺，人类无限制的需求扩张，环境污染严重，老旧的以牺牲环境和资源为代价的经济发展模式已经不能适应时代发展潮流。文化产业与其他产业发展特征不同，文化产业的发展呈现出耗能少、环境污染小、产品附加值高的特点，这三方面的优势说明文化产业的崛起有利于国家产业经济结构的内部调整，有着战略性发展意义。因此，许多国家把文化产业发展作为经济可持续发展的核心内容。20 世纪 90 年代以来，发达国家相继出台政策鼓励文化产业发展，这些政策有利于全球文化产业的发展。例如，1998 年，韩国和日本政府为应对国内制造业外流造成的国内产业链条中断，提出了“文化立国”的发展理念。现阶段，韩国的文化产业一直处于世界领先位置。英国政府大力推动文化创意产业的发展，将其作为新的经济制高点，提高文化产业的竞争力。在经济危机过程中，文化产业以其稳健性缓解了经济危机带来的负面效应，虽然经济波动所有产业都会受到影响，但是与文化相关的出版、影音、广告等行业的经济增长已快速恢复到危机前甚至超过以前水平。

最后，文化产业的发展促进了科学技术的延伸与创新。信息时代的快速发展促使科技创新和研发进步。我们可以在计算机上听音乐、看电影、浏览电子报纸等。网络信息将出版、影音、广告、归集在一起，创新出了自助阅读浏览器、3D 电影、高清电视等新的文化产品，这些都是以文化为载体的。同时，文化产业的外溢性促进了其他产业的发展。例如，《熊出没》作为一部国产动画片深受小朋友喜爱，现今三个主人公形象已经不仅仅用于电影动漫产业，也已制作相关玩具、服装等，促进了制造业的发展，还在旅游景区游乐园制成模型，促进了旅游业的发展。文化产业与信息科学技术紧密结合，文化产业的发展依托信息业的传播；信息业的发展要以文化作为载体，进行文化创意。

以上是现阶段国际市场上文化产业大力发展的动因和现状，从根本上说，文化产业的发展是顺应历史潮流的，与时代发展趋势相符。下面简要介绍我国文化产业发展的研究背景。

我国文化产业发展在2012年进入了新的发展阶段。从文化的特征来看，文化是无形资产的一种，主要源于精神层面。但如果将文化发展为文化产业，这样就增加了文化的附加值，促进了文化与科技的创新和结合，生产出来的文化产品能够更好地满足人们日益增长的物质文化需求。中国是一个多民族国家，文化产业的发展对于增强民族凝聚力和民族自豪感有着重要的作用，可以促进民族之间的文化交汇融通。在经济全球化的背景下，文化产业的快速发展使我国综合文化实力大幅提升，增强了我国文化产业的核心竞争力。虽然我国文化产业起步较晚，但是发展日新月异，文化产业作为新兴产业，是政府新一轮经济发展的核心，已经提升到国家安全战略层面。我国政府为促进文化产业的发展先后出台了多项政策，鼓励文化产业的快速发展，同时，财税政策、货币政策作为调控市场的重要手段，对于文化产业的发展可以起引导和促进作用。

文化产业作为推动经济增长的新的制高点，存在着巨大的发展潜力和广阔的市场前景。文化产业现阶段已经与其他产业相关联，其“外溢性”促进了其他产业发展，而新技术的研发也推动了文化产业的发展。同时政府运用“有形的手”对文化市场进行宏观调控，保障了其发展环境。因此，新时期文化产业的发展形势良好。2013年，我国文化产业收入已经达到了21320亿元，且平均年增长率已超过20%，文化产业增加值占GDP比重增加，已经突破了长期以来的3%，并朝着政府提出的5%的目标冲刺；同时以互联网、数字信息化生产为主的广告、动漫、影音、游戏、网络等产业增加值迅速增长。随着国际贸易的发展，中国的文化产业出口也大幅上涨。例如，2005年我国动漫业产值不足100亿元，但2013年动漫业产值已超过了870亿元。2012核心动漫业出口产值为8.3亿元，同比增长16.25%；2013年核心动漫出口产值为10.2亿元，同比增长22.8%。

由表1-1我们可以看出，文化产业近年来发展迅速，但占GDP比重还很低，尚未成为经济发展的支柱产业，存在诸多问题导致文化产业发展未达到既定目标。文化产品的准公共性使文化产业发展政策难以抉择，单纯地依靠市场调节很难实现帕累托最优。因此，需要重新界定政府在市场经济中的地位，对于文化产业的财税政策研究也就颇为重要。

表 1-1　　2009-2013 年我国文化产业发展状况

项　　目	2009 年	2010 年	2011 年	2012 年	2013 年
文化产业增加值（亿元）	8400	11052	13479	18071	21000
文化产业增加值增速（%）	10.09	31.57	21.99	16.50	15 以上
文化产业增加值占 GDP 比重（%）	2.50	2.75	2.85	3.48	3.77
文化产业对 GDP 贡献率（%）	2.91	4.61	4.90	5.50	5.82

数据来源：根据财政部、国家税务总局、海关总署、文化部等网站相关资料整理而得。

二、研究意义

文化产业作为一个新兴的行业发展迅速，同时得到了政府的重视和关注，但是文化产业的发展还存在许多问题。首先，文化产业结构单一、发展规模较小，难以形成规模化经济产业；其次，文化产业缺乏文化人才，理论创新意识薄弱，缺乏一批专业化的操作团队，导致文化产业内部发展混乱；最后，文化产业的投入产出效率低下，投入与产出比例不能达到预期的效果，造成许多资源浪费，未能有效地增加文化产品的附加值。因此，文化产业的发展离不开政府的宏观政策调控，文化产业需要一系列政策法规的规范和制度保障，同时政府应该增加财政投入，鼓励科研创新，从我国具体国情出发，根据现阶段文化产业的发展现状制定出台相应的财税政策，这样，文化产业才可能持续发展下去。同时，研究文化产业的财税政策也是现实背景的需要。发展文化产业可以提升我国文化软实力，提升国民素质，扩大消费，满足人民日益增长的文化需求，这是同我国经济发展目标相适应的，同时也与全球经济一体化的发展模式接轨。所以，财税政策对文化产业的发展起重要指导推动作用。

第二节 文化产业的概念与分类

一、文化产业的概念

文化产业是一个不断变化发展的词汇，国际上，由于各国历史国情和实际情况不同，因此各国对文化产业的定义也有所不同。由于文化产业覆盖面广、功能特点多、涉及种类多等，使各国政府和学者对文化产业的定义大不相同。例如，文化产业还被称为广泛意义上的创意产业、体验产业、大众产业、文化工业和版权产业，等等。虽然各自名称有所不同，但是研究领域还是有很多交叉的共性和特征，这充分体现了文化产业的多样性和不确定性。

文化产业最早由法国批判理论家阿多诺和霍克海默在德文专著《启蒙辩证法》中提出，但是这只是一个最根源的启蒙性定义，从根本上来说他们所辩证的应该是“文化工业”。他们认为“文化工业”一词将“文化”和“工业”相结合是有失偏颇的。因为文化是一种原始精神领域的需求，所以通过影片、无线电以及杂志等大规模的生产出来，然后被群众广泛地消费，这种行为是对文化艺术的侵蚀。文化本身发展的内涵是为了满足人类内心所追求的自由、满足和快乐。两位学者运用批判的思维阐释了文化工业的商品化和产业化是与文化本身发展背道而驰的，他们认为文化的意识形态最终为资本所掌控，他们所定义的“文化工业”是与“文化产业”不同的。本书认为“文化产业”是不同于“文化工业”的，因为文化工业只是单纯机械地将文化本身通过影音、杂志等生产出来投入市场经济中，而忽略了怎样将这种文化产品和文化服务达到合理的资源配置，怎样能够更有效地为人民大众消费，进而实现效益的最大化。文化产业发展的最终目的是实现文化产品和文化服务的效益最大化。文化产业的效益最大化主要体现在两方面：一是实现经济效益的最大化；二是实现社会效益的最大化。文化产品作为一种公共产品，只要其所提供的产品和服务符合文化产业的定义，那么文化产业的发展就不是对文化精神内涵的侵蚀，而是推动社会经济发展和人类文明进步的助推器。1980 年 6 月，联合国教科文组织在蒙特利尔召开的国际性文化产业计划的会议上正式提出了“文化产业”一词，给予它经济意义上的定位。下面简单介绍几种文化产业的定义。

联合国教科文组织对文化产业的定义是从文化产业生产及文化服务功能来讲的。[①] 但是，这样的定义忽略了文化产业无形的价值存在形式，如舞台表演、艺术展览等。世界知识产权组织将文化产业定义为“版权产业”。[②] 从中可以看出，版权产业的定义较为广泛。还有许多国家将文化产业定义为“创意产业”。澳大利亚政府在 1994 年发布了关于《创意国家：共同文化财富政策》的报告，报告主要讨论了文化的艺术形态应该与新的科学技术相结合，这样才能够创造出新的经济发展模式。此后，文化创意为英国等国家广泛采用。1998 年，英国文化媒体和运动部成立了创意文化小组，他们将文化创意产业理解为个人创新能力、个人素养的表现。文化创意产业的定义在当今仍有许多国家采用，并且文化创意产业的发展态势良好，主要观念和思想内涵也日益丰富。在我国文化产业的发展过程中，我国政府也多次修改并完善文化产业的定义。此外，在党的十七大报告中首次提出了文化创意产业的概念，并突出表明了文化传承与文化创新的重要作用。文化创意产业被称为 21 世纪的朝阳产业，这一产业发展前景良好，具有独特的发展优势。文化创意产业的提出当然是得益于文化产业的快速发展。近年来，我国对于文化产业的定义与分类颁布了诸多文件。[③]

由表 1-2 几种对于文化产业的定义可以得出：各个组织以及国家、学者由于所处的国情及环境不一样，对于文化产业的定义也存在一定的差异

① 文化产业是按照工业标准生产、再生产、储存以及分配文化产品和文化服务的一系列活动。这是针对文化的生产过程以及所创造出来的直接的文化产品和文化服务而定义的，是从文化产业有形的物质形态定义的，如书刊报纸、电子音像和影音传媒等。

② 版权产业是指那些直接或者是间接投入版权作品中的创作、制造、生产广播和分销的产业。

③ 2003 年，我国文化部颁布《关于支持和促进文化产业发展的若干意见》，指出文化产业是从事文化产品生产和提供文化服务的经营性行业。2004 年，国家统计局在《国民经济行业分类》中发布了《文化及相关产业分类》，提出文化产业是为社会公众提供文化娱乐产品和服务的活动，以及与这些活动有关联的活动的集合。2012 年，国家统计局新修订了《文化及相关产业分类》，对于文化产业的构成做了小幅度的增减。

性。正是因为学术界并没有严格地定义文化产业，故不能很完整准确地反映文化产业本身，也无法针对文化产业制定出相应的财税政策以促进其发展和壮大。本节对国际上文化产业分类进行比较，提出本书的文化产业概念定义及统一的划分标准，主要是根据文化产业自身的特征来区分分类，侧重于文化产业的公益性、准公益性和经营性。通俗来讲，第一类是政府公益性质的，并由政府支持发展的；第二类是准公益性质的，具有非竞争性和排他性的公共产品，如电影院和博物馆等；第三类则是经营性质的文化产品，这类产品在市场上自由交易，具有买卖性质。

表 1-2　对文化产业几种不同的定.

国　家	界　定
联合国教科文组织（UNESCO）	文化产业是按照工业标准生产，再生产储存以及分配文化产品和文化服务的一系列活动
联合国贸易与发展会议（UNCTAD）	对“创意产业”的定义为：创意与知识资本的投入，由一套以知识为基础的经济活动构成，包含产品与服务的创作，生产和销售的循环过程，生产具有创意内容、经济价值与市场目标的智力或艺术服务
英国	英国称为“创意产业”，是指为源自个人创意、技巧和才华，通过知识产权的开发和运用，具有创造财富和就业潜力的行业
美国	美国称为“版权产业”，是指创造享有版权的作品作为主要产品的行业，包括创作、传播、复制、发行文学艺术和科学作品的相关行业和收集、储存提供资讯的产业，总共分为四个层次
中国	文化产业是为社会公众提供文化娱乐产品和服务的活动，以及与这些活动有关联的活动的集合

资料来源：李季．我国文化产业财税政策研究［D］．大连：东北财经大学博士学位论文，2013.

二、文化产业的分类

由于各国历史背景不同，经济发展过程和文化意识形态不同，不同国家对于文化产业的分类也不同。各组织和国家主要是根据某一相对标准和特定的国情对文化产业进行分类的。下面简要介绍几种分类标准（见表 1-3）。

表 1-3 对文化产业的几种分类标准

联合国教科文组织（UNESCO）	联合国贸易与发展会议（UNCTAD）	英　国	美　国	中　国
文化遗产、出版、印刷业、音乐、表演艺术、视觉艺术、音频媒体、视听媒体、社会文化活动、体育和游戏、环境和自然	广告、建筑、美术和古董交易、手工艺、设计、时尚、电影、互动休闲软件、音乐、表演艺术、出版、软件、电视、广播	出版、电视和广播、电影和录像、电玩、时尚设计、软件和计算机服务、设计、音乐、广告、建筑、表演艺术、艺术和古玩、工艺	广播影视业、录音录像业、图书、报刊出版业、戏剧创作业、广告业、软件、纺织、玩具制造和建筑业、书店、音像制品连锁店、计算机、收音机、电视机、录像机、游戏机和音响设备等	新闻出版发行服务、广播电视电影服务、文化艺术服务、文化信息传输服务、文化创意和设计服务、文化休闲娱乐服务、工艺美术品的生产、文化产品生产的辅助生产、文化用品的生产、文化专用设备的生产

资料来源：李季．我国文化产业财税政策研究［D］．大连：东北财经大学博士学位论文，2013.

2012 年，我国以新的《国民经济分类》为基础，颁布了新的《文化产业及相关分类》，其与联合国教科文组织《文化统计框架（2009）》相联系，主要是调整了分类结构，基本是根据以前分类的方法，对局部板块进行了扩充和删减。增加了与文化生产活动相关的创意、新业态、软件设计服务等内容，同时减少了一些不符合文化产业相关定义的活动类别。我国对文化产业的分类主要体现在表 1-3 列举的 10 个类目中，根据这 10 项可以将我国文化及文化相关产业分为五个层面。①

本书注重讨论财政和税收政策对文化产业的作用和效果，因此根据文化产品的公益性、准公益性和经营性三个属性特征可相应地分为以下三类。第一，公益性文化产品是指具有非竞争性、非排他性和效用不可分割特性

① 第一层是对于文化产品及文化相关产品的生产。第二层是根据文化生产活动的特点以及方便管理分为 10 大类，包括新闻出版发行服务、文化艺术服务、文化创意和设计服务等。第三层是根据文化生产活动的相近性分为 50 个中类。第四层是详细的文化活动类别，总共分为 120 个小类。第五层是对部分与文化生产活动相关的小类进行拓展延伸，总共 29 个。此外，2012 年对于文化产业新的分类标准也改变了原有的分类结构，取消了原来的“核心层”“相关层”与“外围层”的分类结构，将其变成了文化产品的生产、文化专用设备的生产及文化用品的生产四部分。

的文化产品。公益性文化产品不以营利为目的，无偿地提供给人民，以满足人们日益增长的物质文化需求。例如，图书馆、文化馆、纪念馆、博物馆、文化遗产和古迹、公共电视、公共广播、公共体育场馆、全民健身场所和公益性文艺活动等。第二，经营性文化产品是最具有竞争性和排他性的一类文化产品。经营性文化产品的提供遵循市场经济规律，它是由市场供给的，并且以盈利为基础，以实现利润最大化为目标。例如，电影电视、各类文艺演出、文化图书、报纸杂志、付费电视、音像、竞技表演和文化休闲旅游等。第三，准公益性文化产品是介于以上二者之间的，具有准公益性的文化产品，有时会出现"搭便车"现象，从而导致市场上提供的文化产品不能满足人类有效需求，因此政府会给予大量补贴进行调节。例如，民办艺术表演团体、图书馆、电影院和文化艺术中心等。

第三节 国内外研究综述

一、国外文化产业财税政策的研究

国外的学者对于文化产业税收政策的探析主要是依据如下几种理论：一是公共财政理论。在市场经济中确立公共财政的地位，认可财政对促进文化产业发展所采取的系列政策。二是公共产品理论。强调政府对于公共产品的引导作用和调控作用，在一定程度上优化公共产品的资源配置。最后是政府干预理论。众所周知，单纯地依靠市场调节经济，无法达到资源优化配置和帕累托最优，所以需要借助政府进行干预，制定合理的财税政策，推动产业经济发展。

早在 1176 年，著名经济学家亚当·斯密在《国富论》中提出"市场是一只无形的手"，总是完成许多并非己愿的事情，这表明对它的任何干预都是不可取的。他在书中提出，政府应该乐善好施，大规模地提供公共产品，这些公共产品用于提高人们文化素质、活跃文化氛围。这标志着外国文化产业进入了新的发展阶段。1959 年，马斯格雷夫在《公共财政理论》中提出：政府应制定相应的财政政策和税收政策，促进文化资源的合理配置，更有效地实现政府职能。1960 年，布坎南在《民主财政论》中明确论述了文化作为公共物品很难实现物物之间的自由交换，因此必须借助政府提供文化产品来弥补市场缺失。

休谟是阐述“公共产品”的第一人。休谟在《人性论》中提出，政府负责提供国防、空气等纯公共产品，但是也会存在“搭便车”的情况。如果要克服这种现象，就必须有政府介入，采取一些政策才能减少此类现象的产生。“林达尔均衡”则证明了个人在使用公共产品的成本分配时，通过议价方式达到动态均衡。萨缪尔森认为集体消费品即是公共产品，布坎南将公共产品分为纯公共产品和准公共产品。

政府干预论是由凯恩斯提出的，他的观点是相对于亚当·斯密的，主要是提出政府在市场经济中的作用，把政府比喻为一只“有形的手”，针对市场在运行过程中存在的缺陷和问题，主张政府运用相应的财政政策和税收政策进行宏观调控，以达到刺激消费、增加就业、满足社会需求的经济发展目标。1986 年，斯蒂格利茨基于凯恩斯的观点，提出了“看得见的手”和“看不见的手”两只手相结合的观点，他认为市场失灵不仅存在于公共产品领域，还涉及每个生产领域。这种观点目前逐渐被人们接受。

二、国外文化产业财税政策的具体实施

近年来，美国文化产业发展迅猛，与其文化政策和管理密切相关。美国采取无为而治的文化产业政策，美国经济学家 Bird（2003）认为：国家采取无为而治的文化产业政策，是对营利性文化产业采取不干预政策，由市场进行调节，但是财政政策必须干预非经营文化产业的发展，这也是基于非经营文化的公共产品性考虑的。美国学者 Goddard（2005）认为，对于非经营性文化产业，政府应该完善立法和构建有效的财税政策，对非经营文化产业进行宏观调控和干预。例如，增加财政直接支出，完善财政转移支付制度，运用税收减免税政策，对涉及文化产业的企业及个人赞助免税。2007 年，美国路易斯安那州文化产业办公室提出：企业和个人在文化产业的研究和开发（R&D）投入应实行税收抵免政策，且在 10 年内予以结转，

并且需要对文化产业建立一套完善的税收体系。Charles H. David（2009）提出文化创意产业的研究方案，采用创业聚集理论形成了对安大略省的“屏幕产业”的支持。法国学者莱西认为，文化产业具有广阔的发展空间，发展迅猛且后劲十足，因此政府需要给予文化产业更多的支持和政策激励，以促进文化产业的发展。此外，日本学者实郁朗对文化产业的财政政策有所研究，提出了“文化立国”的经济构想，对于日本动漫产业等发展突出并对外出口的文化类型，应加大财政支持力度，给予出口减免税政策。韩国学者允龙泰和允龙中提出文化产业是新时期经济增长的核心产业，文化产业的投资对经济增长做出了巨大贡献，因此要采取相应的财税政策，着力推动文化产业做大做强。

三、我国文化产业财税政策的研究

财税政策与文化产业的发展密不可分、相辅相成，财税政策在一定程度上促进了文化产业的发展。我国对文化产业的研究起步较晚，学者对文化产业的财税政策主要有以下观点。路春城、綦子琼（2008）认为文化产业发展之所以需要财政的介入是由于文化产品的外部性、非竞争性、效用难以衡量性和需求多样化。肖建华（2010）认为文化产品是一种优值品，消费者的偏好难以把握，引入税收机制可以降低生产企业的成本和风险，增加产品的供给，满足社会需求。柳光强（2012）认为文化产品的外部性、非竞争和税收收入替代效应是财政介入文化产业发展的原因。金瑛（2012）提出财政在文化产业发展中的重要性。杨京钟（2012）认为文化产品属意识形态范畴，需要政府介入和引导。贾康（2012）指出，公共文化产品存在和发展的基础便是税收，税收是促进文化发展的重要因素。归纳以上对于财税政策介入文化产业的原因分析，本书认为无非有两点：首先是由文化产业的外部性、非竞争性等基本属性所决定的。这是与之俱来的，作为公共产品无法被改变，因此需要政府采取财税政策进行介入。其次，财税政策对于文化产业的发展是至关重要的，完善有效的财税政策是文化产业发展的基石和保障，财税政策可以弥补文化产业由于自身特性在市场上存在的缺陷，同时也可以协调政府宏观调控与市场经济的关系，提升政府的调控能力。

财税扶持文化产业现状和问题的研究：2000 年，党的十五届五中全会首次提出文化产业的概念，因此我国学者对文化产业的相关研究起步较晚。董为民（2003）指出，虽然财政对文化产业的支出增加，但是财政支出比例却在逐年减少，反映出财政对文化产业发展的重视程度及鼓励发展程度不足。申国军（2009）指出，现阶段我国关于文化产业财政政策的立法还不完善，税收优惠政策力度小，税制制定不全面，缺乏对高端文化产业税收政策的制定。张皓（2010）指出税收政策未能更好地促进文化产业的发展，起调控作用，主要表现在税收政策支持力度小，执行实施存在较大阻力。兰相洁（2012）提出我国文化产业的现状，指出税收体系存在很多问题，如税负较重、税制结构不合理、增值税存在重复征税问题。安体富和张新（2012）指出我国文化产业政策不能很好地吸引民间投资，税收优惠单一，税收优惠力度小，税收政策的设计和实施还存在许多问题。财税扶持文化产业现状和问题的研究也主要集中在财政直接投入少，财政支出比例小，税收立法不完善，税收体制不健全，税收政策不全面，税收优惠政策和税收支持力度不大等方面，因此对文化产业的财税政策还有待于进一步研究和考察。

促进文化产业发展财税政策的研究：贾康、马衍伟（2008）认为对于文化产业应该实行费改税政策，避免税费的混淆，同时区别文化产品特性，实行差别税率征税，对文化产业相关的企业创新采取税收优惠政策。强建宁、程华（2008）提倡要控制财政扶持风险，避免财税政策与文化产业市场机制的冲突。姜曙（2009）提出应完善财税政策，健全公共服务平台，发挥政府作用并建立文化产业基金会。梁云峰（2010）认为，应该建立一个动态的财政支持政策，提出了相应的财政和税收政策对文化产业发展不同阶段的影响。何秋仙（2002）、袁艳红（2007）提出，针对文化产业应该加大所得税税收优惠，减少流转税的税收优惠。马洪范（2012）提出要增加对文化产业的财政支出，按相应比例建立陪同投入机制，建立专项基金管理机构，完善政府采购制度，同时要减少文化企业的税负，税收方面鼓励社会捐赠行为，对文化产业及其设备进出口采取税收优惠政策。学者们对于我国文化产业发展政策的建议研究颇丰，主要是集中在税费改革方面，建议根据文化产品特性实施差别税率；同时要充分发挥政府导向作用，健全并完善公共服务，出台相关的财税政策。尤其是在税收方面，尽可能地减轻税负，细化税收文化产业的优惠政策，做到依法征税。完善文化产业的财税政策，要参考诸多学者的研究和学习国外文化产业政策的先进思路。许为民、曹峰旗（2008）研究了韩国文化产业的发展，并在此基础上提出了为解决中国文化产业的缺陷的一些切实可行的建议。吴江（2009）讨论了美、英等国文化产业的财税政策，重点研究了财税政策的特点和运行过程，并且详细地进行了横向纵向对比，提出了比较开放性的建议。吴江指出，对于文化产业财税政策的提出要依据国情，只要是有利于文化产业发展的，都可以大胆设立。

第四节　研究内容和研究方法

一、研究内容

文化产业对促进我国经济快速增长、调整国民经济结构具有重要推动作用。虽然多年来我国的经济发展指数快速上升，国家硬件实力有了大幅提升，但是作为拥有5000年文化历史大国的中国，现阶段的文化综合软实力还有待提高。我国的文化产业发展较为落后，在国际上没有足够的话语权和影响力，单纯地依靠社会主义市场经济发展文化产业难以实现帕累托最优状态，因此，我们需要借助政府“看得见的手”调控文化产业发展。

本书共11章，主要内容包括以下几个方面：

第一章　导论，主要介绍文化产业选题的国内外背景及研究意义。首先介绍国内外对文化产业概念和内涵的界定和分类，其次归纳并梳理国内外学者对于支持文化产业发展的财税政策文献，再次详细介绍本书大致研究思路和研究方法。

第二章　财税政策支持文化产业发展的理论分析和路径探讨，首先阐述发展文化产业的必要性，其次运用外部性理论、公共产品理论阐述大力发展文化产业的理论基础，再次探讨文化产业发展的可行性路径。

第三章　我国文化产业发展概况及评价，首先从宏观上大体介绍我国文化产业的发展现状，其次根据文化产业现状提出重点突出的问题，进而从总体上评价我国文化产业发展现状。

第四章　我国文化产业税收政策的现实考察，首先回顾了我国文化产业税收政策的历史沿革，接着系统梳理全国层面上当前我国支持文化产业发展的税收实践，然后是归纳整理除北京市以外，其他省市财税政策支持文化产业发展的主要做法。

第五章　北京市支持文化产业发展的财税政策，主要讨论北京市文化产业发展的财税政策，以及文化创意产业等新兴业态的文化形式所享有的财税政策。首先讨论北京市文化创意产业的发展现状；其次提出北京市文化创意产业发展过程中存在的问题，如内部结构的优化以及产业龙头品牌的创建等；最后描述北京市支持文化产业发展的做法以及北京市支持文化创意产业发展的财税政策分析。

第六章　东部地区财税政策支持文化产业发展的主要做法，结合实际情况选择了我国东部地区文化产业发展独具特色的省市，主要有广东省、江苏省、天津市等，详细介绍文化产业发展状况及财税政策。

第七章　中西部地区财税政策支持文化产业发展的主要做法，结合实际情况选择了我国中西部地区文化产业发展独具特色的省市，主要有陕西省、甘肃省、重庆市等，详细介绍文化产业发展状况及财税政策。

第八章　我国财税政策支持文化产业发展的效果评价，针对我国文化产业财税政策实施带来的效益进行评价和分析。在此基础上发现当前支持文化产业发展的税收政策存在的问题。

第九章　国外税收支持文化产业发展的政策及借鉴，介绍美国自由开放的文化产业政策，法国政府主导型的文化产业政策等，结合我国国情，取其精华，借鉴国际经验。

第十章　支持文化产业发展的税收政策选择，首先梳理国外有关文化产业发展所采取的财税政策；其次说明财税政策制定的原则性标准，再次阐述促进文化产业发展的财税政策的构建思路；然后从我国文化产业发展的现实国情出发，提出支持文化产业发展的税收政策的现实选择；最后说明了综合使用财政、金融等政策工具合力推进文化产业发展的内容。

第十一章 促进北京市文化创意产业发展的财税政策建议，主要是针对前面提到的北京市文化产业发展现状以及存在的问题，提出一套与之相对应的财税政策。首先需要确定文化产业的范围，其次规划文化创意产业的财税政策体系，再次完善北京市支持文化创意产业的财政政策，最后完善北京市促进文化创意产业发展的税收政策。

二、研究方法

首先采取了文献研究和比较研究的方法。通过对学者文献的阅读以及对国外文化产业发展现状的分析，理论联系实际，提出针对现阶段促进我国文化产业发展的财税政策。通过与其他国家对文化产业政策的分析比较，具体问题具体分析，结合我国国情，提出相适应的财税政策。

其次选择定性分析和定量分析相结合的研究方法。定性研究财税政策对于文化产业的效用，定量分析文化产业对于经济增长的贡献度，为财税政策的制定提供理论实践基础。

第二章

财税政策支持文化产业发展的理论分析和路径探讨

第一节　发展文化产业的必要性

我国是一个拥有5000年悠久历史的文明古国，在整个中华文明历史长河中，文化宛如黄河和长江贯穿其中。《诗经·大雅·文王》中有这样一句话，“周虽旧邦，其命维新”，一百多年转瞬即逝，它无时无刻不推动着传统文化进行改革性的转变；同样也是好几代科研工作者不断求索的话题。迈入21世纪，随着互联网信息通信技术在全球化进程中的发展和普及，文化又面临着经济新常态下新的棘手问题。发展文化产业是实现中华民族伟大复兴这一历史使命中不可缺少的重要环节，这一论点无论是从经济发展角度还是从文化复兴的角度来看都是合乎情理的。

近几年，物流快递、电子商务等新的行业状态及发展趋势快速增长，互联网金融、战略性新兴产业如雨后春笋般成长壮大，许多“Maker”崭露头角，文化创意产业蓬勃发展。目前经济社会的发展越来越依靠文化，文化也逐渐成为一个民族凝聚力和创造力的主要来源，更是成为一个国家综合国力竞争的重要要素之一，因此丰富精神文化生活将逐渐成为广大民众实现“中国梦”的有效路径。历年来，我们党高度关注文化产业的建设，将先进文化产业视作社会经济前进方向、凝聚奋斗力量的“领头羊”，这一举措同样受到党的特别重视。与此同时，发展文化产业有助于准确掌握经济新常态和大数据时代背景下我国整体产业发展的新动态、新趋势。

一、发展文化产业是我国经济发展的战略之一

在经济新常态、大数据时代这一宏观大背景下，发展一种无形的纯精神享受产业，是这个时代发展的必然产物。理所当然，发展文化产业便首当其冲地位于我国经济发展战略的可选择行列之中。

近年来，发展文化产业已被屡屡提上日程，国家出台了各种相关政策来支持和促进文化产业的发展。目前，文化产业已被纳入国家战略，这为文化产业的发展提供了新的历史机遇，文化产业在我国经济发展战略中的地位将逐步提升。表 2-1 是对 2009—2014 年我国关于文化产业发布的具有标志性的、意义重大的一些政策梳理。

表 2-1　　2009—2014 年我国有关文化产业的部分政策梳理简表

时　间	文件（会议或报告）名称	政策出台实施对文化产业发展的作用和影响（简要内容）
2009 年 9 月	《文化产业振兴规划》①	涉及文化产业发展的政策文件在我国初次登台亮相，该政策的出台是文化产业发展上升到国家战略步调的助推器。《文化产业振兴规划》发布之后，发展文化产业一度成为每届全国大型会议的热点话题
2010 年 10 月	党的十七届五中全会《中共中央关于制定国民经济和社会发展第十二个五年规划的建议》②	会议强调，大力推动文化产业成为国民经济的支柱性产业是“十二五”期间要做的事情之一。指出，在政府指引下培育主干文化企业和战略投资者，发挥市场机制的积极作用，发展新型文化业态，鼓励和引导非公有制经济的进入，增强多元化供给能力，满足多样化社会需求，繁荣社会主义文化市场，推动文化产业成为国民经济的支柱性产业。

① 《文化产业振兴规划》发布（全文）—新闻中心_中华网［EB/OL］. http：//news. china. com/zh_ cn/domestic/945/20090926/15653123_ 1. html.

② 中共中央关于制定国民经济和社会发展第十二个五年规划的建议（9）--时政--人民网［EB/OL］. http：//politics. people. com. cn/GB/1026/13066297. html.

续表

时　　间	文件（会议或报告）名称	政策出台实施对文化产业发展的作用和影响（简要内容）
2011年10月	党的十七届六中全会《“十二五”文化改革发展规划纲要》①	拟定了2015年文化产业成为国民经济支柱性产业的目标，并提出竭尽全力打造社会主义文化强国的目标
2012年3月	《“十二五”时期文化产业倍增计划》（文化部）②	提出目标——文化部门管理的文化产业增加值与2010年相比较，五年内要争取翻一番的发展
2012年11月	党的十八大报告③	明确了文化产业发展的目标和追求，明确了文化产业在社会主义文化强国建设进程中的位置和重要性，具体内容为：文化产业要成为国民经济支柱性产业；文化产业要成为国家产业竞争力的重要组成部分；文化产业品牌要成为国家文化形象的重要标志。这些重大措施标志着文化产业将成为我国发展战略的重要成分，对加快发展文化产业和增强我国文化国际影响力有着重大的现实意义和深远影响
2014年4月	《国务院办公厅关于印发文化体制改革中经营性文化事业单位转制为企业和进一步支持文化企业发展两个规定的通知》（国办发〔2014〕15号）④	修订和完善了一系列推动文化改革发展的重要经济政策，以作为新一轮文化体制改革强有力的后盾。另外还强调，中央财政和地方财政应安排文化产业发展的专项资金，创新资金投入方式，有条件的应扩大专项资金规模，完善政策扶持体系。采取贴息、补助、奖励等方式，支持文化企业大力发展。除此之外，强调将有线数字电视增值税免税政策重新明确再延长3年，新增对农村有线电视、城市电影放映等增值税优惠政策，扩大文化产业发展专项资金规模

从表2-1可以看出，上述一系列政策的出台实施，表明近年来国家对文化产业的发展给予大力支持，甚至将其纳入国家发展战略之一，可见文化产业的未来将保持高速增长态势，前途无量，而且必将保持不同于其他产业的高速持续发展状态。发展文化产业不仅仅是遵从了经济发展规律，而且还可以在一定程度上调节我国的产业结构，促使现代服务业更好地

---

① 国家“十二五”时期文化改革发展规划纲要（全文）_ 中国经济网——国家经济门户[EB/OL]. http：//www. ce. cn/culture/gd/201202/16/t20120216_ 23076264. shtml.

② 《“十二五”时期文化产业倍增计划》（全文）_ 中国经济网——国家经济门户［EB/OL]. http：//www. ce. cn/cysc/newmain/yc/jsxw/201303/06/t20130306_ 21438894. shtml.

③ 党的十八大报告（全文）［EB/OL]. http：//phycjy. pinghu. gov. cn/readnews. asp？ id=3121.

④ 国务院办公厅关于印发文化体制改革中经营性文化事业单位转制为企业和进一步支持文化企业发展两个规定的通知（1）_ 文化科技_ 光明网［EB/OL]. http：//theory. gmw. cn/2014-04/16/content_ 11050320. htm.

发展。

二、发展文化产业是应对经济危机、扩大内需的重要途径

发展文化产业不仅是悠久历史文化传统的继承，也是我们对精神食粮的渴求。国际实践经验证明，每一次经济危机发生之后，都会催生新一轮的产业革命。当经济处在萧条期时，人们总是希望用文化艺术资源来缓解精神压力和调整心态，文化产业正好可以满足这样的需求，故其在应对金融危机中逆流而上、茁壮成长，一跃成为经济发展的新的动力源泉，使文化产业在国民经济中的比重也同步提升。2013 年 1 月 6 日，据《北京日报》报道，2012 年我国文化产业总产值突破 4 万亿元，占 GDP 比重在以往的基础上又有所提高，文化产业对国民经济增长的贡献也在不断上升。2013 年至今，跨国并购已是如火如荼，国产电影票房日渐增长，文化传媒行业一度成为资本市场的新宠儿。①

发展文化产业是经济增长的基础和前提。发展文化产业除了可以应对危机外，还可以扩大内需。在文化产品、服务日益丰富的今天，随着国家社会生产力的不断发展和物质生活水平的日渐提高，发展文化产业已成为满足人民百姓日益增长的精神文化需求重要乃至必要的途径，因此积极推进文化建设在扩大内需方面会起到至关重要的作用。

众所周知，新的社会发展阶段会催生出一系列的新经济连锁反应，其中就包括居民消费的总体结构和水平将会随着我国经济步入一个新的发展阶段而发生巨大变化。自然而然地，文化消费也会跨入一个崭新的周期，其中的一个基本方向就是消费者普遍从物质层面向精神层面过渡和转变。恩格尔系数理论是这样解释此现象的：如果一个国家的公民越富裕，那么文化消费/个人消费支出总额的比值也就越显著。目前我国文化消费需求与城乡居民增收、国民经济增长之间存在现实差距，总体消费能力相对偏低，暂时还未达到与经济发展水平相适应的理想状态；在目前我国文化消费总

---

① 2012 年中国国内文化产业总产值突破 4 万亿元［EB/OL］. http：//news. 163. com/13/0106/10/8KHDPAID00014JB5. html.

量较快增长这样一个不争的事实面前，文化消费/个人消费支出总额的比值增长却是有限的。所以，发展文化产业对我国应对危机、扩大内需具有很重要的意义。

三、文化产业具备成为国民经济支柱产业的潜力

文化产业作为现代第三产业的主力军，它的发展不仅仅可以应对危机、扩大内需。一方面，文化产业的发展有助于推动文化体制改革和新兴服务业的发展，进一步完善社会主义市场经济体制，并促进国民经济结构的战略性调整；另一方面，文化产业的累累硕果在政治文明与精神文明建设中，经过连续地行使广大民众文化权利，繁荣和发展社会主义先进文化，可为全面构建社会主义和谐社会做出巨大贡献。

文化产业成为中国经济最主要的增长点和最强有力的支柱产业的原因有两个，一个是文化产业属于朝阳产业，由于其与高新科技联系密切，从而使其可以容纳大量的劳动力，解决就业问题；另一个原因是，我国文化产业是在中国特有的文化资源基础上建立的，这让它拥有了在全世界市场竞争中的独特优势。

当前的经济形势下文化产业所具有的成为国民经济支柱产业的潜力非同凡响。文化产业主要以无形资产的投入为主，如知识、文化、创意等，它拥有超强的就业吸纳本领、潜在的社会和市场需求以及少消耗、低污染和高附加值等优点，是典型的绿色低碳产业之一；与此同时，文化产业在促进经济发展模式转化、实现可持续发展中的作用日渐凸显。伴着文化体制改革的逐渐深入、各项关于文化产业优惠政策的出台和广大民众精神文化需求的日益增大，我国文化产业迅速迈入成长期，总量规模稳步上升，进一步加大了文化产业对经济社会发展的贡献度。

文化产业的发展有助于推动我国经济从“中国制造”向“中国创造”跨越，从投资驱动向创新驱动转型，这完全取决于它以人为本的发展模式。发展文化产业不但对丰富文化和智力资源具有优势，将文化转化为现实生产力，拉动创意阶层和培植国民创新能力；而且能够为广大人民群众提供更多精神方面的宝贵财富，积极推动世界文明进程，并在这一过程中，激

发文化自信心、文化认同感和民族凝聚力的正能量，弘扬中华文化，增强国家文化软实力，提升我国大国国际形象。让世界客观地认识中国的有效载体便是创造出杰出的文化产品。

发展文化产业是我国发展对外贸易、开拓广阔国际市场必不可少的撒手锏。自 2001 年我国加入世界贸易组织（WTO）以来，我们面临着各式各样的挑战，发展文化产业是将我国文化推向世界的必要战略之一。当前全球经济一体化，在为文化产业的发展带来大好机会的同时，也加大了其面临的挑战。目前我国文化产业面临着如何发挥其影响力和创造力，以永久保持其生命力和吸引力；怎样才能更好地在国际市场竞争中占据优势地位，理直气壮走向世界的大问题。近几年，大批的国外文化产品、文化资本以及文化服务迅速进入国内市场，这是由于文化市场的准入门槛日渐降低的缘故。对此我们不能不闻不问、坐以待毙，必须转变以往观念，迅速行动，增强危机感与紧迫感，将我们的文化产业做大做强，文化产品做多做好，文化服务做优做全，只有这样才能够在国际竞争激烈角逐中获得主动权和占据优势地位。不管是问题也好，机遇也罢，要使当今社会经济全面、快速有效的运营和发展，大力发展文化产业必然是不可或缺的。

总的来说，目前我国文化产业进入重要的发展期，这对文化产业的发展来说是个大好的机遇。这种机遇体现在以下方面：新技术、新兴业态的兴起，为文化产业发展注入新能量；发展文化产业已被确认为国家发展战略之一，为文化产业的发展提供良好空间；财税金融政策逐渐完善，为发展文化产业起到了重要的支撑作用；文化产业的崛起和迅猛发展，为文化产业成为我国经济支柱性产业奠定基础；还有就是文化公共服务平台的建设和运营日趋成熟，使得文化产业的发展更加便利。诚然，每一件事都具有两面性，我国文化产业迅猛发展的同时，也伴随着一些新的问题：消费水平与需求多样化之间不匹配，就业增长滞后于规模扩张，成长型好但体量小，在资源相对丰富的前提下国际市场的份额和品牌效应不够，虽然产业盈利空间比较大但仍处于价值链低端。以上各种矛盾表明，我国文化产业距离既定的支柱产业目标之间还有着一段距离，其准公共品的特点使文化政策决策过程变得越发复杂，如果仅仅依靠市场机制配置文化资源将会距离所谓的帕累托最优状态渐行渐远，因此政府这只“有形之手”必须介入，以弥补市场的失灵，并达到想要的结果，因此，设计和制定有效财政税收政策工具和框架十分重要。

第二节　财税政策支持文化产业发展的理论依据

近期，无论是党的十八届三中全会还是2014年几大部委接连发布的关于发展文化产业的要求、通知等，都明确地表明我们国家对文化产业发展尤为重视并寄予厚望。

文化产品绝非一般的商品或消费品，它是承载价值、意义和认同感的特殊产品。通过欧洲近年来所采用的分类方法——同心圆模式，我们可以清楚地看到，当文化逾越艺术领域这一狭义范畴，扩展成为商品和服务甚至形成产业时，文化产品和服务就体现了文化价值和经济价值的两重属性。即文化不仅可以满足人类精神需求，同时还可以表现出它内在创造价值的巨大经济潜力。正是因为这种价值存在的双重属性才使文化不同于一般性产品，兼备了私人产品和公共产品的混合特征。首先，文化具有外部性，如博物馆的艺术品展览会、艺术节等，都会导致其他经济活动的溢出效应：一方面提高旅游产业的收入，另一方面形成经济学中所谓的乘数效应，对社会的影响持久广泛。其次，作为准公共产品的文化具有非排他性的特点，如部分消费者对城市雕塑的欣赏不会制约其他消费者。最后，文化和教育一样属于有益品，它既可以培养民族自信心，提高国民素质；又有助于提升国家对外形象和软实力，进一步加强国际交流与合作。因此，经济学的基础理论使我们为理解政府介入文化产业提供了非常有价值的视角和分析框架。随着大数据、互联网+时代的到来，文化创意产业这一新型词汇的出现，不仅为文化产业的发展增添了新的元素，而且带来了极大的推动力，很快便成为世人茶余饭后热议的话题。正确认识和界定文化创意产业，做到随时随地与社会新动态、经济新常态相结合，是我们研究财税政策支持文化产业发展理论依据的前提和必要条件。

一、文化创意产业相关概念界定

（一）国外对文化创意产业概念的界定及分类

对于文化创意产业内涵和外延的界定，国内外各自从不同角度予以界定，呈现出百家争鸣的局面。全球最早提出“创意产业”这一概念的是英国，同时英国也是世界上第一个政府出台政策推动创意产业发展的国家，“所谓创意产业，即指那些从个人创造力、技能和天分中得到发展动力的企业，以及那些通过对知识产权的开发可创造潜在财富和就业机会的活动”。他们列出了13个行业，具体包括出版、电视和广播、电影和录像、电子游戏、时尚设计、软件和计算机服务、设计、音乐、广告、建筑设计、表演艺术、艺术和古玩、工艺等。①

美国将文化创意产业称为“版权产业”，分为四大类：核心版权产业、交叉版权产业、部分版权产业、边缘版权产业，具体见表2-2。

表2-2　美国版权产业分类②

分类项目	定　义
核心版权产业 (core copyright)	受版权保护的作品或其他物品的创造、生产与制造表演、宣传、传播与展示或分销和销售的产业
交叉版权产业 (interdependent industries)	从事生产、制造和销售受版权保护产品的产业，其功能主要是为了促进版权作品制造、生产或使用其设备的产业
部分版权产业 (partial copyright industries)	指部分产品为版权产品的产业
边缘版权产业 (non-dedicated support industries)	其他受版权保护的作品或其他物品的宣传、传播、分销或销售而又没有被归为核心版权产业的产业

日本将文化创意产业称为“内容产业”，主要有电视、报纸、图书出版、计算机网络、手机信息等信息传播，个人计算机、数码相机、DVD、绘画用品等与休闲和个人爱好相关的产品，电影、游戏中心、电视游戏、游戏软件等娱乐市场等，但主要以游戏、动漫、广播影视等内容及数字内容

① 商务部驻英国经济商务参赞处。

② 美国国际知识产权联盟．版权产业报告［R］，2004.

产业为主导。①

新西兰"文化创意产业"，将其定义为"以个人的创造力、技艺与才能为基础，通过智能财产权（即知识产权）的建立，创造财富与就业机会"。

新加坡把创意产业大致分为3大类13个行业。第一类艺术与文化：摄影、表演及视觉艺术、艺术品与古董买卖、手工艺品；第二类设计：软件设计、广告设计、建筑设计、室内设计、平面产品及服装设计；第三类媒体：出版、广播、数字媒体、电影。②

联合国教科文组织认为文化创意产业应该包含文化产品、文化服务与智能产权三项内容。依据这一划分，文化创意产业也可以概括定义为依靠创意人的智慧、技能和天赋，借助于高科技对文化资源进行创造与提升，通过知识产权的开发和运用，产生出高附加值产品，能够创造财富和就业潜力的产业。

（二）国内对文化创意产业概念的界定和分类

我国国内"文化创意产业"的提法最早是由台湾地区提出。台湾地区把文化创意产业定义为：源自创意或文化积累，透过智慧财产的形成与运用，具有创造财富与就业机会潜力，并促进整体生活环境提升的行业。③ 台湾地区将其分为13个行业：视觉艺术业、音乐与艺术表演业、电影产业、文化展演设施业、工艺产业、广播电视业、出版产业、广告产业、设计产业、数字休闲娱乐产业、设计品牌时尚业、创意生活业、建筑设计业。④

香港地区将"文化创意产业"在狭义上分为三大类，包括11个行业。第一类是文化艺术类，包括艺术品、古董与手工艺品、音乐、表演艺术；第二类是电子媒体类，包括数码娱乐、电影与视像、软件与电子计算、电视与电台；第三类是设计类，包括广告、建筑、出版与印刷。然而以广义的角度来思考，香港地区还将健身美容、美食、文化旅游等服务业称为创

① 中日数字内容产业比较分析·豆丁网［EB/OL］. http：//www. docin. com/p－221653888. html.

② 新加坡信息通讯艺术部·创意新加坡［R］，1998.

③ 台湾地区文化创意产业的现状、发展计划［EB/OL］. http：//www. 03964. com/read/ca2fa276d202815a3559af2c. html.

④ 2003年台湾文化创意产业发展年报。

意行业。①

中国人民大学文化创意产业研究所所长金元浦认为，创意产业是全球化前提下，在消费时代以人们的精神文化娱乐需求为基础，以高科技技术手段为重要支撑，以网络等新传播方式为导向，以文化艺术与经济的全面结合为自身特征的跨国跨行业跨部门跨领域重组或创建的新型产业集群。②

北京市是国内较早研究并发展文化创意产业的城市，将其定义为“以创作、创造、创新为根本手段，以文化内容和创意成果为核心价值，以知识产权实现或消费为交易特征，为社会公众提供文化体验的具有内在联系的行业集群”。③ 北京市文化创意产业主要包括 9 个大类：文化艺术，新闻出版，广播、电视、电影，软件、网络及计算机服务，广告会展，艺术品交易，设计服务，旅游、休闲娱乐，其他辅助服务。具体见表 2-3。

表 2-3　北京市文化创意产业分类标准

类　别	内　容
文化艺术	文艺创作、表演及演出场所；文化保护和文化设施服务；群众文化服务；文化研究与文化社团服务、文化艺术代理服务
新闻出版	新闻服务；图书、报刊出版发行；音像及电子出版物出版发行；图书及音像制品出租
广播、电视、电影	广播、电视服务；广播、电视传输；电影服务
软件、网络及计算机服务	软件服务、网络服务、计算机服务
广告会展	广告业、会议及展览服务
艺术品交易	艺术品拍卖服务；艺术品销售
设计服务	建筑设计、城市规划、其他设计
旅游、休闲误乐	旅游服务、休闲娱乐服务
其他辅助服务	文化用品、设备及相关文化创意产品的生产；文化用品、设备及相关文化创意产品的销售；文化商务服务

资料来源：北京市文化创意产业分类标准（京统函〔2006〕183 号）。

通过整理、比较国内外文化创意产业的概念，可以看出，在理论界概

① 香港创意产业发展的借鉴意义［EB/OL］. http：//www. doc88. com/p-9925965859127. html.

② 金元浦．当代文化创意产业的勃兴［J］. 决策与信息，2005（4）.

③ 2006 年 12 月，北京市统计局、国家统计局北京调查总队联合制定发布《北京市文化创意产业分类标准》，定义文化创意产业。

念还很不统一，分类模糊不清。本书认为，文化创意产业的实质是“创意经济产业化生产”，文化是“源泉”，创意是“灵魂”，产业化生产是“核心”。文化是人类文明的表现所在，没有文化的物质只能迎合人类物质层面的需求，随着物质的消耗，产品很快就会被逐渐淘汰，而文化和精神则是会一直传承的。当物质产品具有某种特定的文化和精神内涵时，才能拥有较高的附加值和竞争力。创意内容包含以下两个方面。首先，依据自身的阅历和经验，以及知识积累去发明创造完全崭新的产品和服务，即原创。其次，把顺应时代审美的文化和精神进行创新，融入已经存在的各种产品和服务中去。以上两种形式都是利用文化和创意去生产产品和服务，然后批量生成，之后形成规模经济。任何文化遗产或者文化资源都不可能自发形成产品和服务，只有依靠人这一主体的无穷想象力和创新能力，通过不断创造和再创造才能逐渐形成具有丰富内涵和知识产权的文化产品。最后通过产业化生产，形成规模经济是产业发展的根本所在。据此，本书对于文化创意产业的界定为：以文化为源泉，对其进行创造和再创造，产生具有知识产权的文化产品，再进行产业化生产，最后形成创意经济的一个新兴产业集群。

二、财税政策支持文化产业发展的理论基础

文化创意产业是对文化产业一种全新的叫法，它是指依赖创意人的智慧、技能和天赋，借助于高科技对文化资源进行创造与提升，通过对知识产权的开发和运用，生产出具有高附加值的产品，并且具有创造财富和就业潜力的产业。[①] 文化创意产业归属于创新密集型的产业，产生出具有知识产权的文化产品，具有内生的收益递增发展机制，并通过创造和再创造最后形成创意经济的一个新兴产业集群。文化创意产业的实质是“创意经济产业化生产”[②]，不同于传统产业，文化创意产业具有的外部性、产品的公共物品属性，还有与可持续发展和新经济增长的特殊联系以及产业独特的

---

① 文化创意产业［EB/OL］. http：//www. doc88. com/p-240830923894. html.

② 文化创意产业［EB/OL］. http：//baike. haosou. com/doc/2322753-2456871. html.

生命周期均为政府支持尤其是财税政策支持提供了直接依据。

（一）外部性理论

1. 外部性理论简介

对于外部性理论，有很多不同版本的定义与解释。早在 1890 年，美国政治家马歇尔在他发表的《经济学原理》中出现了“外部经济”这一名词，他所定义的外部性理论即外部经济理论或外部效应理论。他指出，由于货物生产规模的不断扩大而产生的经济可划分为两类：基于从事该工业的个别企业的组织、资源和效率的经济与取决于该工业的一般发达经济。

新制度经济学的奠基人与科斯定理的提出者科斯创新性地提出解决外部效应的内部化问题，并“发现和澄清了财产权和交易费用对运行和经济制度结构的意义”。斯塔布尔宾和布坎南（1962）对外部性的定义是“只要某人的效用函数或某厂商的生产函数所包含的某些变量在另一个人或厂商的控制之下，就说明该经济中存在外部性。”平狄克（2006）也对外部性这一概念做出解释，他认为是影响其他消费者或生产者的某一消费者或生产者的那些没有反映在市场价格中的行为。除此之外，诺德豪斯和萨谬尔森对外部性的定义是：“那些生产或消费对其他团体强征了不可补偿的成本或给予了无须补偿的收益的情形。”简言之，外部性是单个消费者或生产者的经济行为会对社会上的其他人的福利产生一定影响。

2. 文化产品具有外部性

根据外部性理论的定义，外部效应可简单地理解为某个消费者对文化产品的消费间接影响其他个体的福利，并且这种影响无法向他人索取任何补偿或提供任何报酬，也无法经过市场交易价格这一途径将其给他人造成的收益和损失一一反映出来。根据内容划分，外部性包括正外部性和负外部性，消费的外部性和生产的外部性，公共外部性与私人外部性，等等。同时，像文化产品这样一种既拥有消费的外部性经济特征，又具有生产的外部性的事物，它的外部性会更加明显。福利经济学提出，生产或消费会存在外部性，当生产或消费行为所产生的利益外溢时，即边际社会净产值大于边际私人净产值时，就具有了正外部性。当生产或消费行为所产生的损害外溢，而行为人无须考虑承担损害的机会成本，即边际私人净产值大于边际社会净产值时，就产生了负外部性。

首先，从生产角度来说，文化产业与众多产业紧密相关。文化产业的发展，能够带动相关产业链的发展，促进地区经济发展、增加就业等。文化产品具有正的外部性，这不仅是因为文化产品本身能够解决一定的就业，带来巨大的产值，同时因为文化产业能够摒弃对自然资源的过度利用，具有引导产业结构的转型升级，促进经济增长方式的转变，实现可持续发展的功能。其次，从产业的外溢效应而言，一方面，文化产业中的新兴行业（例如数字技术网络产业）是文化与高科技紧密结合的产业，大量文化产品存在的高科技含量让文化产业的生产过程和技术创新相结合，加速了工业信息化的步伐，促进了传统产业的升级进步；另一方面，文化产业（如创意产业设计行业）可以凭借其提供的文化内容，通过渗透、转换、提升三大功能促进工业化转型，从而创造更大的价值，而文化产业要迅速发展的渠道之一，就是让文化产品渗透到原来的工业产品制造业中，提高工业产品文化与设计的密集度，进而提升工业产品的竞争优势。

从消费角度来说，文化产品外部性既能够产生正外部性，又能够产生负外部性。具体来说，人们在消费那些质优价廉、喜闻乐见的文化产品或服务时，往往会心情愉悦、精力充沛，在陶冶情操的同时获得某种美好的精神享受，并形成民族凝聚力和民族尊严感等，这就是所谓的文化产品的正外部性。正常情况下，凝结密集原创和再创造的文化创意在为人民群众提供娱乐和休闲功能的同时，还具有传播新的理念、普及科学文化、提高社会道德修养、引领社会高尚风气形成的作用。优秀的文化产品会形成一种无形的精神力量，向消费者传达产品中包含的价值观和文化品位，促进社会和谐发展，而这些具有正外部性的文化产品，如果完全由市场定价、市场运作，将无法达到帕累托最优。因此为达到整个社会的文化产品的供需平衡，政府应该主动介入文化产业的生产和消费，进而增强整个社会的总体福利水平。相应地，一些媚俗、低俗的文化产品也会带来负外部性，不仅严重误导消费者，损害消费者的精神世界，也会损害整个社会的文化根基，对社会造成不好的负面影响，更需要政府通过积极干预，重点监管和打击这些负外部性文化产品的生产和消费行为。图 2-1 的微观经济解释恰好解释了政府通过财税政策刺激文化产业发展的必要性。

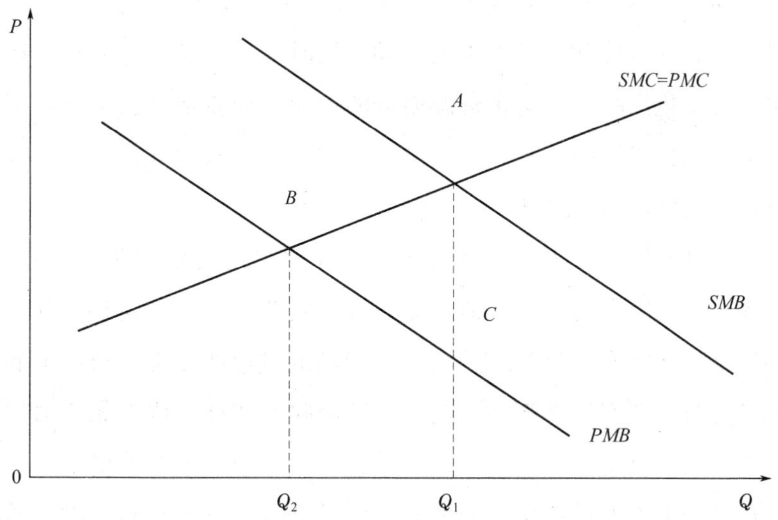

图 2-1　有益品文化产品供给

注：当边际收益等于边际成本，即 $PMB=PMC$ 时，市场所提供的产量为 Q_2，此时是私人物品场合的最优标准，明显小于 $SMB=SMC$ 所要求的产量 Q_1，即社会效率准则。①

其次，一方面，人们在消费文化产品或服务时，由于它可以陶冶情操，提高自身的文化素养，所以它对于公民积极性和创造性的激发是有利的，并有利于提高公民的道德情操和道德修养，即文化产品的外部性具有代内外部性；另一方面，文化产业用来创造和培育消费需求的路径是创造供给。创造供给客观上决定了必须不断进行文化产品或服务的创新，这是文化产业可持续发展的过程和源泉，而文化产品或服务的消费既是文化产业发展与传承的重要环节，又是文化产业得以不断发展创新的前提基础。即代际外部性也属于文化产品消费的特征之一。

最后，文化产品的外部性具有明显的交互性。文化产品是一种特殊的社会商品，它是文化创作者和艺术家在其所处的经济社会发展阶段的生活体验和文化活动的写照。在文化消费者看来，文化产品（服务）是一种体验式商品或服务，文化产品特别是文化艺术品，是一个感性的情感结构，是文化艺术产品的审美对象所呈现的充满人性、感情、审美、教育的情感

① 余琼．中国文化创意产业发展中的政府职能研究［D］．沈阳：沈阳师范大学博士学位论文，2012.

世界。因而对于这类产品的消费是主体与主体、情感与情感之间的交流，是一种交互式的情感和精神需求的互动。同时文化产品的这种特性还体现在如果一种文化产品（以文化资源创造的产品）获得成功，那么对不同类型或相关的文化资源的开采和创造都会呈现出示范和引导的作用，进而加快文化产品的创造与创新过程。

文化产品的供给会出现市场失灵，主要原因是文化产业具有外部性。有效市场理论的假设之一为，消费者的边际收益全部反映在对某种商品的需求曲线上，边际成本全部反映在某种商品的供给曲线上。当以上的假设得不到满足时，则产生外部性，此时，社会收益和社会成本无法通过市场价格如实反映。就文化产业的外部性来说，当一个购买者消费某一文化产品时，产品的提供者承担相应的成本，但是其他没有参与到此次交易中的市场主体也得到了收益或者是承担了成本，这时，市场价格机制失效，那么，也就不能通过市场机制来对交易主体的交易行为进行有效的评判。由于某些个体经营者一味追求自身利益最大化，导致市场价格机制无法对其进行正常反映，最终后果就会大大偏离了社会利益最大化所规定的产出和消费数量，导致供给不足或者供给过度，因此，只有政府适度干预才能解决这些问题。此时政府通过财政手段弥补市场失灵尤为重要。

通常认为，有益品文化产品是一种可以为人们带来正收益的产品，但若仅由私人提供则极易导致供给不足，造成福利损失，如图 2-1 中的三角形 *ABC*。

3. 文化产品外部性的财税政策工具

(1) 财政补贴

政府介入文化产业发展的重要理论依据之一便是文化产品具有外部性。从图 2-1 的分析可以看出，正因为“有益品”具有正外部性的缘故，如果政府不进行干涉，对此不关心，那么其供给量就会小于均衡配置量，所以政府在一定的时间节点采用适当的方法的对“有益品”的生产提供矫正性补贴是必须的。具体有两种补贴方式：一种是针对生产者的价格补贴，另一种是针对消费者的收入补贴，两者达成的效果相同。例如，国产电影对文化传承和创新有着重要意义，具有正外部性特征，政府对影片生产商提供直接补贴，有利于改善因市场失灵所引起的供给不足，增加社会福利，如图 2-2 所示。国内电影市场原本国产片有效率的产出为 A 点，经过政府补贴后，供应增加，供应的曲线右移，有效率的产出变为 B 点，相应的国产片产量由 Q_1 增加到 Q_2，政府补贴对国产片提供补助，从而使国产片产量增加。

很明显，上述财政补贴的形式适用于存在正外部性时的情形，正是有了财政补贴才会让实际补贴的份额与“有益品”的外部收益趋于相等，使企业的供给量在合理的价格下迅速增加，为了实现资源的最优化配置，矫正性补贴在数量上应该等于外部边际收益，即社会边际收益和私人边际收益的差额，从而使资源配置能够达到最有效率的水平。

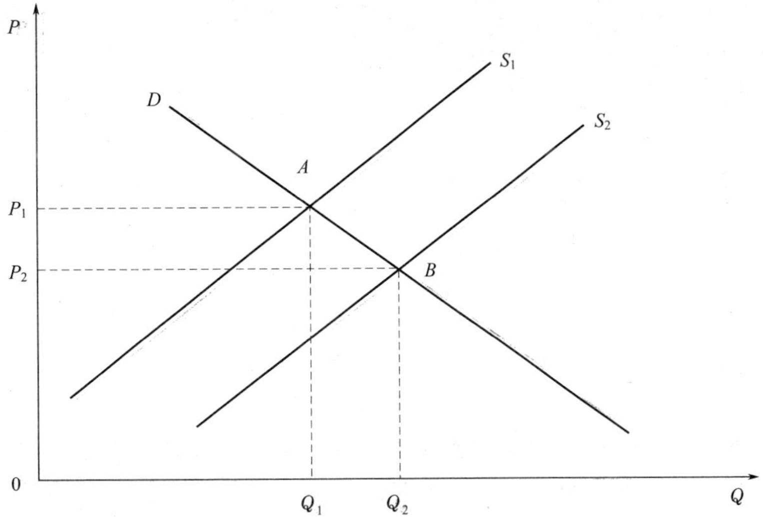

图 2-2 政府补贴

资料来源：Harvey S. Rosen. Public Finance [M]. McGraw-Hill, 2003.

（2）税收优惠

由于税收优惠的主要目的是弥补市场失灵或实现再分配，对进口商品，如国外影片征税，可以保护本国不成熟的工业——国产片市场。在国际买家垄断的情形下采取策略性贸易政策，可以增加一国的税收，保护本土文化，对其他国家的关税采取反制措施。但是同时课税也会造成一定的损失，即使经济失去功效。

就国内电影市场来说，假设国外影片产量的有效产出为 Q^*，但在政府对其征税后，国外影片产量低于 Q^*，这符合税收公平的原则。税收部分

（$cd \times ij$）对电影企业和大众来说是无谓的损失，理由是国外影片如果不对其进行适当的纳税，价格就用不着调整，也不会因此将涨价部分转嫁给消费者，使消费者相应的增加支出，如图 2-3 所示。

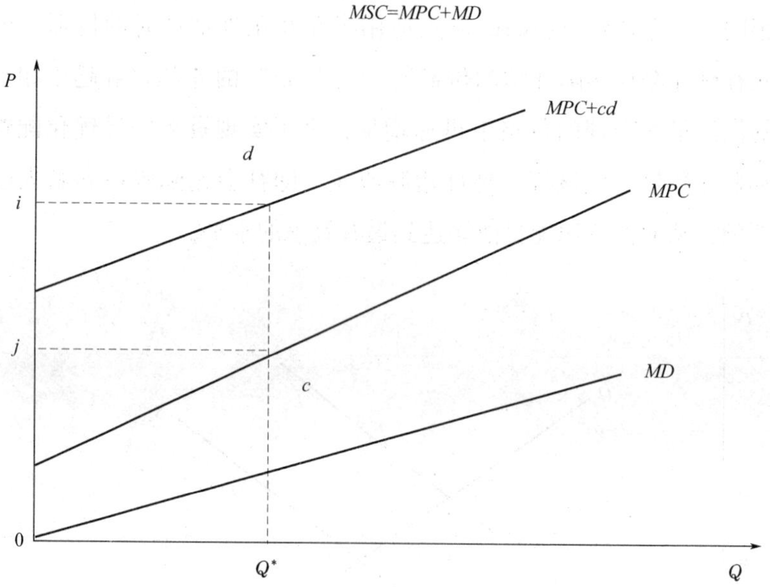

图 2-3　政府征税

资料来源：Harvey S. Rosen. Public Finance［M］. McGraw-Hill，2003.

总而言之，作为公共产品的影视作品，它不仅应具有正外部性，而且还应当具有非竞争性和排他性。为了避免电影产业完全任由市场机制独立进行运作，从而导致资源配置失衡等问题，政府有必要介入电影产业来弥补市场失灵。当前政府所发布的有关电影的许多政策，像辅导金、投资抵减和跨国合作等都是补助政策；另外，为保护本国电影产业，政府通过恢复对国外影片课征税额，可以避免过多外国影片进入本国市场，挤压国产片的生存空间。

（二）公共产品理论

1. 公共产品理论简介

西方经济学将社会产品分为私人产品和公共产品是依据物品是否具有非竞争性和非排他性进行划分的。公共产品指的是同时具备非竞争性和非排他性两个特征的物品；与之相反，同时具有竞争性和排他性的物品则被称为私人产品。根据是否具有竞争性和排他性两个特征，可将现实中的物品分为四大类，见表2-4。

表2-4　以竞争性和排他性为标准的物品分类①

	非竞争性	竞争性
非排他性	纯公共物品：如国防，空气等	公共物品（准公共物品）：如石油、森林等
排他性	俱乐部物品（准公共物品）：如博物馆、电影院等	私人物品：如个人衣物等

2. 文化产品具有公共产品的特征

从消费视角出发，根据文化产品是否具有“非排他性”和“非竞争性”，事实上可以将文化产品分为以下三类：

第一类，私人性文化产品。具体指的是消费上具有强排他性和强竞争性，也就是说具有弱的非排他性和弱的非竞争性的文化产品。这类文化产品（譬如图书、CD等）的消费取决于现行市场价格下的消费意愿，消费的边际成本随着消费需求的增加而增加。

第二类，纯公共产品。指在消费上具有很强的非排他性和非竞争性的文化产品，比较典型的如公共广播、公共电视。消费上的非竞争性使这类产品的边际成本和边际拥挤成本都为零，每一个消费者消费该类文化产品都不会影响其他消费者的消费数量和质量。第三类，准公共性文化产品。主要指在消费上具有不完全地非排他性和非竞争性的文化产品，大多数文化产品属于该类。对于这类文化产品，它们并不一定要同时具有非排他性和非竞争性这两个特征，具有消费上的非竞争性的文化产品并不代表就要一定具有非排他性，各种特征在该类文化产品上的表现程度也存在不同的强弱之分。例如，历史建筑或文化文物遗迹，它们在消费上都是存在非排他性的，因为它们属于公共性文化资源，不管任何人都可以自由参观消费。然而，这类文化产品在消费上却具有竞争性。再如，剧院、图书馆、博物

① 李季．我国文化产业财税政策研究［D］．大连：东北财经大学博士学位论文，2013.

馆、电影院等，虽然其消费的非竞争性接近于纯公共性文化产品，但却存在着很强的排他性。

文化产品如电视电影、广播、艺术品、软件等，主要是借助于视觉和感觉进行欣赏的，它的文化价值是不会随他人的享受而消耗的，相反会在越来越多人的欣赏中得到丰富和充实，一个优秀的作品更是会不断传承下去的，获得持久的生命力。文化产品的上述分类，表明具有强烈的排他性和竞争性的私人性文化产品的生产和消费，应遵循市场供求的原则进行定价；而第二类和第三类文化创意产品由于市场对公共性文化产品的供给是失灵的，某些文化创意产业领域，前期高风险、高投入，因私人部门和企业无法承担巨额成本，导致该文化产品缺失。因此，需要政府依据自身在节约交易成本和组织成本方面的独特优势，对文化产品的供给进行干预和刺激，运用财政支出政策来实现资源的优化配置。

文化产品又可称为文化商品或精神产品，是指具有特定文化含量的精神消费商品或服务。文化产品能够成为公共产品的重要内容而被人类所广泛消费，是因为它能够直接能动地作用到人的精神生活，可以有效满足人们的文化精神需求，从而促进人的思想精神境界的有效提升，培育人的真善美道德情操。所以文化产品是人们在精神生产领域创新、创造出的文化成果，其主要目的是满足迎合人们不断增长的精神文化生活要求，进而满足人们对文化精神商品的欣赏、鉴别与休闲娱乐。与公共产品分类相似，文化产品具体可以细分为公益性文化产品和非公益性文化产品两大类别。

（1）公益性文化产品

我们从公共产品理论得知，公益性文化产品的特点包括：消费的非竞争性、受益的非排他性以及效用的不可分割性等。它们不以市场盈利为目的，不以追求利润最大化为目标，而是主要集中于不断满足人们日益增长的文化精神需要，提供教育知识、审美熏陶和休闲娱乐，从而不断提升社会精神文明和精神文化水平，促进人的精神文化、精神文明和社会进步三者的和谐发展。例如，博物馆、图书馆、纪念馆、文化馆、义务教育、公园、公共体育场（馆）、广播电视、公益性大众娱乐活动、全民健身运动场所、公民道德教育、职工公益性培训等。对于上述公益性公共产品，政府可以通过提供公共服务与公共产品，来满足公民公共需求，承担公共责任。

(2) 非公益性文化产品

与公益性文化产品相对应的非公益性文化产品具有排他性、竞争性、敌对性以及可分割性的诸多特点。它们的目标往往是追求盈利和产业利润最大化，存在形式一般是以特定的物质为载体，其在文化市场上满足人们日益增长的精神文化需求的方式也不同于公益性文化产品，通常都是经过公平交易来实现的，也就是只有在付钱的情形下才能被享用。如电影、报纸（刊)、各类文艺演出、文化休闲旅游、付费电视、文化图书、音像制品、竞技表演等，因而上述文化产品大多数由市场通过市场供给予以提供。

研究表明，公益性文化产品若完全由市场提供，则会导致供给不足，严重影响文化产业资源的利用和合理配置，因此发展文化产业特别需要政府这只“看得见的手”，通过正确的运用经济、法律、税收和行政等手段来进行必要的干预。

(三) 可持续发展理论

1. 可持续发展理论简介

任何一个理论的形成都会经历一段漫长的历史过程，可持续发展理论也不例外。20 世纪五六十年代，人们在经济增长、环境、资源、人口和城市化等所形成的环境压力下，开始怀疑“增长=发展”这一简单模式。1972 年，Barbara Ward 和 Rene Dubos 两位著名美国学者在誉满全球的《只有一个地球》中，将人类生存于环境的认识推向一个全新的可持续发展的领域。联合国世界与环境发展委员会于 1987 年发布了《我们共同的未来》，这份报告正式提出可持续发展概念，而且就此话题将人类共同关心的环境与发展问题进行了详细阐述。在 1992 年的联合国环境与发展大会上，参会者对可持续发展理念已达成共识。紧接着，1994 年的世界人口与发展会议和 1995 年的哥本哈根世界首脑会议，都视其为重要议题，提出了可持续发展的战略构想蓝图。

可持续发展理论主张“既要生存、又要发展”，它摒弃了以往“零增长”（过分的强调环保）与过分强调经济增长的偏激思想，这一理论的提出对发展中国家极为重要。

2. 文化产业是可持续发展的重要成员之一

文化产业的可持续发展主要体现在生态的可持续发展（生态属性）、经济的可持续发展（经济属性）和科技的可持续发展（科技属性）三方面。

（1）文化产业与生态环境可持续发展

一般地，可持续发展是指为保护和改善生态环境而尽可能地减少能源和其他自然资源的消耗，采用更清洁、更有效的先进科学技术，降低环境成本，以维持可持续的使用自然资源，客观上要求改变已经存在的发展模式，力求从根本上解决环境和资源合理有效的利用问题。由于文化产业使用的是可循环、可再生和再利用的文化资源，所以是属于典型的绿色、环保、低碳、新兴产业，有机契合了文化产业文化资源合理利用的可持续发展观念，可以说文化产业的发展突破了一般资源的供给限制。首先，文化产业生产更多提供的是文化精神产品或以服务为主，其最终成果具有最小污染乃至无污染的优点，它的基础是生态环境伦理与环境法规，以文化经济学加生态经济学作为经营指导，是一种环境友好型的绿色环保产业形态。其次，文化产业所使用的资源为清洁资源，比如知识、技术、文化等，这在很大程度上减少了不可再生资源的利用和损耗。最后，文化产品或服务及其衍生物的生产与使用不会带来许多没有必要的污染和废弃物，与之相反，还会促进生态环境产生巨大的经济效应和社会效益，从而促使自然生态系统的环境压力得到极大的减轻，有利于生态环境的净化。

文化产业与传统制造业不同，它是环保性和低耗性相统一的产业。一方面，文化产业所形成的财富体现在拥有知识产权的无形资产上，而不是体现在拥有物权的有形资产上，它的生产要素不再局限于传统制造业所用的能源、原材料和人力等。文化产业通过设计、理念、心理享受和增值服务，突出创意的核心价值，而不像传统行业和领域，盲目地认为创造性只是一种附属品，并不具备产品的核心地位。与此同时，人脑是创意的源泉，所以创意是无极限的。另一方面，文化产业具有低成本、高回报、无污染的特点，并且它作为知识密集型产业，对山、水、土地等稀缺资源的需求相对较小，因此发展文化产业能够获得巨大的经济效益。我国的物质资源相对13多亿人口来讲十分紧缺，且正是这种稀缺性才最终造成各行业的原材料价格上涨。而摆脱这种困境的基本途径就是不断地进行创新研究，对产品进行技术层面的改造，从而节约原料消耗，提高效益，利用有限的资源得到最大值的产出。

（2）文化产业与经济可持续发展

可持续发展在注重经济增长的同时，为打造环保、节约这一理念，更加重视绿色生产、服务与文明的消费，以更快地提升文化产业在整个市场经济活动中的经济效益和社会效益。具体而言：一是开发与运用各种文化资源是文化产业持续性发展的必由这路。二是文化产业的持续性发展就是将有禀赋差异的不同文化资源转变为文化产品、文化服务的全过程，并达到文化产品或服务保值增值的目的。三是文化资源具有可再生性的特点决定了其可以进行循环重复利用，具有资源环保的功能，可为我国文化产业的持续健康发展提供“取之不尽、用之不竭”的基础文化资源。而且，优秀文化资源的再生循环开发运用不仅能提升自身的影响，而且还可以确保保值增值。四是文化产业的持续性发展可改变经济结构模式，一般体现在能够有效推动产业优化升级上。文化产业作为一种新兴朝阳产业，优化了文化资源配置，打破了传统产业内部的供需均衡，创造了新的增量市场和盈利空间。如今经济增长方式转变，经济结构优化的重要表现要数以智力、技术密集型和知识经济为主要特征的文化产业集群的出现最为突出。

（3）文化产业与科技可持续发展

文化产业的可持续性发展，科技进步起着巨大的推动作用。文化产业的可持续发展要是没有科学技术的支持，就如同沙漠里的鱼一般必死无疑。这是因为科技可以给文化创新提供先进的传播流通手段和广阔的市场发展空间，改变了文化产品的生产、存在和传播方式；同时现代技术的革新与运用推进了文化产品的大众消费，为文化产业的持续发展创造提供了更广阔的文化消费市场。

通过以上三方面的分析可以看出，文化产业可以促进可持续发展。社会经济增长模式从以前的凭资本要素、追加投资来驱动变为依赖内生性、创新性来获取经济效益，造成这一转变的主要原因就是文化产业的发展。这种转变不但对中国经济质量的提高具有优势，而且还可以帮助实现经济社会全面协调可持续发展。因此，文化产业具有低资源消耗、可持续发展空间、绿色环保的优良产业。文化产业成为一种新兴的朝阳产业，打破了传统产业内部的供需均衡，优化了文化资源配置，创造了新的增量市场和盈利空间。尤其突出以技术、智力密集型和知识经济为主要特征的文化产业集群的出现，是经济增长方式转变、经济结构优化的主要表现。比如美国文化产业仅次于军工产业，排在第二位，日本的文化娱乐业收入超过其钢铁和汽车业收入的总和，同样英国的创意产业也成为排在金融业之后的第二大产业。像纽约、东京、伦敦等世界许多城市与地区都把发展文化产业作为产业转型升级的重要突破口。

（四）新经济增长理论

1. 新经济增长理论简介

自20世纪80年代中期以来，伴随着卢卡斯（Robert Lucas）和罗默（Paul Romer）为首的“新增长理论”的提出，经过20多年的积淀，经济增长理论被重新赋予了生机。新古典增长模型中的“劳动力”的概念扩展为人力资本投资，也就是说人力不但包括劳动力的教育水平、生产技能训练和相互协作能力的培养，而且还包括该国所处的平均技术水平和绝对的劳动力数量，等等，这些统称为“人力资本”，这一定义是新经济增长理论的主要内容之一。

与新古典增长理论相比较，二者的主要区别凸显出了新经济增长理论的“新”。由于新经济增长理论将经济增长的源头完全内生化，所以这一理论也被叫作“内生增长理论”。新经济增长理论在假设不完全竞争和收益递增的基础上，全方位地揭示了经济增长不是外部力量，而是经济体系的内部力量这一存在的事实，如知识、技术在经济增长中的内生作用。知识和技术的增加促使经济处于规模收益递增，而非古典经济增长理论的规模收益递减。

2. 文化产业是经济新的增长点

随着信息时代的到临，文化生产、传播、消费的方式正在发生着翻天覆地的变化。以文化价值为灵魂，现代传播和科学技术为支撑，由文化创造、文化传播、文化创意、文化服务、文化消费、文化交流所构成的新型产业链已经形成。就此，文化产业一跃成为世界经济新的增长点和许多发达国家的支柱产业。[①]

发达国家的实践已经证明，文化的产业化发展不仅为精神文明建设带来硕果，而且创造巨大的价值财富。英国是文化产业发展较成功的典型国家之一，它是全世界最早提出“创意产业”概念的国家，同时也是全球第一个政策性推动创意产业发展的国家。由资料可知，目前英国创意企业总数约占整个国家注册登记企业总数的6%。在建筑、音乐、网络游戏以及电影等领域，英国多元化的创意产业已发展成为该国的支柱产业，它还提出从“世界工厂”变为“世界创意中心”的目标。根据英国游戏产业贸易协会（TIGA）2014 年的研究报告可知，苏格兰的游戏产业为英国 GDP 贡献 10 亿英镑，很显然任何制造业的贡献都没有超过文化产业。近年来，英国创意产业平均增长速度已超过经济增长率的 2 倍。美国的版权产业超过了传统产业，如重工业和航空工业等，产值占 GDP 的 7%以上，已成为最大规模新型产业和最大的出口产业。除此之外，欧盟从 2010 年开始规划以知识、创意为产业发展方向的 10 年经济增长战略，预计到 2020 年，欧盟经济将依靠知识、创意产业来摆脱经济停滞的困境，并促进经济增长。就全世界范围来看，各国都在大力发展这一朝阳产业，这充分说明文化力是一国综合国力的重要标志，它在国际竞争中的地位和作用日益突出。

我国的经济高速发展，在有了一定物质条件的情况下有条件的发展文化事业是非常必要的。我国拥有悠久的历史文化，文化资源丰富，因此从现在开始打造优秀的文化创意产品，力推文化产业成为国家支柱性产业，是我国成为经济大国和文化强国的前提。但文化的发展并非一蹴而就。

（五）文化产业的生命周期

产业的生命周期理论定义为，每个产业的发展是有一定规律性的，都要经历一个成长到衰退的过程，一般可以分为四个阶段：初创阶段、成长阶段、成熟阶段、衰退阶段。由于创新是文化产业发展的助推器，因此文化创意产业的生命周期不同于传统产业生命周期。随着文化创意产品的生

① 文化产业何时成为我国经济支柱产业——新闻·中国证券网［EB/OL］. http://news.cnstock.com/news/sns_jd/201309/2737763.htm.

产不断融入创新，产品也会随着大众的偏好不断推陈出新，这样整个产业的生命周期就会被大大延长，尤其在成长和成熟上升阶段。同时，由于经济发展水平的不断提高，居民的消费能力和审美能力不断提升，文化创意产品的市场消费潜力将越来越大，永远不会枯竭；文化创意产品的需求和供给模式会随着需求环境的变化而变化，使产业的生命周期不断延长。文化创意产业的初创期、成长期和成熟期与传统产业类似，但之后不会进入衰退期，尽管也会受到一定外部影响而产生波动，但总体会保持长期稳定的发展，即进入持续发展期。具体过程还要根据各个产业的不同特点，所在地区的不同而有所区别，有的甚至可能会呈现缓慢上升的趋势。

在文化产业的初创期，由于企业数量少，竞争程度较弱，技术研发少、转换慢，市场调节作用较弱，政府应该鼓励文化资源的研发，加强人才培养，为文化创意企业提供绿色通道和政策支持，加快培育市场主体，尤其应注重税收优惠、投融资、政府重点采购等措施，重点解决初创期文化创意企业融资难题，加快文化创意产业成长壮大步伐。文化产业进入成长期时，大量厂商进入，价格竞争较为明显，市场进入壁垒比较低，市场供给同质化，此时政府应加强文化产业的法律法规建设，引导市场配置资源和价格调节，加大财政投入，继续实施税收优惠等政策，培育行业龙头企业，支持企业发展，此时应尽量减少财政补贴等直接刺激规模。文化创意产业的成熟期进入壁垒高，竞争手段转向非价格手段，市场需求方日益成熟，此时市场调节作用变得复杂，既有配置资源的基础性作用，又受到来自垄断的挑战。政府应加强对产业垄断监管，尽量减少财政补贴等政策，积极实施税收优惠政策，维护产业发展的良好市场环境，维护市场公平的竞争秩序。在产业持续发展期间也应如此。

文化产业的特殊性让它的生命周期与传统产业有所不同。首先，创新是产业的本质特征，从产品的设计研发再到制作销售，不断会有新的元素注入到其中，产品更新快，创意又会随着人们的喜好不断进行着调整，这样不但可以延长产业的生命周期，甚至有希望保持上升势头。其次，文化产品和服务本身就有提升人们生活品位、促进文化消费的能力，这就会让市场需求不断扩大，产业更具生命力。最后，不同于传统产业依赖于稀缺资源，文化产业依赖于取之不尽用之不竭的人类创造力和文化资源。基于上述三点原因，虽然文化产业的初创期、成长期和成熟期与传统产业类似，但随后并不会进入衰退期，尽管也会受到各种外部的影响而产生波动，但总体会保持长期稳定的发展，即进入持续期。具体过程还需取决于各个产业不同特点，所在地区的不同，而有所区别。

三、文化产业的税收效应

（一）税收对文化产业的影响——需求角度分析

1. 税收的消费收入效应

税收对消费的收入效应表现为政府对商品课税之后，使纳税人实际购买力下降，降低对商品的消费量，从而居于较低的收入水平。税收消费收入效应的大小由平均税率决定，这里的平均税率是纳税人交纳的税金与其总消费支出之比。

对所得课税会减少纳税人可支配收入，降低纳税人消费水平，但不会改变商品相对价格和纳税人的消费偏好。如图 2-4 所示，征税前预算线为 AB，无差异曲线为 U_0，均衡点为 E_0，当政府对所得课税后，纳税人可支配收入下降，预算线平行向下移动至 A_1B_1，与无差异曲线 U_1 切于新均衡点 E_1。由于产品 X 相对价格没有改变，此时纳税人的消费结构没有改变，但其可支配收入下降，消费数量相比税前下降了。

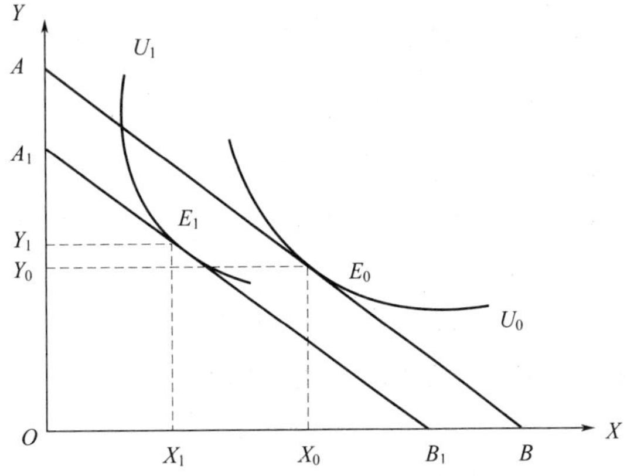

图 2-4　税收的消费收入效应

2. 税收的消费替代效应

税收的消费替代效应指税收对消费者选择商品的影响，它表现为政府对个别商品课税后引起市场课税商品的相对价格上涨，这意味着纳税人消费同一课税商品得到的效用不变，代价增大，从而降低消费者对该商品的偏好，导致其在选购商品时，减少课税商品的购买量，相应地增加非税商品的购买量。

图 2-5 所示，征税前消费者预算线为 AB，无差异曲线为 U_0，两者相切于均衡点 E_0，在该点上对应产品 X_0和 Y_0的消费组合效用最大。假若政府对产品 X 征税，引起相对价格变化，纳税人为提高消费效用水平，会减少对产品 X 的消费，增加对产品 Y 的消费。于是，预算线内旋至 AB_1，与无差异曲线 U_1相切于新均衡点 E_1，消费组合为 X_1和 Y_1，此时替代效应发生。

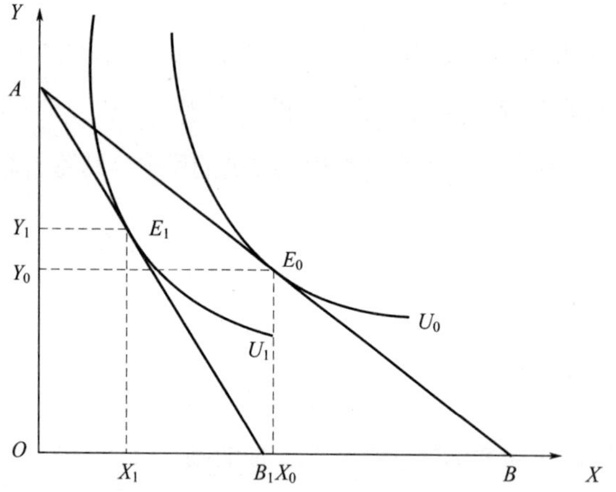

图 2-5 税收的消费替代效应

上述分析表明，无论是征收商品税，还是征收所得税，由于收入效应与替代效应的影响，都会改变人们对文化产品的自由选择。在我国，由于大部分人个人缴纳的所得税额非常少，同时考虑我国居民的平均消费水平仍偏低，因而所得税对消费选择的影响非常小。文化产品不属于必需品，商品课税的替代效应较大，应成为调节文化产品消费的主要选择。

（二）税收对文化产业的影响——供给角度分析

1. 税收的生产收入效应

税收的生产收入效应是指由于政府征税而减少了企业的实际收入或可支配收入，从而客观上使得企业用于购买生产要素的支出减少，生产能力相应下降。

如图2-6所示，假定社会中有两种文化产品 X 和 Y，且都属于国家限制发展的产品，在政府未征税前，消费者无差异曲线 U_0 与生产可能性曲线 C_0 相切于点 E_0，此时商品生产数量为 X_0 和 Y_0。

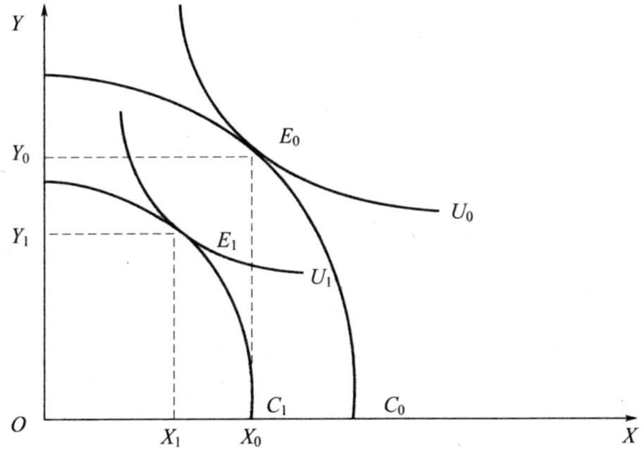

图2-6 税收的生产收入效应

假定政府对企业征收一定数额的收入税，由于征税使得企业收入减少，生产可能性曲线向原点移动到 C_1，与新无差异曲线 U_1 相切于点 E_1，所对应的最优组合生产数量为 X_1 和 Y_1。可以看出，由于政府征税，改变了企业的生产决策，相应减少了商品的产量，从而达到了政府限制生产的调节目标。

2. 税收的生产替代效应

所谓税收的生产替代效应，是指税收对企业产品结构的影响，它表现为政府的课税会改变企业产品的产量结构。税收的生产替代效应主要是由于政府课征选择性的商品税引起的。

图2-7所示，假定厂商生产两种文化产品 X 和 Y，其中，X 是发展文化产业限制类产品，Y 是发展文化产业鼓励类产品。T 表示生产两种商品的可能性曲线，U_0 和 U_1 为消费者的无差异曲线。在政府未征税前，消费者无差异曲线 U_0 与生产可能性曲线相切于点 E_1，此时最优产品生产数量为 X_0 和 Y_0。

假定政府对产品 X 征税，而对 Y 不征税。由于征税使得消费者购买产品的价格提高，生产者实际得到的价格下降，从而产品与产品的边际成本率也相应提高，图2-7反映了这种趋势。在新的边际成本比率下，厂商能够达到的最高无差异曲线为 U_1，与 T 相交于点 E_1。即政府征税以后，点 E_1

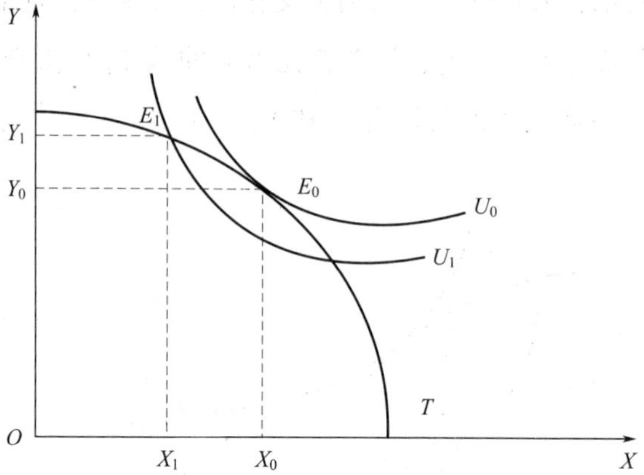

图 2-7　税收的生产替代效应

所对应的最优组合生产为此时最优产品生产数量 X_1 和 Y_1。可见，征税增加了产品 Y 的产量，减少了 X 的产量。无论是征收商品税，还是征收所得税，由于收入效应与替代效应的影响，都会改变企业生产文化产品。由于商品税容易发生税负转嫁，因而对于文化产品生产的调节应主要通过企业所得税来实现。

上述分析表明，文化产品的特殊属性，决定了政府必须介入，税收政策是政府一个重要的经济手段。通过税收政策可以为文化产业的发展创造有利的条件，鼓励企业对文化产业的投入，最大限度地降低投资者对文化产业投资的成本与风险，创造尽可能多的投资效益；同时，税收优惠政策也会产生一种示范效应，引导资金流向，使更多的资金在税收优惠政策的引导下流向文化产业，从而带动文化产业的发展。反过来，文化创意产业的发展又会带动经济发展，增加就业，从而提供丰富的税源，增加税收收入。

第三节　财税政策支持文化产业发展的路径探讨

一、何为财税政策支持文化产业发展的路径

何为路径？通俗的可理解为通向某个目标的道路或找到通往成功的门

路、办法。《朱子语类》卷四十："世间也只有这一个方法路径，若才不从此去，少间便落草，不济事。"鲁迅在《南腔北调集》中提道："采取新法，加以中国旧日之所长，还有开出一条新的路径来的希望。"张天翼的《谭九先生的工作》有这么一句话："他们开口闭口总是——'谭会长，这个路径要请你老人家示下。'"现代意义中的"路径"也不外乎是这些意思，万变不离其宗，好的路径是通往成功之路的必要因素。本书认为，财税政策支持文化产业发展的路径就是从财税政策角度出发，并结合经济新常态下的市场化，颁布和采取发展文化产业的财税政策制度这样一种形式或手段，力求发挥财税对整个经济资源的分配作用，促进文化产业发展。文化产业要发展、要进步，理应找到一条能使其在顺应时代潮流的当下的最佳路径。

在如今经济新常态、大数据的背景下，不能为了达到目的不择手段，盲目追求眼前的利益。寻得一条可以更好地发展文化产业的路径是众多专家、学者和政策制定者们近年来不断求索的话题之一，对于财税政策支持文化产业发展的路径探讨可谓是迫在眉睫。

二、国外文化产业发展的路径特色

历史的教训告诉我们，一个国家要发展、要壮大，关起门来自我发展的模式永远是落后的，是万万不可行的，这样的国家就是井底之蛙、瓮中之鳖。我们应该坚持走出去的战略，适当地了解和借鉴国外的文化产业发展路径特色，这对于我们下一步寻求文化产业发展路径有不可估量的作用。国外文化产业发展的路径特色见表 2-5。

从表 2-5 可以看出，文化产业三种不同的路径发展模式各具特色，主要区别是政府和市场发挥的作用大小不同。像市场型的发展路径就比较看重市场在文化产业发展中的活跃程度，政府干涉的较少。与此相反，政府主导型的发展路径则更注重政府，大量的运用政府这只"看的见的手"来促进文化产业的发展。而混合型的发展路径就是市场和政府共同作用的结果，这种发展模式更能说明在文化产业的发展路径选择中，考虑市场和政府的作用和影响是必不可少的。另外，不同的文化产业发展路径必须要结合一国的国情，选择适合该国的发展模式，根据经济的发展状况对二者的侧重比例进行相应的调整，这样才能将市场和政府的作用发挥到极致。

表 2-5 国外文化产业发展的路径特色分析表①

路径模式	市场型	政府主导型	混合型
典型国家	美国	日本、韩国	法国
路径特色分析	（1）更加注重以消费为导向，强调市场在文化产业发展过程中的资源配置的基础性作用，政府除了利用行政力量如法律、宏观政策、公共财政、税收等工具对文化产业产生影响、调节和减少公共资助外，基本不介入文化产业领域的运作过程。 （2）市场在国家文化产业发展过程中具有核心和决定性的作用与影响。政府除了利用行政力量如法律、宏观政策、公共财政、税收等工具对文化产业产生影响、调节和减少公共资助外，基本不介入文化产业领域的运作过程。 （3）特色的社会运行机制是创新文化的催化剂。美国力求用科技手段表现文化内涵，通过技术创新提高文化的表现形式和传播力，其技术支撑下的文化产业年增长速度达到14%，占 GDP 的 30%以上，其中版权产业产值达到 1.25 万亿美元，占 GDP 的 12%，成为最大的出口产业，占绝对优势。 （4）文化市场中的生产商、运营商和销售商等成为文化产业发展的主导。文化与科技创新的互动促进文化产业发展。“乔布斯现象”和电影工业的发展都表明美国更注重创意产业的转化，看重文化创新和科技创新相结合。“大科学”体系的形成，使科技与经济、政治、社会，尤其是文化更紧密地联系在一起。	（1）这种发展模式与两国的传统文化息息相关。相关的政策措施以及国家战略作为两国在促进文化产业发展的主要要素。 （2）国家文化产业领域在国家战略的主导下实现了要素的汇集与力量的裂变。政府在文化产业发展过程中具有决定性的影响，它介入文化产业发展过程的方方面面，虽然市场机制也在此过程中起到了重要作用，但文化产业的发展全凭法律、国家政策、公共财政、税收等强有力的手段来推动。	（1）市场和政府在国家文化产业发展过程中都拥有重要的影响和作用，市场和政府的影响力和作用不是绝对均等的，但对于整体的国家文化产业而言，两者的影响是难分伯仲的。 （2）从法国历届政府的做法来看，他们在产业结构调整中挖掘文化与科技结合的巨大价值和潜力，特别注重文化产业的科技化发展这一路径。 （3）该发展模式中，政府对文化事业以及相关产业给予不同形式的财政支持，主要分地方财政的支持、中央政府直接提供资助以及政府通过制定减税等措施鼓励企业为文化发展提供各类帮助。由于创意文化、产业技术的导入应用，政策的支持和政府的积极鼓励，法国文化创意产业成为世界图书生产、销售和出口大国，市场占有率一路飙升，得到了极大发展。

① 向勇，李天昀．国外文化产业发展的主要模式［EB/OL］. http：//www. xf. gov. cn/learning/gnwjy_ 1544/whjy/201206/t20120628_ 298813. shtml.

三、当前我国文化产业发展的路径方向

近年来，中国文化产业发展势头总体良好。2014 年，我国针对文化产业发展的路径方向给出了两个具有重要意义的指导性文件，分别是：2014 年 3 月 14 日国务院正式出台的《关于推进文化创意和设计服务与相关产业融合发展的若干意见》和 2014 年 11 月 14 日文化部、财政部联合发布的《关于推动特色文化产业发展的指导意见》。以上两个文件的解读见表2-6。

表 2-6　　关于 2014 年文化产业发展出台的指导性文件简要解读表

指导性文件	文件解读
《关于推进文化创意和设计服务与相关产业融合发展的若干意见》	（1）是我国首次就文化创意和设计服务与相关产业融合发展出台的系统性文件。该文件明确定位了文化产业与整体经济发展之间的关系，在今后较长一个时期内都将是中国文化产业发展，乃至推动结构调整、产业转型的重要指导性文件 （2）再次反映出当前文化产业与相关产业边界已日益模糊，文化产业与旅游产业、电信产业、体育产业、制造业和农业等形成融合化发展格局。文化产业中的企业也多为综合型文化企业，主营业务演变为：旅游文化业务、演出及影视剧制作、互联网业务、文化交流或展览承办、动漫制作及其他文化相关业务如酒店业务和房地产业务等几项或多项组合。因此，文化产业与旅游、体育、信息、建筑等产业的融合化将成为产业结构调整、产业转型的主要路径。所以说，当前我国文化产业融合化发展是大势所趋
《关于推动特色文化产业发展的指导意见》	（1）以深入挖掘和阐发优秀传统文化的时代价值、培育和弘扬社会主义核心价值观为宗旨，立足于文化育民、乐民、富民，从推动区域经济社会发展、促进社会和谐、加快经济转型升级和新型城镇化建设的战略高度，为有效解决这些问题、促进地方文化产业科学发展指明了新方向 （2）强调地方文化产业的发展必须贯彻突出特色原则。本地化，必然要求实现特色化。特色化发展首先要求实现特色资源的创造性转化和创新性发展。该文件给出三类特色资源：鲜明区域特点、地方特色文化资源、民族特色，并指出了创造性转化和创新性发展的路径，即创意转化、科技提升和市场运作。要实现这种创造性转化和创新性发展，必须深入研究评估地方可供产业开发的特色文化资源，提出资源利用和转化规划，构建具有鲜明区域和民族特色的文化产业体系，促进多样化、差异化发展

从表 2-6 可以看出，我国当前文化产业发展的路径方向主要是走融合式发展道路，打破文化产业发展以往的传统思维与地区、行业和所有制壁垒，实现不同地区、不同行业和不同所有制市场主体的融合。其基本思路是：加强创意设计，实施并开拓创意引领道路；有效衔接特色文化资源与

现代消费需求，达到供需平衡；跨界融合，走出国门，大力开发文化产业全新的发展空间。另外，政府与市场相配合也是文化产业发展路径的主要方向之一。

我国文化产业发展的阶段性特点比较突出，目前正处于产业的发展壮大时期。因此，在推动文化产业与科技融合发展过程中不仅要依靠政府这只“看得见的手”对产业发展提供帮助和扶持，而且还需要市场这只“看不见的手”发挥对资源的基础性配置作用。通过类比和分析发达国家文化与财税政策以及科技融合的发展方式发现，不管是政府主导型、市场型还是混合型的融合发展模式，这些国家都能够因地制宜，选择适合本国国情的发展途径来配置政府与市场的力量，使其发挥出各自的优势。政府需要从完善本国的法律法规体系、科学的制定规划、制定相应的扶持产业发展的财税政策和搭建融合的载体平台等方面为文化产业发展提供比较完备的发展空间，而市场主体在伴随政府对文化产业发展所需环境逐步建设和完善的同时，也会被随之激活，市场潜力逐渐被释放，市场力量将会逐步成为配置文化产业发展所需资源的主要力量源泉，这样文化产业与科技的融合发展也就顺理成章。结合我国国情，借鉴发达国家那些成熟的，可以在我国实际运行的发展文化产业的方法和路径，并在此基础上进行改造和创新，加大财税政策支持文化产业发展的力度应是我国文化产业发展路径选择的重中之重。

四、财税政策支持文化产业发展的路径选择

我国文化产业发展的路径可以从很多方面去发掘和考虑，税收、财政、法律和金融等方面推动文化产业发展的路径都在选择范围之内，每一个渠道都有各自不容小觑的力量。根据文化产业的内部结构和发展特征，文化产业效率以及文化产业的影响因素，该产业的细分行业与相关产业之间的关联关系，结合众多学者对我国支持文化产业可行性发展路径的建议，具体路径有：加强财税政策引导扶持，创造良好的政策环境；扩大文化消费，拉动文化产业发展；注重企业间关联交易，推动文化产业协调发展；调整文化产业结构，优化文化产业布局；加强融资渠道建设，提高文化产业投

资规模；加强文化企业经营管理，提高文化产业效率；利用比较优势，实现区域文化产业差异化发展；促进文化与科技融合，结合“互联网+”、大数据发展新型文化业态等。本书认为其侧重点应是加强财税政策引导扶持，创造良好的政策环境。那么财税政策支持文化产业发展的路径到底有哪些选择呢？

文化产业作为一种新兴产业，具有高成长性，在促进经济发展方式转型和推动产业结构优化升级方面具有不可替代的重要作用。因为世界各国的文化产业资源存在差异，发展优势和所处的产业发展阶段不同，所以各国之间选择的文化产业发展途径也不尽相同。在全球性竞争日益剧烈的背景之下，我们不能为了大力发展我国的文化产业，盲目模仿某些发达国家的文化产业发展模式，而应根据我国文化产业发展的具体情形来选择合适的发展路径。当然，这其中少不了财税政策对文化产业发展的大力支持。

（一）加强政策引导扶持力度，为文化产业发展营造良好政策环境

总结众多学者们的观点，可得出以下结论：政府扶持和文化产业发展呈正向变动关系，即加大政府扶持力度，可以推动我国文化产业的发展。发达国家文化产业的发展经验告诉我们，文化产业的快速成长依赖于政府的扶持和引导。因此，为方便理顺文化产业发展脉络，利于经济结构不断优化，更加有利于提高文化产业国际竞争力，我们应制定符合文化产业发展需要的文化产业政策。我国可通过制定文化产业的财政扶持政策、法律法规政策、税收优惠政策和价格补贴政策等措施为文化产业发展创造良好的政策环境。

1. 政府财政扶持政策在不断加大财政资金投入力度的同时需要注重帮助文化企业提升文化创新能力，提高管理水平。凭借财政资金的投向引导文化资源流向，调整文化资源配置，优化文化产业结构，延拓文化产业链，刺激和强化文化产业科技研究与开发，从深层次上解放和发展文化产业生产力，实现文化产业全面振兴。

2. 必须制定稳定的文化产业法律法规政策。它不仅有助于构建和提升文化产业整体竞争力和实力的政策环境，而且还有助于建立规范的市场秩

序。虽然我国目前已初步形成了关于文化产业发展的法规框架，但我国的文化产业立法涵盖面小、立法层次低，未能满足文化产业迅猛发展的需要。因此，加强文化产业的立法进程，发挥法律对文化产业发展的保障、引导和促进作用，是实现文化产业健康发展的必要途径。

3. 继续实施税收优惠政策和价格补贴政策是扶持文化产业的老方法，也是最有效、最直接的方法。应根据文化产品和服务的不同类别和文化企业效益等情况，综合利用价格政策和税收政策进行宏观调控，引导各种资本向着文化产业流动，提高文化产业资本投入，扩大文化产业总体的规模。中央及地方政府应当结合文化企业发展的实际情况，继续实施文化产业的差别税率制和浮动税率制，发挥税收间接调控文化产业发展的有利优势。同时也应明确规定对各类文化企业税收减免的具体措施，简化减免流程，大力促进文化企业的快速发展。国家应对那些由于价格偏离价值，而迫切需要制定保护价格的文化产品和服务，提供以适当的配套措施和政策，完善价格约束机制和补偿机制。

（二）财税政策应在文化产业发展的不同历史阶段扮演不同的角色

当经济萧条时，应该适当放宽财政政策，提供更优惠更具吸引力的发展文化产业的利好财税政策；当经济繁荣，达到一定的稳定期时，理应结合大众对文化产品的需求，尤其是精神层面的需求，分别采取不同的财税政策以促进经济更好的发展。除此之外，所有针对发展文化产业的财税政策应当适应不同历史阶段文化产业的经济结构。文化产业在发展过程中，产业经济结构受其自身地域性特征和发展历史阶段的制约，产业发展的重点也不尽相同。这就要求政府财税政策应与政府扶持文化产业发展的产业经济目标保持一致。因此，在不同的历史发展阶段应采取不一样的财税政策，适应文化产业发展结构的变化并及时作出调整，并随着历史的变迁，不断补充、丰富与完善财税政策。

（三）财税政策应采用分类别、分层次的方式支持文化产业发展

政府财税政策介入文化产业不应缺位、越位，而应支持到位，实施程序化扶持政策措施。从文化产品的经济属性看，根据文化产品的公共性差

异和不同区域的文化产业，财税政策扶持文化产业发展的方式应当灵活多样，要尽量做到财税政策不缺位也不越位。本书认为，应按文化产品公共属性的强弱和不同区域文化产业经济结构的特色，实施分类别、分层次差异化的财税政策。

一方面，对于社会需求并且靠市场供需调控的私益品，也就是企业组织生产的文化产品、个人生产的文化产品，国家财政可以凭借直接的产业投融资或间接的财税政策培育来引导文化产品市场。国家财政可以通过建设国家文化发展基金等公共财政支出机制，为个体文化产品生产者提供必要的财政资金资助，鼓励私人文化产品或服务的制造者、提供者纳入国家文化产业建设发展的大系统中，以促进文化产品市场的成熟与繁荣。另一方面，对于具有公共需求又存在市场失灵的文化产品，主要包括群众公益文化产品、意识形态文化产品、社团公共文化产品等，可实施政府财税扶持。实行市场化运营的三种财税政策扶持方式分别是：以地方或社团资助、补贴为主；由非营利性文化机构管理运营并给予税收优惠或者国家财政引导，由党政相关部门管理运营或政府财政资助。这样一种分层次的政府财税政策，可以给地方特色文化产业的发展提供可靠的保障。

除此之外，针对国有文化企业和民营文化企业、大型文化企业和小微文化企业以及东中西部文化产业，等等。我们首先要做的就是制定合理的、详细的划分标准，在分好类、分好层次的基础上再制定不同层次适用的有效财税政策，以支持文化产业特色发展、协调发展和融合发展，只有这样才能体现我国文化产业的独特性、共同性和超越性。

（四）财税政策应在文化产业发展的不同时期侧重扶持

在扶持文化产业发展的不同时期，财税政策应实施不同的调控方式。①

1. 在文化产业发展初期，政府应该加大公共财政的投入和支出。通过采用财政补助、财政融资担保、财政贴息贷款、企业新建之初的期限式税

① 国家出台多项政策扶持文化产业发展［EB/OL］. http：//max. book118. com/html/2013/0504/3744954. shtm.

收优惠等财税大力支持措施，帮助文化企业解决投融资困难等实际问题，即首先支持文化产业的生存大计。

2. 在文化产业发展中期，财税政策应有选择、有重点地扶持龙头文化企业、文化产业示范基地（示范园区）以及重大文化产业项目的投资，提供给不同企业不同的直接税收优惠政策和间接税收优惠政策，鼓励其进一步成长壮大，做大做强。

3. 在文化产业发展的成熟期，财税政策应该减少甚至是退出对文化产业企业的投资与重点支持。相反，政府对成熟的文化产业企业应当与对其他成熟产业企业一样，一视同仁地实施征税。

综上所述，文化融汇了一个国家的气质、风骨和灵魂，它是一个民族发展的精神食粮，因此我们应不遗余力地大力发展文化产业。首先，在如今经济新常态背景下，我国应在坚持文化市场保护领域合理、适度原则，让市场在资源配置中发挥基础性作用的同时，配合促进文化产业发展的相关政府政策。这是由于市场主导型只能对有盈利的文化企业才可以起到一定的作用，而那些基础和公益性的文化事业，还需要国家财政的支持才可能持续稳定发展。其次，还必须完善相应法律，保护知识产权，鼓励公平竞争，为文化产业奠定牢固的法律基础。再次，国家财税政策在具体扶持文化产业发展的进程中，需要坚持“有理、有据、有度、有效”的原则。当我们运用政府这只“看得见的手”时，做到张弛有度、懂得拿捏分寸，对发展文化产业或者是其他任何产业都是必不可少、极其重要的。即不仅仅要符合财税政策扶持条件的事实依据、对象以及文化产业发展的扶持方向；还要注意不能大包大揽，不能什么事都是政府说了算，有限度地实行必要的扶持，避免对文化产业长期发展的不利影响和对整个市场体制的冲击。我们的最终的目标是充分发挥财税政策的杠杆作用，放大财税政策的乘数效应，追求财税政策扶持效应最大化，进而促进我国文化产业的大发展和大繁荣。当然，在考虑法律、财税政策的同时，也不能忽略和松懈了科技、金融等有助于文化产业发展的手段和方式，应该多元化、多视角地看待问题。最后，在抓文化教育的同时，应发挥各乡镇村委的力量，通过建立文化宣传小分队、设立分散的广播站等方式来加大文化产业发展的宣传力度，让广大民众意识到文化的传承与发展不仅仅是政府该做的事，每一位公民都有责任、有义务去保护和传承自己身边的文化。

总而言之，为文化产业的发展规划和制定一条统一的、全面的、成体系的路径，对其未来的发展有着深远的影响，我们应为该路径的产生集思广益，以保其今后尽快成为我国的支柱产业，为我国经济稳定快速的发展带来福音。

第三章

我国文化产业发展概况及评价

第一节　我国文化产业发展概况

一、我国文化产业的发展概况

我国文化产业的发展总体上以复苏—过渡—快速发展为发展脉络。发展过程中虽然遇到过坎坷，但是国家也在政策方面予以了引导和调控。随着文化产业的快速发展，文化产业已经成为国民经济的重要组成部分。文化产业带动了 GDP 的增长，增加了财政收入，同时也提高了人民的综合文化素质，发展了国家软实力，增强了我国的国际竞争力。首先，文化产业的发展加强了区域性合作，细化了分工，实现了资源的优化配置，促进了区域间的协调和配合。其次，带动了中国文化产业“走出去”，大力拓展了海外市场，迎合了发展需求。据统计，过去的十几年间，中国的平均关税从加入世贸组织之前的 15.3%降为 9.8%，对外开放了 100 个服务贸易部门，清理并重新出台了3000多个法律法规。中国的进口增长了4.7倍，出口增长了4.9倍，国内生产总值稳中有升①。再次，逐步形成了我国文化产业发展的政策体系，并在不同的发展阶段提出不同的要求，使短期发展目标和长期发展目标相结合。最后，我国的文化产业在一定程度上也实现了规模集聚效应。广泛建立了文化产业示范基地、文化产业示范园区以及文化产业实验园，一些规模较大的文化企业和企业集团日益崛起，在我国的文化产业发展中起到了引领示范作用，同时规模也在不断壮大，整体上提高了我国文化产业的发展水平。

总览我国文化产业的发展，无论是纵向的发展历程演变，还是横向发展领域和发展空间的变化，总体上发展较快，取得了一些显著性成就。例如，文化产业的发展带动了国民经济的发展，经济效益不断提高，同时也提高了群众的文化素养，社会效益显著。同时，现阶段文化产业规模不断壮大，发展前景良好，国家制定并出台了相关的政策性文件，政策支持较为完善。随着文化产业投融资环境的逐渐改善，解决了部分文化企业融资难等问题。值得关注的是，伴随着互联网经济的发展，许多新兴的文化产业形态不断出现，吸引了大众的眼球，也成为新阶段文化产业具有竞争实力的核心项目。当然，在取得这些成果的同时，文化产业自身的发展还存在许多问题，最根本的便是文化管理体制的约束，由于文化体制改革的不完善使文化产业无法冲破“禁锢”。此外，我国文化产业发展还存在区域差异、城乡间的差异，并且随着经济的快速发展，这种差异日益明显，地区间的发展不平衡阻碍了文化产业的发展。并且，文化产业的规模和集群效应较差，虽然建立了一些示范点，但治标不治本，未能开辟出大规模的有代表性和发展活力的文化产业基地。加之投融资渠道的不畅通，国家金融机构给予文化企业发展融资政策的不完善，创新性复合型人才的缺失，导致我国文化产业发展阻力重重。

二、我国文化产业的发展历程

相较于西方发达国家来说，我国文化产业的兴起相对较晚，并且一直

① 刘倩含．我国文化产业发展现状及对策研究［D］．沈阳：辽宁大学硕士学位论文，2013.

处于发展落后的状态。在新中国成立以后很长一段时期我们沿用的是苏联模式的计划经济体制，对于文化的需求和概念并没有深刻认识，对于文化事业的发展实行“政府一揽子”制度，因此文化的发展空间狭隘，人民的重视程度不高。但是国家在一定程度上还是鼓励文化发展的，譬如 1956 年毛泽东提出了“百花齐放，百家争鸣”，鼓励发展文化事业。但是，在“文化大革命”中，文化发展进入了停滞状态，改革开放以前文化的发展还没有形成文化产业，由于受到国家经济体制约束以及群众思想观念落后的制约，文化的生产、流通和消费没有形成产业链。1979 年，我国广州建立了第一家音乐茶座，才开启了我国文化市场发展的新旅程。此后，我国文化产业快速发展，在不同时期都显现出不同的特点，我国文化产业的发展分为以下几个主要阶段。

（一）复苏起步阶段（1978—1992 年）

“文化大革命”对文化的发展造成了巨大冲击。粉碎“四人帮”，随着改革开放浪潮的涌起和国民经济的复苏，国家开始提出一系列促进文化发展的新政策，1978 年在中共十一届三中全会上提出以经济建设为中心，奠定了文化产业发展的经济基础。1985 年，国家统计局出具了《关于建立第三产业统计的报告》，报告中明确指出将文化艺术作为第三产业发展的重要组成部分，从根本上认可了文化发展所具有的“产业”特征。这两方面分别体现了对文化产业发展的经济支撑和政策支持。这一阶段文化产业的发展主要表现在流通领域和文化娱乐业的发展中。例如，20 世纪 70 年代末，国外传入中国内地的录音带和录音盒广泛受到群众喜爱。1979 年，广州兴建的第一家音乐茶座，标志着我国文化市场的兴起。1983 年，广州市和上海市最先进行了录音、影像作品的生产和流通，这使得内地的录音、影像业和歌舞营业厅快速发展。1984 年，我国出现了第一家营业性质的卡拉 OK 舞厅，从此，营业性经营舞厅在各大城市争相开放和发展。

虽然文化的发展初步有了“产业”的性质，但只是停留在初级阶段。20 世纪 70 年代末期，在影音业和出版业快速发展的同时，文化体制的矛盾凸显。1987 年，为应对文化部门中政企不分、政文不分的实际情况，我国开始探索性进行文化体制改革。首先，调整艺术部门的结构，优化整合资源，全面实行领导人负责制度。其次，在文化方面探索解决“大锅饭”分配的方法，着力改变分配弊端；同时提出了“以文补文”“多业助文”等经营模式。最后，提出“双轨制”的管理模式，一种是由国家领导的院团形式，另一种是由社会团体主导的艺术团体。

（二）助力推进阶段（1993—2001年）

1992年，党的十四大建立了社会主义市场经济体制的改革目标，使文化产业的发展环境更加宽松，文化产业发展较快。此时文化产业的发展已经由流通领域和娱乐领域逐渐过渡到文化制造领域和服务性领域，由原来规模较小的企业单位发展为规模壮大的文化企业集团。由于市场经济体制目标的建立，带动了文化事业单位的体制改革，扩展了文化产业发展领域，规模也有所壮大。文化体制改革主要表现在管理方式的转变、经营模式的转化以及投资环境的改善。此时，电影业、出版业以及旅游业发展势头迅猛，同时出现了新型文化产业形式——网络业。同时，文化产业的发展也大量吸引了外资，形成了文化产业发展新格局，“引进来”和“走出去”相结合，大力推进了文化产业的发展。此外，我国政府还出台了相关政策，譬如，1993年，政府部门改变了原本单一的文件管理文化产业的管理方式；1994年，加强了对文化产业的宏观调控；1996年，整顿文化市场，打击违法音像制品；1998年，进一步加强了文化产业的法制建设，逐渐解放群众的文化观念，打破传统束缚的禁锢，宣传文化产业法制化。其中，最重要的转折点是在2000年党的十五届五中全会提出的“十五”规划中，中共中央正式以法律文件的形式提出了文化产业的概念，并指出要在新阶段发展文化产业，加强文化产业的法制化建设，推动文化产业相关链条的发展，这一转折发展点标志着文化产业发展进入了新阶段。2001年，文化产业被列入第十个五年规划，文化产业的发展已经上升到战略发展的位置。总体来说，这一时期主要是过渡阶段，文化产业在我国国民经济中的地位逐步凸显。

（三）快速发展时期（2002年至今）

自2000年文化产业正式列入法规文件以来，发展文化产业已经成为时代发展的正向潮流，21 世纪文化产业已经被认为是国民经济发展的支柱性产业，又被成为“朝阳产业”“绿色产业”“无烟产业”等，这是顺应历史发展的必然选择。2001 年中国加入 WTO，我国文化产业的发展领域进一步壮大，加强了与世界各国的文化交流，使中国的文化产业更多地融入世界产业链中。同时，新兴的文化产业形态日益壮大，网络文化产业和旅游业的发展蒸蒸日上，市场化程度明显增强，成为新时代引领文化产业发展的核心力量。新阶段，我国对文化产业的发展有了更为深切的要求，例如如何提高我国文化产业的国际竞争力，怎样从源头上提高文化产业的生产效率和发展空间，如何创建文明有序的发展环境等。近年来，我国相应提出了一些政策性文件，作为文化产业发展的政策性支撑和原则性参考。2002 年，党的十六大提出要大力发展文化产业，明确区分文化产业和文化事业。2004 年，党的十六届三中全会中提出文化可持续发展方针，进一步推进文化体制改革工作，部分文化事业单位转制为企业，推动了新闻出版业、演艺业、广播电视业的发展。2006 年，在“十一五”规划中，全面提出大力发展文化产业。2007 年，党的十七大报告指出需要提高我国的文化软实力，繁荣社会主义文化体系。2012 年，党的十八大报告中提出，要推动文化产业快速发展，到 2020 年全面建成小康社会，文化产业成为国民经济的支柱型产业。

从以上我国文化产业发展历程的回顾可以看出，我国的文化产业在不断发展壮大，人民的文化需求和文化消费逐渐增多，国家的政策性支持和重视程度不断提升，文化体制改革以及科技带来的新的文化产业形态的诞生都促进了我国文化产业的完善与发展。虽然发展空间巨大，但长路漫漫。

第二节　我国文化产业的发展成果

一、文化产业效益提高

在我国，文化产业所带来的效益主要有两方面。一方面是经济效益，即发展文化产业对经济发展带来的成果，另一方面则是社会效益。2012年党的十八大报告提出："要坚持把社会效益放在首位、社会效益和经济效益相统一。推动文化事业全面繁荣，文化产业快速发展。"从报告中可以看出，国家对文化产业发展的要求不仅表现在拉动经济增长，提高经济效益；更重要的是体现社会效益，发展文化产业要注重提高文化产业的社会效益。

首先，文化产业的发展促进了社会效益的增长。2012年我国对于文化产品的分类由原来的"核心层""相关层"和"外围层"的分类结构变为文化产品的生产、文化产品生产的辅助生产、文化专用设备的生产及文化用品的生产四部分，而大部分带来社会效益提高的源泉无非是文化产品的生产。近年来由于影视业的快速发展，一些电影和新创办的电视节目促进了文化产业的发展，真正提升了社会效益。例如《中国功夫》《中国熊猫》电影的拍摄很好地展现了中国文化，将中国文化在世界范围内传播，提高了文化产业的社会效益，鼓励更多人传承中国功夫的正能量。早在2004年《星光大道》节目广泛受到群众的好评，经过了十余个春秋，节目发展效果良好，这是一个帮助平民实现愿望的舞台，这是一个展现自我价值、展示艺术珍宝的舞台，是让我们能够在生活中发现艺术瑰宝，贴近生活、贴近现实的节目。在这个舞台上，很多人都实现了自身的价值，之后又出现了《我要上春晚》《中国达人秀》《中国好声音》等节目。这些节目的举办让平凡人有了不平凡的梦想，一方面激发了社会群众的艺术灵感，鼓励群众实现社会价值，得到内心满足；另一方面给电视观众带来一种精神的震撼和鼓舞。2013年，中央电视台为应对时下汉字知识缺失问题开发了一档《中国汉字听写大会》节目。众所周知，汉字是中华民族的精魂，但是随着网络的发展，计算机办公和一些新兴词汇的诞生，使新一代人群渐渐弱化对汉字的认识，不会"读"不会"写"已经成为新问题。节目的举办无疑对化解这种"汉字危机"，提高人民的科学文化素质具有积极作用，通过趣味性，激励大家多识字、多写字。

其次，文化产业的发展促进了经济效益的提高。我国文化产业发展迅速，投资规模日益壮大，中国社科院发布的《中国文化产业发展报告

(2014)》中显示，剔除2012年文化产业重新分类引起的统计口径不一的影响，我国文化产业的投资规模从2008年的9390.73亿元增长至2012年的19576.68亿元，5年间投资规模年均增幅达20%。“文化产业的增速即便现在下跌到16%，相对于其他行业，也是快速发展。”中国社会科学院文化研究中心常务副主任张晓明说。在文化投资的持续推进下，2012年，我国文化产业法人单位实现增加值18071亿元，占GDP的3.48%[①]。此外，从近十年来的数据测算可以得出，我国文化产业的增加值呈持续上涨的趋势，发展平缓，稳中有升。2011年较2004年相比较，文化产业的增加值呈现大幅上涨趋势，究其原因主要是由于统计数据的口径标准不一致。2012年我国颁布新的《文化及相关产业分类》方法，国家统计局将2011年文化产业的增加值由13479亿元修订为15516亿元，与此同时将2011年文化产业总值与GDP的比值由2.85%修订为3.28%。正是由于分类口径的变化，使我国文化产业的增加值历史性地突破了3%。此后，2012年文化产业与GDP比值达到3.48%。2013年文化产业占GDP的比重达到3.77%。从以上数据可以看出，近十年来，我国文化产业无论是在产值收入，还是文化产业增加值以及文化产业对GDP的贡献角度，都取得了有效的成果。这也证实了文化产业的经济效益在不断提升。

从以上两方面分析得出，我国的文化产业所带来的双重效益都在不断提高，尤其是其社会效益越来越凸显。文化产业的发展鼓励群众实现个人梦想，发挥自身价值，传播正能量，激发群众的潜能，为构建社会主义和谐社会奠定了基石，同时稳固了社会主义核心价值观；同时，文化产业的经济效益稳中有升，文化产业占GDP的比重突破了3%，这些都成为文化产业前进的不竭动力。

二、初具规模的文化产业体系

在我国，文化产业的发展起步较晚，并且不具有绝对的竞争力优

① 张晓明．解读2014中国文化产业发展报告［EB/OL］．［2015-3-28］．http://www.ocn.com.cn/free/201404/zhongguo150904.shtml.

势，主要原因在于产业发展规模小、产业分布点零散、集聚效应较弱。2011 年，中国共产党第十七届中央委员会第六次会议通过了关于文化产业发展的决定①，从中可以看出，我国现在文化产业的发展方向主要是向规模化和集约化发展。与此同时，我国政府也做出了很多努力。

我国文化产业的集聚效应始于 2004 年，深圳市首先创办了第一批文化产业示范基地，经过数十年的发展，现在已经发展成为竞争力强、规模壮大且国内知名的文化产业群②。为推进我国文化产业发展，培育产业的集聚力和规模化，自 2004—2014 年，我国文化部先后共开展了 6 批国家文化产业示范基地命名（达 340 家）和 5 批国家级文化产业示范（试验）园区命名。从近几年的发展来看，文化产业基地和文化产业园区发展态势良好，同时也培育出了大批的文化骨干企业，壮大了文化企业队伍，提高了我国文化产业的集约化、规模化和专业化的程度，起到了示范带头作用③。如今，这些文化产业示范基地和示范园区已经成为产业发展不可或缺的载体，在国家政策及文化部的主导下，我国已经形成了一批初具规模的文化产业聚集地，凝聚了产业发展力量，并且符合可持续发展战略要求，引领了新一代文化产业的发展潮流。

从表 3-1 及表 3-2 可以看出，我国文化产业示范园区在很多方面都取得了突出成效。据《国家级文化产业示范（试验）园区、国家文化产业示范基地 2013 年度总结报告》，2013 年园区利润总额为 561.6 亿元，比 2011 年上涨 138.9%，2013 年 216 家单体类基地利润总额达 153.70 亿元，相较于 2011 年，单体类基地发展迅速，其中发展比较好的有福建网龙计算机网络信息技术有限公司、上海新天地等文化企业。同时，文化产业示范基地分别涉及我国东、中、西部地区，涉及领域广泛，促进了我国文化产业的

① 即《中共中央关于深化文化体制改革推动社会主义文化大发展大繁荣若干重大问题的决定》，其中指出要“优化文化产业布局，发挥东西部地区各自优势，加强文化产业基地规划和建设，发展文化产业集群，提高文化产业规模化、集约化、专业化水平”。

② 范永旭．社会主义市场经济条件下我国文化产业发展路径选择［D］．沈阳：沈阳师范大学硕士学位论文，2014.

③ 文化部．文化部关于加强文化产业园区基地管理、促进文化产业健康发展的通知［EB/OL］．［2015-3-28］．http://baike.baidu.com/view/3924675.htm.

发展。

表 3-1　　　　　　示范基地园区发展情况表①

	分指标	2013 年数值	总值
从业人员数（万人）	地区运营公司人数	5. 44	117. 42
	聚集类基地运营公司人数	8. 80	
	单体类基地人数	18. 84	
	地区内企业从业人数	50. 60	
	集聚类基地内企业从业人数	33. 74	
注册资本（亿元）	地区运营公司注册资本	137. 36	485. 85
	集聚类基地运营公司注册资本	37. 73	
	单体类基地注册资本	310. 76	
年收入（亿元）	地区内企业年收入	2287. 4	4433. 97
	集聚类基地企业年收入	1032. 89	
	单体类基地年收入	1113. 68	
年利润（亿元）	地区内企业年利润	561. 6	868. 41
	集聚类基地企业年利润	153. 11	
	单体类基地年利润	153. 70	
年纳税额（亿元）	地区内企业年纳税额	222. 01	819. 45
	集聚类基地内企业年纳税额	56. 38	
	单体类基地年纳税额	541. 06	
获得自主知识产权数（项）	地区内企业获得自主知识产权数	5932	31259
	集聚类基地内获得自主知识产权数	12919	
	单体类基地获得自主知识产权数	12408	
获得政府专项资金（亿元）	地区内企业获得政府专项资金	26. 14	46. 02
	集聚类基地内获得政府专项资金	6. 67	
	单体类基地获得政府专项资金	13. 21	
上市公司数（家）	地区上市公司数	28	52
	集聚类基地上市公司数	24	
投入的孵化资金额（亿元）	地区投入的孵化资金额	73. 62	87. 06
	集聚类基地投入的孵化资金额	13. 44	
完成孵化的文化企业数（家）	地区完成孵化的文化企业数	3136	4069
	集聚类基地完成孵化的文化企业数	933	

① 文化部. 文化部关于加强文化产业园区基地管理、促进文化产业健康发展的通知 [EB/OL]. [2015-3-28]. http://baike. baidu. com/view/3924675. htm.

表 3-2　按东、中、西部划分的国家文化产业示范基地的行业分布情况

行业区域	全国（%）	东部（%）	中部（%）	西部（%）
动漫业	7.9	7.2	12.7	4.6
网络文化	1.9	2.9	1.6	0.0
数字文化服务业	2.3	2.2	1.6	3.1
文化会展	1.9	2.2	1.6	1.5
文化科技服务业	3.8	4.3	3.2	3.1
文化旅游	23.7	18.1	22.2	36.9
文化用品、设备及相关	8.3	9.4	9.5	4.6
文化产品的生产销售等	7.1	7.2	3.2	10.8
娱乐业	7.1	7.2	3.2	10.8
演艺业	18.8	18.8	19.0	18.5
创意设计业	2.6	3.6	1.6	1.5
艺术品和工艺美术	20.7	21.7	23.8	15.4
游戏业	1.1	2.1	0.8	0.8

三、初步建成的文化政策体系

进入21世纪以来，我国的文化产业取得了长足的发展，所取得的成绩离不开国家政策的支持和鼓励。党的十六大报告首次提出了“积极发展文化产业”的要求，在2011年党的十七大关于《推动社会主义文化大发展大繁荣若干重大问题的决定》中，指出文化产业已经成为21世纪发展的支柱型产业，明确了发展文化产业的前进方向和发展要求；同时提出需完善文化产业的相关法律法规，优化投融资环境等问题。2013年，为应对文化产业发展的新情况和新问题，响应党的十八大精神的号召，提出要进一步发展文化产业的要求：逐步深化文化体制改革，转变文化行政部门作风，加强对文化产品的正向引导作用，政府予以适度的宏观调控，推动文化产业良性发展。中共十八届三中全会部署了文化体制改革的总纲领，成立国家新闻出版总局，弱化了文化产业的分块化迷失，有效转变了政府部门的职能。同时，我国政府还完善了相关优惠性政策。例如，2005年颁布的《关于文化体制改革试点中支持文化产业发展若干税收政策问题的通知》《关于宣传文化增值税和营业税优惠政策的通知》。党的十六大以后出台了一系列

促进文化产业发展的相关文件。①

指导思想政策体系的连续出台，政府针对文化产业某一领域颁布的实用性文件，不断推进的文化体制改革，都标志着我国初步建立了文化政策体系，为文化产业的发展提供了政策上的支持和保障。

四、逐渐完善的投融资环境

虽然现阶段我国文化产业还存在投融资难的困扰，我国政府和金融机构仍在着力改善文化产业的投融资环境，主要表现在国家政策的支持、投融资政策的开放、金融机构的合作以及配套设施的不断完备。

首先，在政策支持方面，2009 年我国颁布的《文化产业振兴规划》中强调要加大对文化产业的支持力度。主要表现在提高金融机构与文化产业发展的契合度，给予融资上的支持和帮助，鼓励发展前景良好的企业上市，自主发行债券等。金融机构在文化产业的融资方面发挥着重要的指导性作用。2010 年中宣部、人民银行等九部委出台关于振兴文化产业发展的意见。② 2014 年 3 月 14 日，国务院发布关于促进文化创意产业与服务、金融等产业融合发展的意见。③

其次，在实际文化产业领域内，已有多家文化产业通过政策的支持实现了投融资。例如，2011 年我国已经有 16 家文化产业在海外上市，并且都

① 例如：《关于体制改革中支持文化产业发展的规定》《关于促进广播影视产业发展的意见》。2009 年，出台了《文化产业振兴计划》。2013 年，文化部公布了《“十二五”时期公共文化服务体系实施纲要》，提出到 2015 年，初步建立覆盖城乡、结构合理、功能健全、实用高效的公共文化服务体系，并要求提高财政对于文化的支出比例。

② 即《关于金融支持文化产业振兴和发展繁荣的指导意见》，其中强调金融机构需加大对文化产业发展的支持力度，积极开发与文化产业相关的文化产品，扩大文化企业的融资规模，并且金融机构需要提高对文化产业的金融服务，可以适当地发展与文化产业相关的保险产品。该文件出台后，各大金融机构均从加大信贷投放、鼓励金融创新、拓展融资渠道、深化多方合作等多个方面，全方位引导，加强对影视业、新闻出版业、文化艺术服务业、旅游文化服务业、会展业、动漫业、艺术设计和艺术经营业、文体用品制造业等重点发展领域的金融支持力度。

③ 即《推进文化创意和设计服务与相关产业融合发展的若干意见》。其中，对加强金融服务单独论述，提出将“建立完善文化创意和设计服务企业无形资产评估体系”。“支持符合条件的企业上市，鼓励企业发行公司债、企业债、集合信托和集合债、中小企业私募债等非金融企业债务融资工具。”“支持金融机构选择文化创意和设计服务项目贷款开展信贷资产证券化试点。”详细描述了鼓励银行、保险、创投基金等的政策方向，尤其提出“政府引导，推动设立文化创意和设计服务与相关产业融合发展投资基金”，力度前所未有。

是首次公开募集上市。姚记扑克等7家公司在我国境内上市，募资高达79亿元，淘米网等5家公司已经在美交所或者是纳斯达克上市，募资达12亿美元，众所周知的淘宝网也已经在美国上市。这些都是由我国融资政策和融资环境的开放带来的丰硕成果。同时，我国还鼓励降低一些银行及金融中介机构的收费标准，减轻文化企业的融资成本。在国内，一些电影的拍摄也取得了银行等机构的投资支持。例如，2011年由张艺谋主导的电影《金陵十三钗》，由于资金短缺，获得了民生银行给予的1.5亿元人民币的融资支持，这在国内创下了历史性记录。

最后，完备的配套措施能够增加文化企业与金融机构之间的信任。由于现阶段文化企业已经采用了统一的现代企业管理制度，无论是在制度管理还是财务管理都已实现信息化、透明化、公开化，因此，金融机构可以通过对文化企业某些重要指标的评判做出选择，确实是否应该加大对文化企业的融资支持。

五、新的文化产业形态不断涌现

现阶段已经是物联网、云计算、大数据时代。随着第三次科技革命的到来，新媒体发展迅速，社会网络、物联网、云计算等广泛应用，数据规模和数据总量呈爆炸式增加，与之相对应的便是产生了一些新兴的文化产业形态。如今，以网络新媒体和游戏为代表的新兴产业发展迅速，随着智能手机和无线网络的快速推广和应用，手机已经处于网络终端的首位，网络平台在文化产业的发展中起着重要作用。手机上的通信软件微博、微信、微电影等与文化产业相关的新兴文化产业应运而生。同时，游戏产业也在快速发展，游戏借助于技术上对大数据的处理，开发出许多娱乐人心的游戏软件，例如网页小游戏、手机游戏等，还有一些付费游戏。网络平台的存在也促进了网络视频、网络电影的发展，网络视频可以适用于各种智能手机、上网本以及计算机等，网络视频的升级应用也提高了群众的生活质量，满足了群众的文化需求，并且网络视频将全球影音联网化。正是由于新科技时代的到来，推动了我国文化产业的发展。

第三节　我国文化产业发展中存在的问题

一、落后的文化管理体制

我国政府有关部门在2005年出台了《中共中央、国务院关于深化文化体制改革的意见》，此文件的出台标志着我国文化产业的发展和改革进入了新的发展阶段。但文化产业改革依然存在许多问题，突出表现在我国管理体制并未从根本上改革。马克思主义政治经济学指出：经济基础决定上层建筑，上层建筑反作用于经济基础。如果文化产业发展未能形成一个有序规范的文化管理体制，那何谈文化产业的经济效益。社会主义市场经济是以市场为主导、政府宏观调控为辅助的经济体系，但在文化产业领域，目前并未改变政府包揽文化的局面。国有文化企业仍占主导地位，并未形成文化企业在市场上自由竞争的格局，在一定程度上仍然存在着文化垄断现象。文化企业尚未转变成真正的市场主体，它们所扮演的只是市场的参与者和被引导的操纵者。文化企业的一切生产经营活动都紧紧围绕着文化管理体制的标准展开，由于我国文化体制改革不彻底，只能逐渐适应政府的政策引导，政府通过提出的一系列财政政策、税收政策、规范性文件、奖励机制等促进文化产业的发展。尽管政府在政策上支持文化产业发展，但是整个文化产业领域没有发展的标杆和尺度。此外，当前的文化产业仍然是以“自主经营，自负盈亏”为发展模式，投融资环境的困难以及优质文化资源的稀缺约束着文化产业的发展。

针对以上文化管理体制落后的现象和情况，我国政府的文化体制改革工作需要进一步强化和提高，应正确处理好政府与市场之间的关系，转变国有文化企业占主导的局面，同时鼓励文化市场的自由竞争机制，最终实现资源的优化配置；改变政府包揽文化的格局，把市场经济放在首位，创造公平竞争的市场环境；加强法律法规建设，增加政策性支持；使文化市场投资主体多元化，促进民营企业和小型文化企业的发展，尽量形成文化产业的集聚效应。

二、文化产业发展不均衡

从文化产业发展全局来看，我国文化产业的发展呈现出地区发展分散以及区域发展不均衡的特点。尤其是区域发展不均衡及城乡内部发展不均衡。首先，区域发展不均衡存在很多因素，例如地域的自然特征不同，传统的文化观念和习惯不同，原始的经济基础较弱，交通存在障碍以及国家政策的导向等原因，这些原因在客观上影响了我国文化产业在东、中、西部地区的发展。

从表 3-3 可以看出，文化产业发展综合指数较高的省市主要集中于东部沿海地区。北京是全国知名的文化中心，第三产业发达，因此北京的文化产业发展占据首位是毋庸置疑的。总体看来，文化产业的总体中心偏向于我国东部地区，产生了区域发展的不协调性。

表 3-3　　2014 年中国文化产业指数①

	综合指数		生产力指数		影响力指数		驱动力指数	
1	北京	82.1	广东	83.9	上海	84.7	北京	83.5
2	江苏	81.1	江苏	80.8	江苏	84.6	辽宁	81.5
3	浙江	79.7	山东	80.8	北京	83.6	青海	80.3
4	广东	79.6	北京	79.1	浙江	83.6	宁夏	80.1
5	上海	78.8	浙江	78.3	广东	79.7	西藏	78.9
6	山东	77.7	四川	76.8	湖南	79.0	江苏	78.0
7	辽宁	77.2	上海	76.1	山东	78.1	浙江	77.1
8	河北	75.2	河北	75.7	江西	77.6	山西	76.5
9	湖南	75.1	河南	74.9	辽宁	76.5	河北	76.5
10	江西	74.2	辽宁	73.8	安徽	76.3	上海	75.4

① 高庆秀. 2014 年中国文化产业指数发布［EB/OL］.［2015-04-01］. http://shcci.eastday.com/c/20141231/u1a8517126.html.

其次，从生产力指数来看，河北、湖南、江西三省挤入了全国前十名，这说明我国中部地区的文化产业在逐步发展，并且竞争力有所提高。从影响力指数来看，东部地区与中部地区平分秋色，说明我国文化产业的区域化差异有所改善。最值得关注的便是驱动力指数，很明显，西部地区在驱动力指数排名中位置居前，显示出我国在政策上逐步向中西部地区倾斜。面对文化产业区域发展不平衡的事实，我们需要端正态度，政府进行政策倾斜，同时中西部文化产业的发展离不开东部地区的带动和自身的努力发展，应结合当地文化产业特色发展文化产业链，形成文化产业的规模，逐渐缩小与东部地区的差距。

再次，文化产业的城乡差距较大。一是由于农村经济发展落后，经济基础薄弱，因而难以吸引文化领域的投资、生产和消费，恶性循环。二是农村的思想观念比较落后，墨守成规，对于新鲜的文化事物接受能力较差，许多非物质文化遗产消失，严重缺失文化娱乐和精神满足，而城市文化产业发展较快主要是交通便利，思想活跃，能够迅速接受新生文化产业形态。三是农村的文化观念薄弱，文化管理较弱，文化基本设施不健全。在我国大多数落后的农村地区还存在着小农经济的观念，它们不能适应市场经济，发展文化产业，同时村里的文化娱乐设施不健全，这样造成了城乡文化产业发展之间的差异。相比之下，城市居民的市场竞争意识较强，能够进行文化产业的生产经营，同时城市的文化基础设施配备齐全，有益于群众娱乐身心。由于种种差异，使城乡文化产业消费的差距逐渐增大。

从图 3-1 可以看出，我国的城乡地区对于文化产业的消费存在一定的差距，主要是由其中五个要素引起的，但是从 2014 年的数据来看，差距有所缩小，农村地区的消费意愿有所增长，展现出农村地区文化产业发展的良好趋势。城乡文化消费指数中指标相差较大的是文化消费环境和文化消费满意度两个指标，建议在以后的文化产业发展过程中，着重创建良好的农村文化消费环境，重视文化产业服务质量，提升文化服务满意度，通过外部环境的转换缩小城乡之间的差距。

最后，文化产业发展的不均衡还体现在产业结构的不均衡。外部来看，在我国的产业结构分配中，传统的第一产业和第二产业还占有重要地位，

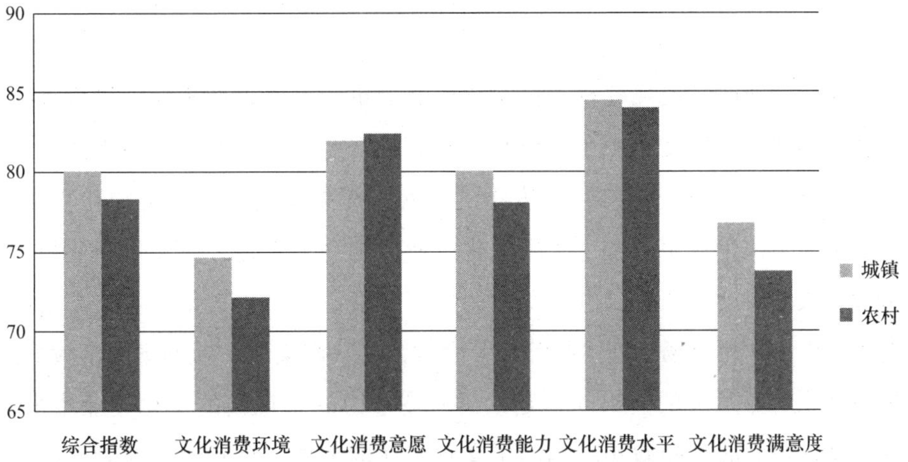

图 3-1　2014 年城乡文化消费指数①

而新兴的第三产业发展后劲不足。内部来看，我国文化产业的发展较为单一，缺乏综合经营性的文化企业，同时，创办的豪华娱乐场所多数是中低档娱乐场所，造成文化产业内部结构发展不均衡，不能满足大多数文化消费者的意愿。因此，在今后的发展过程中，需要注重文化产业的内外部协调，巩固文化产业的战略性发展地位，优化内部结构，促进文化产业快速发展。

三、文化产业规模小，集约化程度低

现阶段，我国文化产业仍展现出规模小、分布零散的特点。我国大多数文化企业规模较小，财力不充足。与发达国家相比，我国文化产业的总量小，占 GDP 的比重低，持续在 3%左右。因此，我国文化产业在发展规模以及文化产品的生产数量上都有着良好的发展空间。在文化产业占 GDP 比重的国际对比方面，据调查统计数据显示，美国文化产业的产值占 GDP 的 24%，日本文化产业占 GDP 的比重超过 10%，韩国文化产业占 GDP 的比重超过 7%②。从以上数据可以看出，我国文化产业仍以规模较小的中小企业

①②　徐鹏．2012 年文化产业法人增加值高出同期 GDP［EB/OL］．［2015-04-03］．http：//www. ce. cn/culture/gd/201308/27/t20130827_ 24694155. shtml.

为主，企业规模小，文化产业的集约化程度和规模化程度远远落后于国际水平。

文化产业的发展规模较小使文化产业的集约发展程度不高。尽管近年来我国创建了几批文化产业示范基地和文化产业园区，但这项举措并未从根本上解决文化产业集约化程度小的问题。提高文化产业的集约化程度，主要是为了优化资源配置，实现文化产业的利润最大化，使文化产业得到持续长久的发展。现阶段由于我国的生产要素不充足，文化产业的需求度较小，以及文化市场管理体制弊端等因素，使我国文化产业的集约度较低。现在文化产业发展的突出问题是缺乏有竞争力的大规模的文化企业集团，并且文化企业的规模较小，制约了文化产业的发展。针对以上问题，在当今的经济背景下，我们需要采取一系列有效措施提高文化产业的集约度和规模化。首先，强调需求的有效性。我们可以通过诸多需求的提出来提升产业的服务质量，文化产业代表着国家综合的文化软实力，而需求的提出则是提升文化产业集约化的助推力。其次，我们需要充分发挥政府的调控作用，进一步推行文化产业示范基地和文化产业示范园区政策，发挥其带头示范作用。再次，我国政府需要进一步深化文化体制改革，注重文化体制创新，实现科研创新和技术创新，提高文化产业的集约化程度。最后，可通过发展文化产业相关产业链达到扩大规模的目的，充分利用资源，抓住新生文化产业形态的特点，开发文化产业平台，提高文化产业的集约度。

四、文化产业投融资渠道缺乏

自 2005 年以来，我国政府先后出台了一系列促进文化产业发展的政策性文件，政策导向主要是增大对文化产业的投入，以促进文化产业的发展。对于文化产业的金融支持力度还有所欠缺，文化产业的投融资环境仍不利于其发展。主要表现在投融资渠道的单一性和限制性，使文化产业在资金链条上遇到重重问题，不能扩大生产规模和提高集约化程度。文化产业的投融资应该是文化企业存在和发展的必要性条件，投融资不畅通，文化企业发展将举步维艰。

第一，政府对于文化产业的投入水平有限。虽然我国的财政收入在逐年增长，但是财政需要支出的项目很多，我国的国防、基础设施建设、科技创新等方面都需要大量的财政资金支援，使得对于文化事业的支出比例相对较低，远不足1%。文化产业的发展需要大量的财政资金，一方面，从我国近年来财政对于文化产业投入比例来看，财政性资金支出难以满足文化产业发展的资金需求；另一方面，文化产业的发展单纯依靠财政性资金援助很难从根本上解决问题。从图3-2可以看出，1986—2013年全国文化事业经费占财政支出的比重呈逐年下滑趋势，虽然我国的财政收入是日益增长的。财政对于文化产业的投入力度不够是造成文化产业投资不足的一个重要原因。

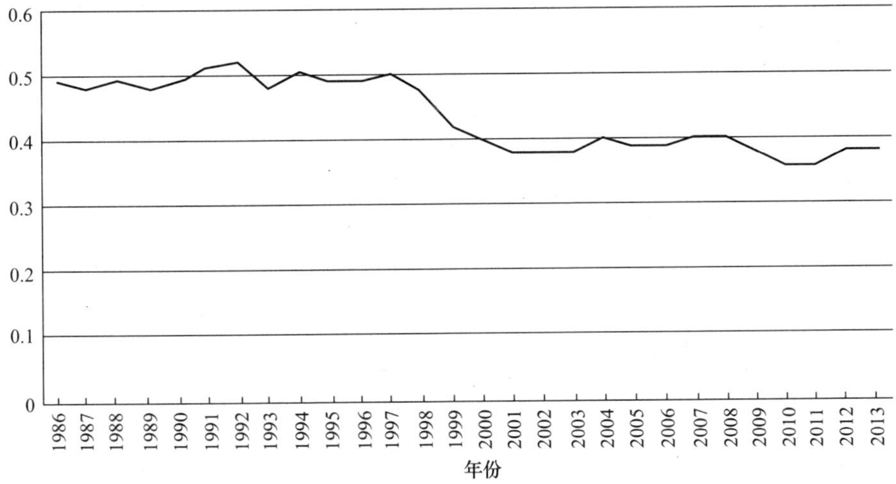

图3-2　全国文化事业费占财政支出比重①

第二，金融机构准入门槛较高，文化企业难以获得银行的信誉贷款。我国文化产业起步较晚，大多以中小企业的形式存在，并且发展尚不稳定，属于一种风险较高的产业。银行信贷，需要资产抵押和信誉担保，而文化产业不同于实质性的其他行业，其拥有的是科学技术和知识产权，实际的固定资产较少，因此造就银行难以贷款给文化企业的“惧贷”局面。

---

① 文化部．中华人民共和国文化部2013年文化发展统计公报［EB/OL］.［2015-04-03］. http：//zwgk. mcprc. gov. cn/auto255/201405/t20140516_ 30294. html.

第三，我国的资本市场融资困难。现阶段我国的资本市场发育还不完善，主板市场对于上市公司的要求严格，主要是针对于一些实质性的大型工商企业，相对于中小企业来讲，上市融资的机会很小，甚至不可能通过上市融资的途径促进其发展，因为中小企业本身的发展规模较小，企业信用及财务制度都不健全，主板市场的投融资限制性条件太多，中小企业基本上不符合上市的各项必要条件，因此长期被拒之门外。但是中小文化企业也是文化产业发展不可小觑的后备力量，由于投融资环境的艰难，使得中小企业的投融资问题矛盾加剧，投融资问题一直困扰着中小文化企业的发展。

第四，民间资本进入不畅，外资资本准入门槛较高。与国有资本相比，民间资本的准入范围较小，引入民间资本的可用性比较少。同时，我国文化产业引进的外资规模较小。商业部 2011 年出台的《外商投资产业指导目录》中列举的鼓励引进外资的与文化产业相关的条例一共有三条，表现为限制性引入外资，主要是针对一些合资合作的高等教育机构和培训机构，这些机构可以引进外资。在文体、娱乐业中必须是由中方控股的培训中心和中介服务，才允许引进外资。从客观上来讲，引进外资的文化产业区域太过狭窄，限制性条文条款过多。从表 3-4 对于文化产业引进外资的情况来看，形式不容乐观，禁止和限制类科目太多，相对封闭的投资环境使得外商难以打入中国市场，因此文化产业的投融资形式非常严峻。

表 3-4　　我国对外商投资文化产业领域的限制类和禁止类情况①

限制类	（1）普通高中教育机构（限于合作）
	（2）广播电视节目、电影的制作业务（限于合作）
	（3）电影院的建设、经营（中方控股）
	（4）大型主题公园的建设经营
	（5）演出经纪机构（中方控股）
	（6）娱乐场所经营（限于合资、合作）

① 商务部．外商投资产业指导目录（2011 年修订）［EB/OL］．［2015-04-05］．http：//www.sdpc.gov.cn/gzdt/201503/t20150313_ 667334.html.

续表

禁止类	（1）义务教育机构，军事、警察、政治和党校等特殊领域教育机构
	（2）新闻机构
	（3）图书、报纸、期刊的出版业务
	（4）各级广播电台（站）、电视台（站）、广播电视频道（率）、广播电视传输覆盖网（发射台、转播台、广播电视卫星、卫星上星站、卫星收转站、微波站、检测台、有线广播电视传输覆盖网）
	（5）广播电视节目制作经营公司
	（6）电影制作公司、发行公司、院线公司
	（7）新闻网站、网络视听节目服务、互联网上网服务营业场所、互联网文化经营（音乐除外）
	（8）高尔夫球场、别墅的建设、经营
	（9）博彩业（含赌博类跑马场）
	（10）色情业

从表3-4可以看出，我国对于文化产业引进外资的限制性条款较多，直接导致我国文化产业的投融资渠道单一。因此，我们需要改善投融资环境，转变外资引进匮乏的局面。首先，加大财政对文化产业发展的支持力度，倡导金融机构与文化企业的交流与合作。政府更多地为金融机构与文化企业之间创造沟通交流的机会，并且给予相关政策性激励。其次，进一步健全我国的资本市场，发展规模化的文化产业，增加文化产业上市融资的机会，有效地引入民间资本和外商资本，创造相对宽松的金融投资环境。

五、缺少综合性文化人才

我国文化产业的发展面临的主要问题是文化资源、发展资金和发展人才。文化发展人才在文化企业中扮演着中流砥柱的角色，起核心主导作用。由于文化人才的稀缺，一定程度上阻碍了文化产业的进步。文化产业的发展需要更多高素质的复合型人才。他们应该具备创新能力、科研能力以及较强的团队合作意识。文化产业若要发展成为支柱型产业，人才是必不可少的。应把文化人才培养放在首要位置，培养一批充足精干的后备力量。我国的文化产业人员往往缺乏系统性训练，不具备专业的文化知识功底，缺乏创新科研能力，人员管理松散，不成体系。21世纪的文化产业发展已经不需要落后的人力资源了，我们必须精心培养出一批文化人才，使文化人才具备产业分析能力和良好的经营管理素质，面对严峻的竞争格局，能够通过科研创新，打造出独一无二的品牌和规模，并且时刻了解文化产业国内外发展近况和发展方向。

六、文化产业与其他产业的融合度不高

文化产业的发展并不仅仅局限于其自身的发展，它同时涉及许多领域，文化产业的发展涉及范围较广，辐射和发散效应非常强大。文化产业与旅游业、餐饮业、历史、体育等发展领域联系密切。他们之间具有相辅相成、相互推进的作用。文化产业在整个产业链条中的发展不可能是孤立的，它需要合作与创新。但是现阶段我国文化产业的发展模式较单一，文化产业与旅游、体育、休闲、养生、服装、制造等产业的融合度不高。同时文化产业的发展也未能与城镇化建设、新农村建设相融合。单一的发展模式限制了文化产业的发展，影响了整个产业链条的优化升级。因此，我们需要加强文化产业与其他产业的融合与交流，扩大市场和载体，提高产业发展的经济效益，从根本上提高文化产业与其他产业的融合度，加强文化产业与其他领域的协作和发展，将共性的因素和个性的因素融合，发挥其特色。这样才能为文化产业开辟出新的经济发展模式，创造新的经济增长点。同时需要打造品牌效应，结合当地的历史文化背景，将文化与旅游业等结合起来，打造具有当地特色的文化产业品牌，并将品牌效应发挥到极致，进行广泛的宣传，带动当地的文化产业发展，同时拉动内需，带动消费，促进我国整体经济发展。

第四节 对我国文化产业发展的整体评价

我国文化产业发展呈现出起步较晚、发展迅速的特点。文化产业自改革开放以来，取得了诸多成就，同时也产生了许多颇为棘手的问题。从整体上来说，我国的文化产业发展态势良好、发展快速，并且在不同领域都

有所突破。譬如，我们的文化产业园区和文化产业基地规模在不断壮大，强化了文化产业的集群效应，同时改变了人们传统的思想观念，开放了思想解放的大潮。国家制定相关优惠激励政策，考虑了文化产业发展不均衡的因素，对不同区域的发展制定了一系列因地制宜的财税政策，在财税政策上有所倾向。但仍存在诸多问题，如文化产业区域发展不平衡，规模效益低下，文化观念发展薄弱等。因此，我们需要端正态度，从容应对和促进文化产业的发展，积极发挥优势，改正缺点，为文化产业的发展奠定基础。对于文化产业发展概况的总结，可以得出不同发展阶段文化产业的发展特征，找到形成此种格局的原因。一方面是主观意识欠缺，我国对于文化产业的概念意识还很薄弱，群众的思想观念滞后；另一方面是客观环境背景制约。背景主要指经济发展背景和管理体制背景。经济基础决定整个社会的发展水平，从改革开放后的经济复苏到20世纪后20年经济的快速发展，都离不开社会主义市场经济的大背景和改革开放的大环境；此外，管理体制对于文化产业的发展也扮演者不可或缺的角色。文化产业的管理体制决定着文化产业的发展方向和发展标志，一个健全的、有效的管理体制更能提高文化产业的发展速度。

一、文化产业意识薄弱

首先，群众的文化意识薄弱。新中国成立初期，我国的经济体制一直沿用苏联的计划经济体制，在很长一段时间内，群众的思想受到计划经济体制的制约，很难实现从“计划”到“市场”的转变。他们认为文化应该是被计划的，是政府包揽的，与群众无关。并且，那时的经济条件主要是解决基本的温饱问题。其次，我们往往割裂文化的公益性和经济性。认为文化产品应该是公益性的，市政府免费为全市提供的公共产品，不存在经济意义上的买卖行为。由于计划经济的制约，使得政府往往注重对经济建设的调整，而忽略了文化产业的发展。我们应该清楚地认识到，文化是具有经济性的，在新的发展阶段文化具备产业属性、经济属性和发展能力，正是由于政府和群众都缺乏对文化产业的正确认识，导致文化产业不能拓宽消费市场，进行大规模的生产和经营。再次，缺乏文化产业的市场竞争意识。现阶段我们实行的是社会主义市场经济体制，强调市场在经济中占主导地位，倡导自由竞争和公平竞争。然而在诸多行业已加进入市场经济大军的时候，文化产业却显得相对滞后。对于文化产业依靠市场经济发展的意识还很薄弱，多数人认为文化产业面向市场发展会使得意识形态领域放空，文化产业的经济性发展越快，文化意识形态的思想会动摇。这种错误观念的引导使得文化产业不能正常参与市场经济竞争，无法优化资源配置，进而带来经济效益。

因此我们可以看出，文化产业的思想滞后是阻碍文化产业发展的最主观因素，文化产业若想快速发展，必须从根本上解放思想，转变僵固的思想模式，信任社会主义市场经济的自由调控，并且相信我国政府的宏观调控，只有这样，才可以发展壮大文化产业。

二、经济发展背景的制约

新中国成立后政府对于文化实施包揽政策，文化产业的市场发展空间极小，在计划经济体制背景下，文化产业萌芽被压制。随着改革开放，我国经济发展形势有所好转，并且实施了“对内改革，对外开放”的政策，倡导“引进来和走出去相结合”，此时文化产业在改革开放的大环境下，迅速发展。进入 21 世纪，我国的经济形势进一步好转，GDP 连年增长，增幅一般达 8%左右，国民对文化产业的消费力和购买力也在不断上升。我们已经不再以解决群众的温饱问题为目标，而是要以经济建设为中心，大力发展科教文卫各项事业，满足人们日益提升的文化需求，大力加强文化事业建设。同时，自 2009 年以来，国家提出《文化产业振兴规划》，将文化产业定义为新阶段的支柱产业，具有战略性主导地位。稳健的经济背景促进了文化产业的发展，文化产业对国民经济的贡献度也在逐步提升。

三、文化管理体制不健全

文化管理体制是文化产业发展的重要客观因素。长期以来，我国一直在进行文化体制改革，至今仍未建立一套完整的文化管理体系。我国对于文化的管理多数还停留在政府包揽的范围之内，文化事业大多是由国家政策支持和援助，缺乏市场性。高度集中的文化管理体制为文化产业的发展带来了诸多难题。首先，权利高度集中于政府，阻碍了文化资源的优化配置。文化事业往往依靠财政资金的维系，投融资渠道欠缺，阻碍了文化产业的发展。其次，文化部门往往政企不分，权利和职务混乱，用下达行政命令的方式发展文化产业，限制了企业自主经营文化的权利和自主创新、自主发展的能力。再次，市场管理分割进行，各自为政。文化产业市场没有统一管理，各自制定的标准大相径庭，文化产业市场管理混乱。多数地区出现过文化管理主体交叉管理的现象，管理主体分配无序，文化部门人员冗杂，各自为政，严重降低了文化管理的工作效率。最后，文化市场的法律制度不完善，对于文化产业的发展未能形成成文的法律体系，而是单一的依靠道德舆论维系文化产业发展，正是由于法律制度的沦陷，文化立法不足，造成文化产业市场管理混乱等诸多问题。

第四章

我国文化产业税收政策的现实考察

第一节　我国文化产业税收政策的演化进程

改革开放30余年来，我国文化产业经历了20世纪80年代的有限扶持、90年代的逐步支持和21世纪的全面支持三个阶段。与之相呼应，国务院及财政部、国家税务总局和海关总署等部门出台了一系列调控文化产业发展的财税政策，在引导、促进、激励我国文化产业方面产生了积极的影响。

一、文化产业萌芽与财税政策有限扶持阶段（1979—1994）

20世纪80年代中后期，国家通过实行“独立核算、自负盈亏、照章纳税、财政不予补贴”政策，对文化事业的经费投入逐步减少，这种弱化行政干预的政策，推动了广播电视、新闻出版等领域中非核心业务的市场化与产业化进程。[①] 我国在这一阶段对文化领域管制逐渐放松，使得部分文化领域的产业化开始萌芽。由于处于萌芽阶段的文化并未被赋予产业属性，理所当然也不存在所谓的“产业政策”。但是，针对个别文化行业发展中存在的问题而实行的调控政策不时出台，如：1982 年国务院颁布了《广告管理暂行条例》；1985 年国务院发布了《关于建立第三产业统计的报告》；1987 年文化部、公安部和国家工商总局联合发布了《关于改进营业性舞会管理的通知》[②]；1988 年发布了《关于加强文化市场管理工作的通知》；1991 年国务院批转文化部《关于文化事业若干经济政策意见的报告》。这一时期党和政府对文化产业的认识也在逐渐加深，在有关文件里先后提出了“文化消费”“文化经济”“文化产业”的概念。

总而言之，由于国家在这一阶段对文化产业认识不足，针对文化产业发展的财税政策很有限，其间出台的多数政策主要是扶持文化事业，其中财政政策主要包括全额拨款、财政补贴、对老少边穷地区文化事业的转移支付等，而税收政策主要采取税收优惠的形式。由此可见，财税政策在促进文化产业发展方面不完整、不具体，没有针对性，也缺乏相应的政策配套措施[③]。

二、文化产业全面扩张与财税政策逐步扶持阶段（1994—2002）

从 1994 年党的十四大到 2002 年党的十六大召开，这一时期是我国文化产业的酝酿探索与财政政策的逐步支持阶段。随着我国市场经济体制的逐步建立，我国初步探索了中国特色社会主义文化产业的发展道路。1996 年国务院发布了《关于进一步完善文化经济政策的若干规定》（国发〔1996〕37 号）[④]，该规定系统地提出了一整套文化经济财政政策，包括开

---

① 对改革开放以来我国文化产业政策绩效的几点思考［EB/OL］. http：//www. docin. com/p-206623195. html.

② 基地和区域性特色文化产业群建设_文化部关于加快文化产业发展的指导意见_ppt［EB/OL］. http：//www. tubaobei. com/show-b96641c5-0-936f2e5c. html.

③ 刘元发 . 促进我国文化产业发展的财税政策研究［D］. 北京：财政部财政科学研究所博士学位论文，2014.

④ 国务院关于进一步完善文化经济政策的若干规定（国发〔1996〕37 号）［EB/OL］. http：//www. shui5. cn/article/da/33556. html.

征文化事业建设费、鼓励文化事业捐赠，继续实施税收优惠政策和建立健全专项资金制度等。1998 年文化部设立了文化产业司，标志着我国政府正式将文化产业纳入了政府工作体系。2000 年党的十五届五中全会通过了《中共中央关于制定国民经济和社会发展第十个五年计划的建议》①，第一次在中央正式文件中提出了“文化产业”的概念，同时还明确提出要“完善文化产业政策，加强文化市场建设和管理，推动有关文化产业发展”。在这一时期，以国有大型文化单位改革为标志，文化产业化趋势席卷整个文化领域，不仅非公有经济纷纷进入文化领域，而且一批国有大型文化事业单位也进行了改革和转型，极大地推动了我国文化产业的市场化发展。

在文化产业发展的探索阶段，国家对文化产业发展的财政支持力度也在逐步加大，尤其对文化产业改革的重点领域提供了更多、更全面的财政补助和税收优惠政策。2000 年国务院发布了《关于支持文化事业发展若干经济政策的通知》（国发〔2000〕41 号）②，该通知系统制定了鼓励我国文化产业发展的财政（税收）和金融政策。在这一阶段的财政政策中，国家设立了多种类型的文化产业发展基金，加大了对文化产业资金和奖励的支持力度，国家文化产业财政政策呈现出健康的良性态势③。

三、文化产业战略地位确立与财税政策全面支持阶段（2003 年至今）

党的十六大召开以来，我国文化产业处于加速发展和财政政策全面支持阶段，财税政策在我国文化产业发展过程中起到了非常重要的促进作用，见表 4-1。

由表 4-1 可知，我国已出台的与支持文化产业发展相关的政策文件中，财税政策促进文化产业发展体现在如下五个方面：推动国家经营性文化单位转企改制；引导文化产业发展方向；侧重于扶持重点企业、重点项目；

① 中共中央关于制定国民经济和社会发展第十个五年计划的建议——中国共产党新闻——中国共产党新闻网［EB/OL］. http：//cpc.people.com.cn/GB/64162/71380/71382/71386/4837946.html.

② 国务院关于支持文化事业发展若干经济政策的通知（国发〔2000〕41 号）［EB/OL］. http：//www.shui5.cn/article/25/35265.html.

③ 赵静 . 我国文化产业财政政策创新研究［D］. 西安：长安大学硕士学位论文，2013.

引导非公有资本进入文化领域；鼓励文化产品和服务出口。[①]

表 4-1 我国自 2003 年以来支持文化产业发展的财税政策

标　　题	文号	颁布日期	发布机关
关于印发《科普税收优惠政策实施办法》的通知	国科发政字〔2003〕416 号	2003-11-14	科学技术部、财政部、海关总署、新闻出版总署、国家税务总局
关于非公有资本进入文化产业的若干决定	国发〔2005〕10 号	2005-04-13	国务院
营业性演出管理条例	国务院令第 439 号	2005-07-07	国务院
关于鼓励发展民营文艺表演团体的意见	文市发〔2005〕31 号	2005-11-04	文化部、财政部、人事部、国家税务总局
关于宣传文化所得税优惠政策的通知②	财税〔2007〕24 号	2007-02-06	财政部、国家税务总局
关于公布第二批不在试点地区的文化体制改革试点单位名单和新增试点地区名单的通知	财税〔2007〕36 号	2007-02-27	财政部、海关总署、国家税务总局
关于印发《民族文字出版专项资金资助项目管理暂行办法》的通知	财教〔2007〕258 号	2007-10-12	财政部、新闻出版总署
关于公布第三批不在试点地区的文化体制改革试点单位名单的通知	财税〔2008〕25 号	2008-02-04	财政部、海关总署、国家税务总局
关于印发文化体制改革中经营性文化事业单位转制为企业和支持文化企业发展两个规定的通知	国办发〔2008〕114 号	2008-10-12	国务院办公厅
关于免征部分省市有线数字电视收入营业税的通知	财税〔2009〕38 号	2009-04-09	财政部、国家税务总局
关于重新修订印发《文化产业发展专项资金管理暂行办法》的通知	财文资〔2012〕4 号	2012-04-28	财政部
关于延续宣传文化增值税和营业税优惠政策的通知	财税〔2013〕87 号	2013-12-25	财政部、国家税务总局
关于推进文化创意和设计服务与相关产业融合发展的若干意见	国发〔2014〕10 号	2014-02-26	国务院
关于印发文化体制改革中经营性文化事业单位转制为企业和进一步支持文化企业发展两个规定的通知	国办发〔2014〕15 号	2014-04-02	国务院办公厅
关于继续实施支持文化企业发展若干税收政策的通知	财税〔2014〕85 号	2014-11-27	财政部、海关总署、国家税务总局

① 刘元发．促进我国文化产业发展的财税政策研究［D］．北京：财政部财政科学研究所博士学位论文，2014.

② 据财政部令第 62 号，自 2011 年 2 月 21 日起全文废止。

续表

标　　题	文号	颁布日期	发布机关
关于影视等出口服务适用增值税零税率政策的通知	财税〔2015〕118号	2015-10-30	财政部、国家税务总局
关于发布《境外旅客购物离境退税管理办法（试行）》的公告	国家税务总局公告2015年第41号	2015-06-02	国家税务总局
关于印发《国家电影事业发展专项资金征收使用管理办法》的通知	财税〔2015〕91号	2015-08-31	财政部、国家新闻出版广电总局
关于印发《革命老区转移支付资金管理办法》的通知	财预〔2015〕121号	2015-07-02	财政部
关于推动传统出版和新兴出版融合发展的指导意见	新广发〔2015〕32号	2015-03-31	国家新闻出版广电总局、财政部
关于支持文化服务出口等营业税政策的通知	财税〔2014〕118号	2014-12-30	财政部、国家税务总局
关于动漫产业增值税和营业税政策的通知	财税〔2013〕98号	2013-11-28	财政部、国家税务总局

资料来源：根据财政部、国家税务总局、海关总署、文化部等网站相关资料整理而得，失效文件未列出。

第二节　当前我国支持文化产业发展的税收实践

文化产业涉及的税种根据我国现行税收法律法规的规定可知，主要包括增值税、企业所得税、个人所得税、车船税、印花税、契税、关税、房产税、城镇土地使用税、进口环节增值税和消费税等①。

一、流转税相关税收政策

（一）增值税

在我国文化产业中，出版发行、新闻业、文化用品和设备及相关文化

① 曹芳．我国文化产业税收政策探析［D］．成都：西南财经大学硕士学位论文，2014.

产品的销售行为通常会涉及增值税，适用税率分别为 17%、13%、11%、6%。文化产业增值税的税收优惠方式主要有降低税率、先征后返、对某些特定企业实行完全免税三种。具体税收政策见表 4-2。

表 4-2 文化产业增值税税收政策（一）

类别	具体规定	政策文件
新闻出版与发行服务	古旧图书以及直接用于科学研究、科学试验和教学的进口仪器、设备的收入免征增值税	《中华人民共和国增值税暂行条例》
	2009 年 1 月 1 日起，对图书、报纸、杂志的增值税税率下调至 13%	《中华人民共和国增值税暂行条例》
	自 2013 年 1 月 1 日起至 2017 年 12 月 31 日， （一）对下列出版物在出版环节执行增值税 100%先征后退的政策： 1. 中国共产党和各民主党派的各级组织的机关报纸和机关期刊，各级人大、政协、政府、工会、共青团、妇联、残联、科协的机关报纸和机关期刊，新华社的机关报纸和机关期刊，军事部门的机关报纸和机关期刊。上述各级组织不含其所属部门。机关报纸和机关期刊增值税先征后退范围掌握在一个单位一份报纸和一份期刊以内。 2. 专为少年儿童出版发行的报纸和期刊，中小学的学生课本。 3. 专为老年人出版发行的报纸和期刊。 4. 少数民族文字出版物。 5. 盲文图书和盲文期刊。 6. 经批准在内蒙古、广西、西藏、宁夏、新疆五个自治区内注册的出版单位出版的出版物。 7. 列入本通知附件 1 的图书、报纸和期刊。 （二）对下列出版物在出版环节执行增值税先征后退 50%的政策： 1. 各类图书、期刊、音像制品、电子出版物，但本通知第一条第（一）项规定执行增值税 100%先征后退的出版物除外。 2. 列入本通知附件 2 的报纸。 （三）对下列印刷、制作业务执行增值税 100%先征后退的政策： 1. 对少数民族文字出版物的印刷或制作业务。 2. 列入本通知附件 3 的新疆维吾尔自治区印刷企业的印刷业务	《关于延续宣传文化增值税和营业税优惠政策的通知》（财税〔2013〕87 号）
	自 2013 年 1 月 1 日起至 2017 年 12 月 31 日，免征图书批发、零售环节增值税	
	自 2014 年 1 月 1 日起，在全国范围内开展铁路运输和邮政业营改增试点，单位和个体工商户提供邮政业服务适用税率为 11%，中国邮政集团公司及其所属邮政企业提供的邮政普遍服务和邮政特殊服务免征增值税	《关于将铁路运输和邮政业纳入营业税改征增值税试点的通知》（财税〔2013〕106 号）

续表

类别	具体规定	政策文件
文化创意和设计服务	对属于增值税一般纳税人的动漫企业销售其自主开发生产的动漫软件，按17%的税率征收增值税后，对其增值税实际税负超过3%的部分，实行即征即退政策	《关于软件产品增值税政策的通知》（财税〔2011〕100号）
	增值税一般纳税人将进口软件产品进行本地化改造后对外销售，其销售的软件产品可享受增值税即征即退政策	
	纳税人受托开发软件产品，著作权属于受托方的征收增值税，著作权属于委托方或属于双方共同拥有的不征收增值税；对经过国家版权局注册登记，纳税人在销售时一并转让著作权、所有权的，不征收增值税	
	对动漫软件出口免征增值税	
	一般纳税人随同计算机网络、计算机硬件和机器设备等一并销售其自行开发生产的嵌入式软件，如果能够分别核算嵌入式软件与计算机硬件、机器设备等的销售额，可以享受软件产品增值税优惠政策	《关于嵌入式软件增值税政策的通知》（财税〔2008〕92号）
	对属于增值税一般纳税人的动漫企业销售其自主开发生产的动漫软件，按17%的税率征收增值税后，对其增值税实际税负超过3%的部分，实行即征即退政策。动漫软件出口免征增值税	《关于动漫产业增值税和营业税政策的通知》（财税〔2013〕98号）
	自2013年8月1日起，在全国范围内开展交通运输业和部分现代服务业营改增试点，文化创意服务使用增值税税率6%	《关于全面推开营业税改征增值税试点的通知》（财税〔2016〕36号）
	境内的单位和个人销售的广告投放地在境外的广告服务免征增值税	
	境内单位和个人向境外单位提供的完全在境外消费的，适用增值税零税率政策	
广播电视电影服务	境内单位和个人向境外单位提供的并完全在境外消费的广播影视节目（作品）的制作和发行服务，适用增值税零税率政策	《关于全面推开营业税改征增值税试点的通知》（财税〔2016〕36号）
文化产品的辅助生产	向境外单位提供的完全在境外消费的知识产权服务免征增值税	

我国文化产业增值税税收优惠主要集中在部分行业和特定的部门或单位。具体税收政策见表 4-3。

表 4-3　　文化产业增值税税收政策（二）

类别	具体规定	政策文件
广播电视电影服务	纪念馆、博物馆、文化馆、文物保护单位管理机构、美术馆、展览馆、书画院、图书馆在自己的场所提供文化体育服务取得的第一道门票收入以及寺院、宫观、清真寺和教堂举办文化、宗教活动的门票收入免征增值税	《关于全面推开营业税改征增值税试点的通知》（财税〔2016〕36 号）
文化艺术服务	对 2017 年 12 月 31 日前，科普单位的门票收入，以及县级及以上党政部门和科协开展科普活动的门票收入。免征增值税	《关于全面推开营业税改征增值税试点的通知》（财税〔2016〕36 号）
	对从事学历教育的学校提供的教育服务及学生勤工俭学提供的服务免征增值税	《关于全面推开营业税改征增值税试点的通知》（财税〔2016〕36 号）
	对托儿所、幼儿园提供的保育和教育服务收入免征增值税	《关于全面推开营业税改征增值税试点的通知》（财税〔2016〕36 号）
	个人转让著作权免征增值税	《关于全面推开营业税改征增值税试点的通知》（财税〔2016〕36 号）
文化创意和设计服务	至 2017 年 12 月 31 日，被认定为动漫企业的试点纳税人中的一般纳税人，为开发动漫产品提供的动漫脚本编撰、形象设计、背景设计、动画设计、分镜、动画制作、摄制、描线、上色、画面合成、配音、配乐、音效合成、剪辑、字幕制作、压缩转码（面向网络动漫、手机动漫格式适配）服务，以及在境内转让动漫版权（包括动漫品牌、形象或者内容的授权及再授权），可以选择按照简易计税方法计算缴纳增值税	《关于将铁路运输和邮政业纳入营业税改征增值税试点的通知》（财税〔2013〕106 号）

二、关于所得税的税收政策

（一）企业所得税

所得税的优惠扶持重点集中在新办文化企业、文化事业单位和特定的捐赠行为。具体情况见表 4-4。

表 4-4　　文化产业所得税税收政策

<table>
<tr><th>类别</th><th>具体规定</th><th>政策文件</th></tr>
<tr><td>高新技术企业</td><td>对从事数字广播影视、数据库、电子出版物等研发、生产、传播的文化企业，凡符合现行高新技术企业税收优惠政策规定的，统一享受税收优惠政策</td><td>《关于印发文化体制改革试点中支持文化产业发展和经营性文化事业单位转制为企业的两个规定的通知》(国办发〔2003〕105 号)；《企业研究开发费用税前扣除管理办法（试行)》(国税发〔2008〕116 号)</td></tr>
<tr><td>广播电视电影服务</td><td>广播电视事业单位取得的财政拨款、从主管部门和上级单位取得的用于事业发展的专项补助收入、社会各界的捐赠收入、国务院明确批准的其他项目免征企业所得税</td><td>《关于广播电视事业单位征收企业所得税若干问题的通知》(国税发〔2001〕15 号)</td></tr>
<tr><td rowspan="5">文化创意和设计服务</td><td>经认定的动漫企业自主开发、生产动漫产品，可申请享受国家现行鼓励软件产业发展的所得税优惠政策。
对经认定的动漫企业自主开发、生产动漫产品和境内新办企业实行自获利年度起享受企业所得税“两免三减半”政策和五免五减半政策</td><td>《关于扶持动漫产业发展有关税收政策问题的通知》(财税〔2009〕65 号)；《关于印发〈进一步鼓励软件产业和集成电路产业发展的若干政策〉的通知》(国发〔2011〕4 号)</td></tr>
<tr><td>符合条件的软件企业按照《财政部　国家税务总局关于软件产品增值税政策的通知》(财税〔2011〕100 号）规定取得的即征即退增值税款，由企业专项用于软件产品研发和扩大再生产并单独进行核算，可以作为不征税收入，在计算应纳税所得额时从收入总额中减除</td><td rowspan="4">《关于进一步鼓励软件产业和集成电路产业发展企业所得税政策的通知》(财税〔2012〕27 号)</td></tr>
<tr><td>我国境内新办的集成电路设计企业和符合条件的软件企业，经认定后，在 2017 年 12 月 31 日前自获利年度起计算优惠期，第一年至第二年免征企业所得税，第三年至第五年按照 25%的法定税率减半征收企业所得税，并享受至期满为止</td></tr>
<tr><td>国家规划布局内的重点软件企业和集成电路设计企业，如当年未享受免税优惠的，可减按 10%的税率征收企业所得税</td></tr>
<tr><td>企业外购的软件，凡符合固定资产或无形资产确认条件的，可以按照固定资产或无形资产进行核算，其折旧或摊销年限可以适当缩短，最短可为 2 年（含)</td></tr>
</table>

（二）个人所得税

文化产业个人所得税税收优惠的重点集中在鼓励个人对文化事业的捐赠和个人奖金、所得上。针对个人对文化事业捐赠行为的税收优惠主要采取以下三种方式，见表4-5。针对个人奖金、所得的税收优惠包括对省级人民政府、国务院部委和中国人民解放军军以上单位以及外国组织、国际组织颁发的科学、教育、技术、文化、卫生、体育、环境保护等方面的奖金免征个人所得税。①

表4-5　　个人捐赠行为的税收优惠方式

方式	政策	
限额扣除	对个人通过特定组织用于公益救济性捐赠，个人在申报应纳税所得额30%以内的部分，准予在计算缴纳个人所得税税前扣除	这些特定组织指的是：中国国际民间组织合作促进会、中华文学基金会、中国少年儿童文化艺术基金会
不限期、限额扣除	对个人通过非营利性的社会团体和国家机关对公益性青少年活动场所（其中包括新建）的捐赠，在缴纳个人所得税前准予全额扣除	这里的公益性青少年活动场所指的是专门为青少年学生提供科技、文化、德育、爱国主义教育、体育活动的青少年宫、青少年活动中心等校外活动的公益性场所

三、其他税种

文化产业涉及的其他税种主要是进口税收和地方税种，具体情况见表4-6。

表4-6　　与文化产业相关的进口税收和地方税种的税收优惠

税种	类别	具体规定	政策文件
进口税收	文化艺术服务	自2012年1月1日至2015年12月31日，对公众开放的科技馆、自然博物文化馆、天文馆（站、台）和气象台（站）、地震台（站）、高校和科研机构对外开放的科普基地从境外购买自用科普影视作品播映权而进口的拷贝、工作带，免征进口关税，不征进口环节增值税，上述科普单位以其他形式进口的自用影视作品，免征进口关税和进口环节增值税	《关于鼓励科普事业发展的进口税收政策的通知》（财关税〔2012〕4号）

① 国家税务总局．地方政府对奖金免征个税违法_税屋网——传播财税政策法规［EB/OL］．http：//www.shui5.cn/article/85/56143.html.

续表

税种	类别	具体规定	政策文件
进口税收	文化创意和设计服务	经国务院有关部门认定的动漫企业自主开发、生产动漫直接产品，确需进口的商品可享受免征进口关税和进口环节增值税的政策	《关于印发〈动漫企业进口动漫开发生产用品免征进口税收的暂行规定〉的通知》（财关税〔2011〕27号）
		对软件企业和集成电路设计企业需要临时进口的自用设备，经地市级商务主管部门确认，可向海关申请按暂时进境货物监管，其进口税收按照现行法规执行	《关于印发〈进一步鼓励软件产业和集成电路产业发展若干政策〉的通知》（国发〔2011〕4号）
房产税、土地使用税和其他税种		宗教寺庙、公园、名胜古迹，自用的房产，免纳房产税；由国家财政部门拨付事业经费的单位自用的土地，免缴土地使用税	《中华人民共和国房产税暂行条例》（国发〔1986〕90号）；《中华人民共和国城镇土地使用税暂行条例》（国务院令第17号）；《关于修改〈中华人民共和国城镇土地使用税暂行条例〉的决定》（国务院令第483号）
		文化企业纳税确有困难的，可申请减免经营用土地和房产的城镇土地使用税、房产税	

第三节　各省市财税政策支持文化产业发展的主要做法

一、浙江省财税政策支持文化产业发展的实践①

（一）浙江省支持文化产业发展的财税政策

1. 设立专项资金

从2006年开始，浙江省财政每年安排文化产业发展专项资金，按照“突出重点、兼顾一般、效率优先、奖补结合”原则，通过补助、贴息和奖励等方式，着重支持文化体制改革和对产业发展有显著作用的技术改造和

① 莫挺．支持浙江文化产业发展的财税金融政策研究［D］．厦门：厦门大学硕士学位论文，2014.

设备更新项目，文化产业基础设施建设和改造项目，重点文化产业基地、文化产业示范区块及示范企业等。通过扶持和培育，一批文化企业得到了提升和发展。

2. 创立投资基金

省财政发起成立浙江省文化产业发展基金，对优秀文化产业项目和文化企业以直接投资、股权投资等方式进行支持。省级财政出资 1 亿元，参股设立东方星空文化投资基金，支持对国有电影院线公司、网络传媒公司、影视剧制作企业进行股权投资。目前基金规模达到 5 亿元，是设立之初的 5 倍，实际投资金额 3.5 亿元，累计对外投资项目 9 个，财政出资的引导作用和放大效应明显。

3. 培育市场主体

自 2003 年被确定为全国文化体制改革综合试点地区以来，浙江省稳步推进文化改革。一是推进出版发行、广播影视等领域的企业化改革。将新闻出版的经营部分彻底改制为企业集团，将广电、浙报集团改制为企业化管理的事业单位，通过引进战略投资者，将省电影公司改造成股份有限公司。二是支持文化事业单位市场化改革。2009 年以来，省财政通过一定的补助资金，支持省级文化系统的省歌舞剧院、省曲艺杂技团、省话剧院三个艺术院团和五个经营性事业单位逐步进行了市场化改革。

4. 各地的创新做法

杭州的文化产业发展在全国城市中名列前茅。杭州市着力建设文化产业之都，专门出台文化产业政策扶植一本通，整合财政政策发放给每个文化企业，在市本级和区、县间按财政体制合理分配财政专项资金，对于重点文化创意产业项目及企业，给予文化产业专项资金外的补充资金支持，设立文化创意个人专项资金。

（二）浙江省支持文化产业发展的财税实践①

“宝石流霞”项目是杭州市文化创意产业专项资金专项用于解决文化创

① 刘元发．促进我国文化产业发展的财税政策研究［D］．北京：财政部财政科学研究所博士学位论文，2014.

意中小企业融资难问题的政府性引导资金，它采用“杭州市文化创意企业集合信托债权基金”方式，以信托贷款形式为文化创意企业提供融资。① 具有以下特点：一是资金投入实行多元化，由杭州市财政资金、杭州银行和浙江三生石创业投资公司三方投资，其中以杭州银行资金为主，首期募集资金总额6000万元；二是引入浙江中新力合担保公司为财政与理财产品认购部分提供担保；三是主要为中小文化企业提供融资；四是中小企业可以以实物、股权、品牌为抵押申请融资。“宝石流霞”项目以政府财政作为引导资金，以信托为平台，动员了财政、信贷、信托、社会资金、风险投资等资源，发挥财政资金“四两拔千斤”作用，放大效应为1∶5，通过金融产品为文化创意企业服务，搭建了政府、金融机构、社会、企业间四通八达的网络，既保障了政府财政引导资金的安全，又激活了社会资金。

“宝石流霞”项目的实施表明，资金短缺是中小文化企业发展的瓶颈，要解决文化企业资金短缺、融资难的状况，除提供贷款贴息等传统财政支持模式外，还应创新财政支持方式，可将财政手段与现代金融工具相结合，如设立中小文化企业基金、文化投资公司、对企业实行股权投资等，实现财政资金的市场化运作。

二、广州市财税政策支持文化产业发展的实践②

（一）文化事业单位的财政投向

从2003年全国文化体制改革全面启动以来，广州市大力推进文化体制改革工作，针对文化体制改革过程中可能出现的一些负面问题，如国有资产的授权经营、收入分配、社会保障、人员分流安置、法人登记等，制定了详细可行的实施方案，取得了丰硕成果。广州出版社等26家经营性文化事业单位和广州杂技团等8家文艺院团已全部核销事业编制、注销事业法人，剥离原属事业单位优质资产组建公司，初步建立了现代企业制度。其

① 宝石流霞项目_好搜百科［EB/OL］. http：//baike. haosou. com/doc/6651903-6865722. html.

② 孙春祥. 广州市文化产业的财税政策研究［D］. 广州：暨南大学硕士学位论文，2013.

中《广州日报》报业集团、广州广播电视台分别组建资产经营公司，完成了宣传与经营业务分开和制播分离改革。同时为了推动文化企业资产重组，特别组建了广州新华出版发行集团、广州珠江数码集团、广州影视传媒有限公司等大型文化企业集团并推进其股份制改造。此外广州杂技团等广州市属8家文艺院团也已全面完成转企改制，并成立了广州文艺创作研究院、新广州画院。广州市文化体制改革工作走在了全国前面，得到了文化部、中宣部的充分肯定，被授予“全国文化体制改革先进地区”的荣誉称号。目前广州市的文化事业单位根据其经营性质，同时充分考虑其组织收入的能力和条件，可分为三类，适用不同的财政支出政策。第一类是像广州图书馆、广州博物馆、广州艺术博物馆这样的财政基本保证单位，其日常经费支出给予财政核拨。第二类是像广州雕塑院、广州粤艺发展中心这样的财政经常性补助单位，对其经营收入不足经营成本的部分给予财政核补。第三类是像广州大剧院、星海音乐厅、南方报业集团这样的经费自理单位。由于这类单位通常具有比较完善的公司治理结构，能够进行市场化运作，适用自主经营、自负盈亏等财政支出政策。

（二）文化创意产业的财政扶持政策

1. 加大财政投入支持文化体制改革

财政扶持的核心功能在于充分发挥政府对文化创意产业的引导和带动作用，通过财政贴息、政府补助等方式，支持文化创意产业发展。其政策集中体现在《广州市进一步扶持软件和动漫产业发展的若干规定》（穗府〔2006〕44号）和《中共广州市委、广州市人民政府关于加快发展现代服务业的决定》（穗字〔2008〕12号）这两个文件上[①]。

一是扶持动漫产业发展的财政政策。2006年《国务院办公厅转发财政部等部门关于推动我国动漫产业发展若干意见的通知》（国办发〔2006〕32号），提出了推动动漫产业发展的一系列政策措施，建立了由文化部牵头，相关9个部门参加的扶持动漫产业发展的部际联系会议制度。作为国家政策

---

① 广州文化创意产业政策与实施成效研究-豆丁网［EB/OL］. http：//www. docin. com/p-392581568. html.

的配套措施，广州市制定了相应政策，安排了大量财政资金用于落实国家发展动漫产业的战略部署。穗府〔2006〕44号文件规定的关键性配套政策包括：从2007年起5年内，广州市每年安排1.5亿元财政资金（后追加3000万元），设立广州市软件和动漫产业发展资金。资金主要用于鼓励对软件和动漫产业的投资，以及软件和动漫产业基地的建设。该资金支助项目包括：投资广州市软件和动漫企业或研发机构，投资额超过1000万元且投资合同期限超过5年的，由产业发展资金按照总投资额5%的比例奖励给投资者。国内大型软件和动漫企业在广州设立总部或区域总部、研发机构，投资额超过3000万元的，由产业发展资金按照总投资额6%的比例奖励给其在广州所设立的公司（机构）。租赁自用办公用房的，按一定比例给予企业房租补贴。贷款担保机构为软件和动漫企业提供贷款担保，担保期在1年以上的，由产业发展资金按照担保总额1%的比例奖励给担保机构，最高奖励额度每笔不超过50万元。此外，市文化广电新闻出版局设立专项资金，对原创动画片、原创游戏及原创动漫予以奖励。对重要的软件和动漫产品开发项目及企业建立的研发机构，由市科技局在科技经费中安排专项资金给予支持或配套补贴。

二是文化创意产业的综合性财政扶持政策。根据《广州市对外贸易经济合作局、广州市财政局关于印发〈广州市支持企业境外参展专项资金管理办法〉的通知》（穗外经贸规财〔2006〕13号）规定，财政设立专项资金，用于支持中小企业举办或参加境内外国际性展览活动、开展面向国际市场的产品和品牌推介活动，以及从事其他开拓国际市场活动，其中文化类中小企业同样可以申请该项资金。根据《中共广州市委、广州市人民政府关于加快发展现代服务业的决定》（穗字〔2008〕12号）规定，设立广州市现代服务业发展引导资金，从2009年开始连续5年，市财政每年安排引导资金5000万元，主要用于配套支持国家和省服务业发展引导资金项目，重点支持现代服务业的关键领域、薄弱环节、自主创新和集聚区建设（其中包括文化创意、商务会展、信息服务、服务外包等）。

2. 加大财政投入支持农村文化建设

在加快公共文化服务体系建设的过程中，广州坚决落实财政对文化建设的投入增幅不低于同级财政经常性收入增幅的要求，先后投入100多亿元新建、改造一批文化基础设施，逐步将农村地区有条件的姓氏祠堂改造为综合文化活动室，全市文化站建站率、文化信息资源共享率均达100%。此外广州还大力推进广播电视“村村通”、农村数字电影放映工程，2010年年底广州市市委宣传部安排1300多万元专项经费，统一购置了90部农村数字电影放映机和60辆放映车辆，分别发放给白云区、番禺区、花都区、南沙区、增城市、从化市、萝岗区等7个有农村的区、县级市。同时全市共建成“农家书屋”1615家，有效丰富了农民群众的文化生活，农村公共文化服务体系得到进一步完善。

3. 文化创意产业的税收优惠政策

为加速文化企业集聚效应的形成，推动文化创意产业的发展方式由分散式发展向集群式发展转变，广州市政府以税收政策作为产业发展的重要调节手段，通过实施一系列的税收优惠政策，吸引了大批有实力的文化企业入驻广州。由于税收政策的决策权在中央，留给地方政府的自主调整空间有限，因此广州市政府主要的工作任务就是认真贯彻落实国家税收政策，并在一些可微调的地税领域，制定一些灵活措施。

第五章

北京市支持文化产业发展的财税政策

第一节　北京市文化创意产业的发展现状

北京是一座享誉世界的东方古都和历史文化名城，3000余年的建城史和800余年的建都史，为北京留下了大量宝贵的历史遗存，为文化创意产业的发展准备了充分的主体、载体、空间，及底蕴深厚、别具一格的文化资源。“十一五”期间文化产业规划研究提出将北京的文化产业发展目标定位在世界的创意中心，这不仅提高了北京文化产业的国际化水平，而且还使北京成为能与纽约、伦敦等创意城市相提并论的在世界文化产业发展方面占有重要地位的世界城市。事实证明，文化创意产业已经成为北京市发展最具活力的产业之一。

一、文化创意产业总体发展规模不断攀升

目前，经过“十一五”时期的大力推动和快速发展，首都经济的重要支柱产业和新的经济增长点已被文化创意产业所独占。2010年，北京文化创意

产业实现增加值1697.7亿元，占全市地区生产总值的12%，现价增速13.9%。2010年，北京文化创意产业总收入达7442.3亿元。[①]"十一五"时期，北京的文化创意产业增加值年均增长20.3%，高于全市5.1个百分点。表5-1显示，北京文化创意产业2004—2010年连续7年稳步增长，实现产业增加值占当年GDP的10%以上，2004—2010年文化创意产业实现产业增加值分别占当年GDP的10.1%、10.2%、10.3%、10.6%、12.1%、12.6%、12%，除2010年外，比重逐年提高。即使遭遇世界金融危机，北京文化创意产业增加值一直保持稳定的增长，增速大大高于GDP的增长速度，资产总计也有较快增长。2011年，北京市文化创意产业已占地区生产总值的12.2%。2010年北京文化创意产业增加值为1697.70亿元，占同期北京市GDP的12.03%。2011年产业增加值达到1989.90亿元，比2006年增加了1177.8亿元，增长了145.03%，占同期北京市GDP的12.24%。2012年文化创意产业实现增加值2189.2亿元，比上年增长10%；占地区生产总值的比重为12.3%，比上年提高0.1个百分点。2012年北京市文化创意产业总收入突破1万亿元，文化创意产业增加值突破2000亿元，增速达到两位数，占GDP的比重超过12%。

表5-1　　北京市文化创意产业2006—2012年产业发展情况

年份	增加值（亿元）	增加值增长率（%）	从业人员平均人数（万人）	从业人数增长率（%）	资产总计（亿元）	资产增长率（%）
2006	812.1		89.5		6161	
2007	992.6	22.23	102.46	14.48	7260.78	117.85
2008	1346.4	35.64	107.02	4.45	8275.15	113.95
2009	1489.9	10.66	114.89	7.35	9535.25	115.21
2010	1697.7	13.95	122.9	6.97	11166.3	117.09
2011	1989.9	17.21	140.9	14.65	12942.6	115.90
2012	2189.2	10.02	152.9	8.52	15575.22	120.33

随着北京市居民收入水平不断提高，文化消费需求也在不断增长。这从近年来北京市统计局发布的统计年鉴中关于文化创意产业的市场规模和消费人群的增长、收入的提高上可以得到证实。从图5-1所示中可以看出，

① 《2012年北京市人民政府工作报告》。

自2006年北京市文化创意产业收入稳步增长，2012年收入额为10313.63亿元，比2006年提高了6698.786456亿元，增长了185.31%。数据显示，近两年文化创意产业对北京市GDP的贡献率仅次于金融业，位居第二位，有力地拉动了首都经济的发展。

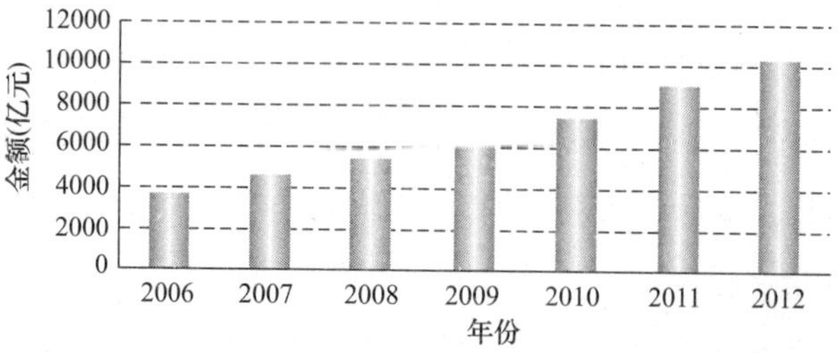

图5-1　2006—2012年北京市文化创意产业收入变动情况

数据来源：根据2007—2013年北京市统计年鉴整理。

目前，北京已有5万多家各式各类的文化创意企业，其中有8000家左右的企业已初具一定规模，与此同时文化创意产业使百万余人实现了就业，为北京市聚集了一大批高端人才。北京市文化创意产业吸收就业人数的绝对值和比重稳步提升，从业人员从2006年的89.5万人增加到2012年的140.9万人，增加了63.4万人。截至2013年3月，北京市文化创意企业5万余家，规模以上企业近8000家，资产超过1万亿元。

二、文化创意产业内部结构逐渐优化

如表5-2所示，从产业结构来看，北京文化创意产业已经形成良好的发展基础，文艺演出、广播影视、新闻出版、设计服务、艺术品交易等高附加值的核心产业整体实力雄厚，主要文化产品和服务的规模、质量和影响力位居全国前列。在新闻出版方面，北京地区图书出版单位占全国的41%，报刊种类占全国的30%，音像出版单位占全国的43%。在广播影视方面，北京共有影院120多家，屏幕近600块，居全国城市之首①；北京生产

① 中国文化产业集群发展现状及特征探析_产业资讯_漫域_中国动漫综合门户［EB/OL］. http：//www.comicyu.com/html2012/139/2013/101981.html.

制作的电影占全国一半；北京的数字电影后期制作能力已占全国的2/3；北京电影票房已连续4年居全国城市之首，2009年电影票房为8.1亿元，比上一年增长52.8%；2010年达11.8亿元。在文物艺术品方面，北京已成为全球最大的中国文物艺术品交易中心。2009年古玩与艺术品交易产值为125亿元，比上一年增长50%。北京文物艺术品交易总量2011年已超过500亿元，比重占全国80%左右。目前，北京有文物经营单位60余家，文物艺术品拍卖机构超过100家，均位居全国首位。① 北京的文化创意产业尤其是文艺演出、广播影视、新闻出版、文化会展、古玩艺术品交易等产业优势明显，在全国占据龙头地位。北京市大力实施集群化发展战略，认定了中关村创意产业先导基地、石景山数字娱乐体验基地、国家新媒体产业基地等21个文化创意产业集聚区，初步显现集群化发展态势。北京市文化创业产业实现总体规模不断攀升的同时，产业内部的结构构成也在逐步优化，高附加值的创意产业发展态势较为迅猛。

表5-2　　2009年北京市文化创意产业活动单位基本情况

项目	从业人员		增加值		资产总计		收入合计	
	2009年（万人）	同比增长（%）	2009年（亿元）	同比增长（%）	2009年（亿元）	同比增长（%）	2009年（亿元）	同比增长（%）
文化艺术	5.2	8.33	48.8	14.29	348.1	16.34	144.5	15.88
新闻出版	15.6	-2.5	159.8	3.97	970.7	4.6	565.8	4.07
广播电视电影	4.8	4.35	124.5	3.66	1085.2	15.96	437.3	8.16
软件、网络及计算机服务	45.1	13.32	710.5	1.05	3631.0	40.01	2297.0	11.56
广告会展	9.5	2.15	98.5	-12.21	705.3	6.35	777.0	5.17
艺术品交易	1.9	11.76	30.9	50.73	208.0	31.31	131.2	3.72
设计服务	10.0	28.21	76.4	44.70	1042.6	41.18	245.3	0.20
旅游、休闲娱乐	10.3	3.00	60.7	3.94	553.0	-11.24	440.7	5.56
其他辅助服务	12.6	-3.08	179.8	116.89	991.4	39.07	946.9	21.35
合计	114.9	7.38	1489.9	10.66	9535.3	15.23	5985.7	10.04

资料来源：北京市统计局网站、《北京统计年鉴2010》。

① 北京文创业今年总收入预计超9000亿［N］. 北京日报，2011-12-13（01）.

三、文化创意产业集群化发展态势初现成效

北京市文化创意产业集聚区总数平稳增长，资源优势明显。目前，北京市已经认定30个市级文化创意产业集聚区，这其中有中关村科技园区、北京CBD国际传媒集聚区、顺义国展产业园、琉璃厂历史文化产业集聚区，涉及全市16个区县，覆盖文化创意产业的全部领域。这标志着《北京市“十一五”时期文化创意产业发展规划》中强调的“到2010年市级文化创意产业集聚区力争达到30个”的工作目标得到圆满完成。据有关数据显示，2012年1—5月北京市30个市级文化创意产业集聚区共拥有规模以上文化创意产业法人单位778家，实现收入479.8亿元，比上年同期增长15.7%。集群化发展态势初步显现，这已然表现出该行业强劲的发展势头和长远的发展潜力。中关村创意产业先导基地、石景山数字娱乐体验基地、国家新媒体产业基地等21个文化创意产业集聚区逐步形成规模，集群化的发展态势来势汹涌，表现出强劲的发展势头和长远的发展潜力。

四、北京市文化创意产业内各行业的发展

目前，北京市已经形成了以网络、软件和新闻出版、计算机服务业、广播电视电影、广告会展和设计服务为主导产业的文化创意产业体系。其中软件、网络和计算机服务业无论是在增加值、收入还是就业方面所占比例都最大，且发展势头良好，显示出北京市文化创意产业与科技融合发展的特征日益加深。除广告和会展规模低于上海外，新闻出版、广播电视电影业等都得到迅速发展。

1. 文艺演出行业

“十一五”期间，北京市文艺演出行业呈现出良好的发展态势。演出场次和收入逐年增长，观众消费水平不断提高，行业整体迅速发展。表5-3是“十一五”期间文艺演出行业基础数据。与国内其他省市相比，北京市演出行业积淀深厚、历史悠久、人才荟萃，艺术演出、观众人次位列全国第一，目前已经成为全国最繁荣的艺术演出市场。

表 5-3　　“十一五”期间文艺演出行业基础数据

年份	实际演出场所（个）	同比增长（%）	演出场次（场）	同比增长（%）	观众人次（万人）	同比增长（%）	演出收入（亿元）	同比增长（%）
2006	74		9280		518		4	
2007	80	8.11	13240	42.67	805.1	55.42	4.16	4.00
2008	81	1.25	13842	4.55	808.9	0.47	6.27	50.72
2009	88	8.64	16397	18.46	1167	44.27	9.33	48.80
2010	93	5.68	19095	16.45	1096	-6.08	10.8	15.76

数据来源：梅松，郭万超．北京市文化创意产业的发展［EB/OL］. http：//travel. ce. cn/zhuanlan/zjgdlb/201311/18/t20131118-1212155. shtml.

2. 新闻出版业

新闻出版业位居文化创意产业九大行业第三位，成为产业中最成熟、最有实力的行业之一。据北京市 2012 年统计年鉴统计，新闻出版业 2011 年增加值为 191.9 亿元，占产业总增加值的 9.64%，从业人员 15.1 万人。但同时也要看到，如图 5-2 所示，2006—2011 年新闻出版业增加值占文化创意产业增加值比重呈现逐渐下降的趋势。

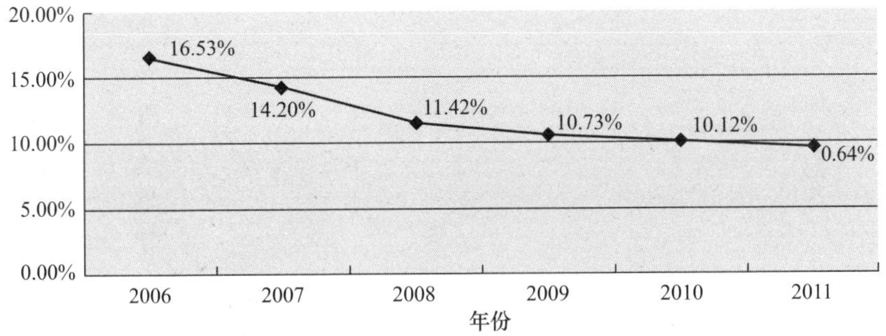

图 5-2　2006—2011 年北京市新闻出版业发展占比

数据来源：根据 2007—2012 年北京市统计年鉴整理。

3. 广播影视业

“十一五”期间，北京影视产业迅速发展，资产总额居全国第一，综合实力全国领先，影视作品产量位居前列，创收总额达到 486.5 亿元。2006—2011 年，北京市电影放映场次逐年增加，2011 年较 2006 年增长了 248%；票款收入增长了 348%。电视综合覆盖率在 2011 年达到 100%，广告收入增加了 200%，见表 5-4。

表 5-4　　2006—2011 年北京市电影电视基本情况表

年份	电影			电视	电影、电视
	放映场次（次）	观众人数（万人次）	票款收入（亿元）	平均每日电视节目播出时间（小时）	广告收入（万元）
2006	28	1221	3.02	294.23	240146
2007	38	1711	3.7	309.12	317437
2008	46.8	1767.3	5.37	309.06	385231
2009	62.4	2451.5	8.19	319.13	453932
2010	74.29	2923.3	11.814	319.24	613672
2011	97.42	3235.9	13.518	334.22	796113

数据来源：根据北京市 2012 年统计年鉴整理。

广播电视行业门类齐全、结构趋于合理，经济和社会效益不断提升。图 5-3 所示是 2012 年 1—11 月北京市广播影视累计创收收入构成。

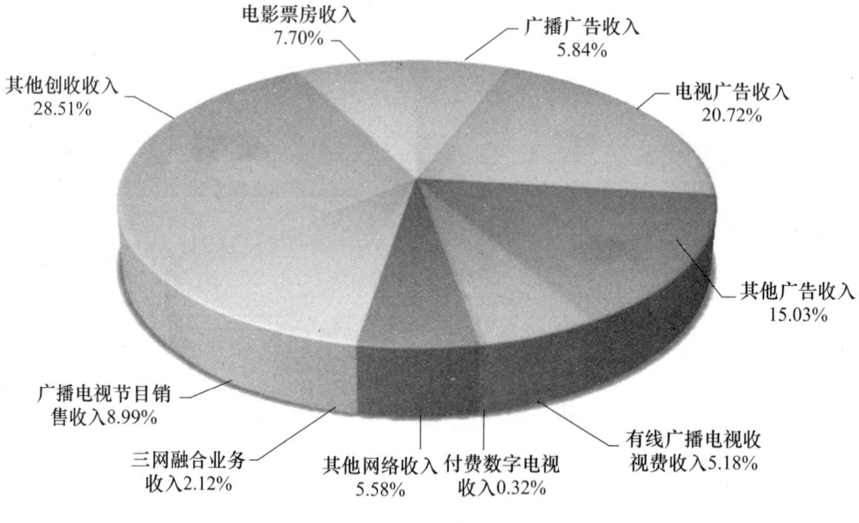

图 5-3　2012 年 1—11 月北京市广播影视累计创收收入构成

4. 软件、网络与计算机服务

软件、网络与计算机服务 2011 年增加值为 1042.2 亿元，占文化创意产业增加值的 52.37%，同比增长 23.03%，增加值产业贡献率占第一位，支柱地位明显。目前在京各类游戏企业超过 300 家，其中包括完美时空、搜狐畅游、金山三家上市企业。《2010年中国游戏产业调查报告》[①] 显示，2010年共有34家中国企业自主研发的82款网络游戏作品进入海外40个国家和地区，销售收入2.3亿美元，北京网络游戏出口额达1.2亿美元，占全国的54.5%，稳居第一。

5. 广告会展

广告会展业已成为文化创意产业的重要组成部分，自2005年以来增加值以年均20.1%的增速增长，2012年广告会展业收入为844.2亿元，占产业总收入的11.39%。北京市广告业发展较快，年广告总额和广告从业人员数居全国首位，已成为全国最大的广告媒体市场，正逐步跻身国际广告中心城市行列。北京是全国最大的广告媒体中心，广告媒体规模位居全国第一。北京市共有广告媒体2346家，其中广播电台12家、电视台22家、报纸212种、期刊2100种。另外，还有网络广告媒体8万多家，户外经营性广告牌24011块。[②] 北京作为全国最有影响力的三大会展城市之一，“十一五”期间，北京会展业迅速发展，接待会议数量逐年增加。首先，会展业务收入大幅提高，北京的直接会展收入由2005年的61.1亿元大幅提高到2010年的172.5亿元，年平均增长率达到23.1%。其次，会展设施使用率逐步提升，北京市规模以上会展接待场所2010年年末拥有会议室5679个，比2005年增加1989个，增长53.9%；会议接待能力大幅提高，至2010年年末，北京的全部会议室可同时接待47.8万人。展馆方面，至2010年年末，全市专业展览场馆的总展览面积达67.6万平方米，比2005年增加40.9万平方米，增长1.5倍；其中展厅使用面积40.7万平方米，增加了20.3万平方米，增长1倍，室外可使用面积达到26.9万平方米，增加了20.6万平方米，增长3.2倍。随着会展设施的进一步完善和会展业务的拓展，北京会展设施的使用效率逐步提高。2010年，北京会议室白天使用率为23.9%，比上年提高了3.5个百分点；夜间使用率为2.6%，比上年提高了0.7个百分点。专业展览场馆使用率为32%，比上年提高了15个百分点。产业集群优势突出，大企业龙头作用明显。

---

① 2010年中国游戏产业调查报告指出——我国网游市场收入突破300亿元（图）-新闻频道-和讯网[EB/OL]. http：//news. hexun. com/2011-01-27/127045205. html.

② 资料来源：《中国工商报》《北京广告业务发展现状概况》。

6. 艺术品交易

艺术品交易近年来已为人们所熟知，北京作为帝都，自然而然地成为当前全国最大的传统工艺品高端文物流通、交易集散地和艺术品交易中心。作为中国古玩艺术品交易中心的北京，它的地位已经牢牢确立，正朝着世界古玩艺术品交易中心的地位迈进，将成为继纽约、伦敦、中国香港之后的“全球第四大艺术品市场”。2011 年，北京市艺术品交易增加值为 56.4 亿元，占文化创意产业增加值的 2.83%，同比增长 31.16%；实现收入 492.2 亿元，同比增长 39.04%。北京地区目前有 160 多家画廊，其中外资画廊占较大比重。注册文物商店 62 家，与全国同行业商店相比经营规模较大。文物流通市场发展比较活跃，有十余家文物监管旧货市场，逐渐形成了一批在全国具有影响力的古玩和艺术品交易园区。最近几年，北京古玩和艺术品交易产业发展显著，尤其是艺术品拍卖行业发展迅速。北京艺术品拍卖呈现以下特点：一是量价齐升，各类高端艺术品成交单价连创记录（2010 年全球成交的 21 件超过亿元的中国古玩艺术品有 14 件出自北京，北京成为亿元文物拍品的诞生地）。二是中国书画与瓷器杂项占市场份额不断增加。三是拍卖市场逐渐细分，专场拍卖会迅速增加。四是品牌企业逐渐形成，中国嘉德、北京保利等文物拍卖企业已成为中国古玩艺术品拍卖的领军企业。

7. 设计服务

“十一五”期间，北京市设计服务业发展迅速，形成了规划设计、建筑设计、工业设计、平面设计、集成电路设计等优势行业，一大批销售收入过亿元的龙头企业和一批高水平的专业设计机构不断涌现。北京设计服务业 2006 年实现增加值 40.2 亿元，收入 224 亿元，从业人员有 6.7 万人；2011 年实现增加值 90.6 亿元，收入 369.9 亿元，从业人员有 10.1 万人。

8. 旅游休闲娱乐

“十一五”期间，北京文化旅游产业更是实现长足发展，已形成以国内旅游为主体、国际旅游为中心，二者并重的发展格局，在全国文化旅游产业中扮演着十分重要的角色，当然也发挥着不容小觑的作用。

从国内旅游来看，2011 年，接待国内其他省市来京旅游者 12818 万人次，同比增长 8.8%，旅游收入 2618.9 亿元，同比增长 16.8%，人均花费

2043元，比上年同期增长7.4%，平均停留时间5.07天，人均天花费403元。花费构成中，长途交通占13.5%，购物占34.3%，住宿占20%，餐饮占20.8%，娱乐占0.8%，景区游览占5.7%，邮电通信占0.3%，市内交通占4.5%，其他占0.1%。

从入境旅游来看，2011年，全市共接待入境旅游者520.4万人，同比增长6.2%。其中接待外国人447.4万人，同比增长6.1%；香港同胞43.4万人，同比增长7.7%；澳门同胞1.3万人，同比减少2.3%；台湾同胞28.3万人，同比增长5.6%。2011年，入境旅游者在京旅游人均花费1041美元，同比增长1.1%，人均天花费247.78美元，平均停留4.2天。花费构成中，长途交通占26.4%，购物占25.3%，住宿占15.5%，餐饮占6.8%，娱乐占6%，景区游览占4.2%，邮电通信占2%，市内交通占3.5%，其他占10.3%。①

从旅游资源来看，截至2011年年底，北京共有评A的旅游景区（点）211个，其中5A级6个、4A级63个、3A级80个、2A级46个、1A级16个。2011年，全市A级景区（点）及其他重点景区（点）共接待游客2.4亿人次，同比增长14.2%；营业收入55.2亿元，同比增长15.4%。接待量前5位的是天坛公园、故宫、颐和园、北海公园和玉渊潭公园。②

时代性和历史性相结合成为北京市当前旅游业发展的主要特点，大型国际活动带动旅游发展，旅游企业规模扩大、数量增加，京郊乡村旅游发展迅速，区域旅游合作范围不断扩大，旅游推广营销力度加大。

第二节　北京市文化创意产业发展中存在的问题

虽然“十一五”期间北京市文化创意产业取得了长足的发展，但是总体而言，作为新兴产业，北京市文化创意产业无论是产值总量、经济效益和整体规模上，都与发达国家和地区相差甚远，缺乏具有较强竞争力的大

---

① 来源于北京市旅游发展委员会网站。

② 2011年北京旅游业概况［EB/OL］. http：//www.bjta.gov.cn/xxgk/tjxx/347708.htm.

型跨国企业集团，难以带动整个行业的发展和国际化整体水平的提升，产业的发展依旧面临着诸多问题。

一、文化创意产业内部结构有待进一步优化

从文化创意产业增加值的角度来看，软件、网络及计算机服务增加值占总产业增加值的52.37%，优势地位明显，在文化创意产业中属于支柱性行业。而文化艺术，旅游、休闲娱乐，设计服务和艺术品交易分别只占3.42%、3.95%、4.55%、2.83%，合计也只占到14.75%。相比而言，上海2009年文化休闲娱乐服务在文化产业增加值所占比重为27.1%，广告会展为主的其他文化服务增加值所占比例为25.1%，网络文化服务增加值所占比重为15.38%，新闻出版、广播电视电影、文化艺术服务三行业增加值所占比重为15.56%。图5-4所示是2011年北京市文化创意产业中各部门增加值占该产业增加值的比例。

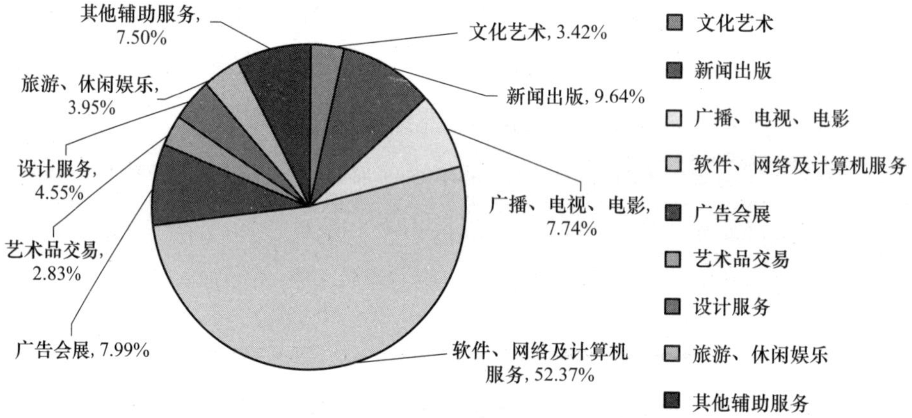

图5-4 北京市文化创意产业中各部门增加值占比情况

数据来源：北京市2012年统计年鉴。

如图5-5所示，从创意产业拥有资产的角度来看，软件、网络及计算机服务行业资产所占比例为42%，规模优势明显。新闻出版，广播、电视、电影资产所占比重分别为9.74%和10.25%。对比可见，北京市文化创意产业内部结构不平衡，软件、网络及计算机服务行业在产业中支柱地位明显。另外，与传统行业的优势相比，北京市文化创意产业中的新兴产业，如动

漫游戏、数字出版、设计创意等，总体规模仍旧偏小。2010 年北京市动漫游戏产业总收入为 97.4 亿元，只占北京市文化创意产业总收入的 1.31%。文化创意产业的特点是智力密集型和资金密集型，产业发展需要聚集一大批有能力和影响力的高层次、高素质的文化创意、技术、营销、研究、管理领域的人才。统计资料显示，北京文化创意产业的发展存在严重的人才匮乏情况，文化创意产业人才占劳动人口总数的比例仅为 0.1%，与纽约 12%、伦敦 14%、东京 15% 相比，北京文化创意产业人才比例明显偏低。① 创意人才不足、层次不高，使得新兴文化创意产业的发展受到严重制约与限制。由于文化创意产业多与高新技术紧密结合，代表着文化创意产业未来的发展方向，所以，北京市文化创意产业要想得到长远、健康的发展，就必须加大扶持新兴文化创意产业的力度，优化产业内部结构。

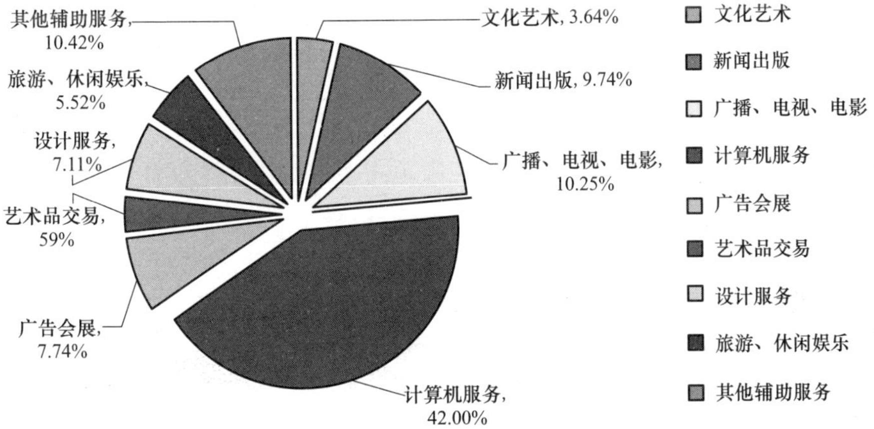

图 5-5　文化创意产业各行业资产所占比例

数据来源：北京市 2012 年统计年鉴。

二、缺乏龙头企业带动和有竞争优势的文化品牌

龙头企业对同行业的其他企业具有很深的影响力和号召力，起到一定的示范、引导作用，并能够对该地区、该行业或者国家做出突出贡献。我

① 中国文化产业网．http：//www.cnci.gov.cn/content/201015/news_ 55338.shtml.

国文化创意产业相对于发达国家来说起步晚，整体发展不充足，因此文化企业“软、小、散”的问题比较突出。截至2012年8月，北京地区已经上市的文化创意企业有50家，其中，软件、网络及计算机服务业38家，广播、电视、电影业7家，旅游、休闲娱乐业3家，新闻出版业2家，产业内上市企业总数占全国省市第一位。但是在整个上市公司中，所占的比例很小。并且与发达国家和地区的龙头企业相比，我国文化创意企业从总体数量、经济效益和企业规模等各方面，都与之存在很大的差距。

（一）缺少具有较强竞争力的跨国企业集团

罗兰贝格管理咨询公司发布2011年全球文化产业50大企业评选结果显示，美国的华特迪士尼以年文化产业营业收入380亿美元（2011年）名列第一，而万达集团在成功收购美国AMC影院公司后，以涵盖影视、综合文化场所、平面媒体、演艺内容的总计约30亿美元的年营业收入，仅排名第37位，腾讯则以游戏产业收获约25亿美元，位列第46位①。北京市文化企业还十分欠缺在国际上的强大影响力，辐射范围可谓是非常有限，离世界城市的文化软实力水平还有着相当一段距离，目前还无法吸引全球的眼光，很难吸收国际资本注入到北京文化企业中。

（二）缺乏龙头企业带动产业发展

以影视传媒为例，美国有以迪士尼、好莱坞、时代华纳为代表的20多个跨国传媒企业，其中6家企业年销售额在百亿美元以上，经营范围也不局限于影视，而是涉及报纸、电视广播、杂志、有线电视网络、视频分配等多个领域。而北京影视行业只有歌华有线等少数几个具有影响力的传媒集团，规模较小。这些集团尚没有形成跨地区、跨媒体、跨行业的大型传媒集团，很难带动整个行业的发展。而新兴文化创意产业中的动漫游戏、设计服务等，更是缺乏龙头企业，这将会直接影响北京文化创意产业的优化升级。

---

① 全球文化产业50大企业排名揭晓 中国万达、腾讯名列其中_财经频道_同花顺财经[EB/OL]. http://news.10jqka.com.cn/20121211/c531496588.shtml.

三、文化体制改革滞后，部分行业市场化程度不高

北京市文化创意产业的企业主体结构里国有资本的比重超过 70%，国有资本比重过高，而民间资本比重过低。北京市文化体制改革的滞后性制约着文化创意产业的发展，文化体制改革的滞后影响了文化创意产业的市场化程度，使得非公有制经济发展相对薄弱。在北京文化创意企业中，部分产业如广播影视、新闻出版、文化艺术等行业市场化不足现象十分明显。北京的新闻出版行业近 3000 种期刊中，中央各部门主办的行政性期刊数量达到 2800 种，仅有约 200 种期刊由民营资金控制，100 多种期刊引入外资。[①] 国有单位主办期刊数量所占比重超过 90%的比例。尽管随着北京市文化企业改制，一部分国有出版机构已经转制为企业，但并没有完全改变以前事业单位的管理模式，经营活动仍然有管理介入，造成管办不分的现象。出版单位市场化程度不高还导致市场敏感度和活力较低，不能满足市场需求，适应经济发展。

四、中小型民营文化创意企业融资困难

北京是中国的金融中心，资本充足，而文化创意产业却面临着融资难的困境。一方面，从北京文化创意产业的构成来看，中小企业多，大型企业少。截至 2011 年年底，北京市中小规模文化创意产业企业共计 107466 户，占总数的 80%。注册资本在 100 万元以下的企业占文化创意企业总数的 73. 1%，而注册资本在 5000 万以上的企业仅占 0. 7%。[②] 目前，占北京企业总数 48%以上的民营企业，已经成为北京文化创意产业发展的重要力量。中小企业数量大、自身资金不足，使得文化创意产业在初期需要的大量资金需要从外部获得。另一方面，文化创意产业，特别是其中的新兴产业，具有鲜明的产业特征。从文化创意产业的特征来看，其核心生产要

---

① 私营经济在北京文化创意产业中的发展问题研究_ 233 网校论文中心_ 经济其他相关论文_ 经济学论文［EB/OL］. http：//www. studa. net/jingji/121101/11484539. html.

② 来自北京市工商局网站。

素是信息、知识，特别是文化和技术等无形资产，是具有自主知识产权的高附加价值产业。① 产业中部分行业前期需要投入大，资金的回收期长且投资风险高。如动漫行业和网游行业。这部分企业版权、知识产权等无形资产在企业资产中所占比重较大，固定资产等传统抵押品少。而当前金融业贷款担保制度对无形资产认可度低，使得文化创意产业外部融资难问题突出。

众多的民营企业创造了如用友软件、北大方正电子出版系统、金山公司的《网络情缘网络版》、完美时空的《完美世界》等知名品牌，这些文化创意产品为北京市实现大量的出口创汇，如网游《剑侠情缘》在越南已经占有80%的游戏市场份额；《完美世界》已经行销近10个国家，2006年出口额超过了230万美元，占全国游戏出口额的10%以上。但是，北京文化创意产业的企业主体结构中国有资本的比重超过70%，民营企业等非公有制经济发展相对薄弱。而且，大部分中小型企业由于收益稳定性差、信用等级低等原因，无法满足银行需要的贷款条件，企业直接资本市场融资的成本高、融资渠道狭窄，对于前期投入巨大的创意企业而言，资本瓶颈是北京市文化创意产业繁荣发展的主要障碍。

五、创意和技术创新能力不足，自主知识产权匮乏

北京文化资源丰富，拥有丰富的历史文化遗产，但是北京文化创意产业自主知识产权匮乏，巨大的文化资源优势尚未转化为产业发展优势。比如，我国的动漫产业虽然发展迅速，但是国产动画片在国内所占的市场份额很少，占据市场主导地位的是美、日、韩等国家的动漫产品，北京也是如此。国产动漫产品的竞争力不强，究其原因在于创意不足，对本土文化挖掘深度不够，难以制造出具有鲜明民族特色的优秀产品，也难以获得像《花木兰》《功夫熊猫》等较高的市场利润。另外，文化创意产业的核心技术长期被国外厂商垄断，如数字绘画板的关键技术等，技术创新能力的薄

---

① 文化创意产业_好搜百科［EB/OL］. http://baike.haosou.com/doc/2322753-2456871.html.

弱也是行业繁荣发展的巨大阻碍。

六、文化创意产业尚未形成完整高效的产业链

文化创意产业的整个价值链条包括创意、产品的制造、营销、衍生品的后续开发等环节。其中创意是整个链条的核心价值部分，只有将创意的价值多方向扩散，才能实现整个链条的价值最大化。这个价值扩散的过程通过合作开发、专利技术转让等形式，横向不断深化分工、纵向不断延伸链条，逐渐提升整个网络的价值扩散和形成的能力。而目前，北京市文化创意产业尚未形成上述的高效产业链条，创意企业之间在开发、生产和营销等环节上缺乏密切的协同与合作，企业之间产品的差异性小，企业之间的价值链难以相互嵌套，难以提高产业链的整体竞争力，获得较高的利润回报和市场优势。如北京市动漫产业衍生产品的制造商之间的互动开发、各类动漫品牌资源的整合开发、多渠道的运营体系等产业链环节还没有完全对接。

综上所述，为了达到“到 2020 年，文化创意产业成为国民经济的支柱性产业”的目标，为了践行“爱国、创新、包容、厚德”的北京精神，北京政府有必要进一步优化产业发展环境，扶植和引导文化创意产业的发展。

第三节　北京市支持文化产业发展的主要做法

为了促进北京市文化产业的发展，2006 年北京市成立了“北京市文化创意产业领导小组”，随后领导小组研究并公布了《北京市促进文化创意产业发展的若干政策》《北京市文化创意产业投资指导目录（2006 年）》，为企业发展文化创意产业提供了一个清晰的思路和可借鉴的政策框架。2006 年北京市财政局出台了《北京市文化创意产业发展专项资金管理办法（试行）》，对专项资金的重点支持对象、使用方式等予以明确。2007 年北京市政府出台《北京市“十一五”时期文化创意产业发展规划》，对《北京市促进文化创意产业发展的若干政策》中的相关支持政策做了更细致的阐述。

2008年开始实施《北京市文化创意产业贷款贴息管理办法（试行）》（京文创办发〔2008〕5号）。2009年又实施了《北京市文化创意产业担保资金管理办法（试行）》（京文创办发〔2009〕3号）。2012年7月，北京市颁布了《北京市文化创新发展专项资金管理办法（试行）》（京财文〔2012〕1440号），北京市利用市级财政资金成立文化创新发展专项资金（以下简称“专项资金”），从2012—2015年每年支持额度100亿元，专门用来支持首都“文化领域”事业、产业的发展，涵盖了文化、广播影视、新闻出版和互联网管理等领域。[①] 后来为促进网络游戏产业的发展，根据国务院办公厅、文化部和北京市促进文化创意产业发展的若干政策精神，推出了《北京市关于促进网络游戏产业发展的实施办法（试行）》和《北京市关于促进影视动画产业发展的实施办法（试行）》。

一、北京市支持文化产业发展的财税政策[②]

（一）财政拨款和补贴

①从2006年起，北京市政府每年投入5亿元文化创意产业发展专项资金，对符合政府重点支持方向的产品、服务和项目予以支持；②发展集聚区专项资金，并对文化创意产业集聚区内基础设施建设等公共服务予以支持；③对本市认定的重点文化创意产业企业的重大项目，财政专项资金给与支持。鼓励重点企业主动承担本行业的公共服务平台建设。

（二）贷款优惠政策

①对企业在文化创意产品和服务出口过程中发生的境外市场推广费，经核定后予以支持。政府引导商业银行对有效益、有还贷能力的文化创意自主创新产品或服务出口所需的流动资金重点支持。②市政府对于文化创

---

① 北京：五年内争取新增文化创意上市公司50家_金融频道_财新网［EB/OL］. http://finance. caixin. com/2012-08-22/100427056. html.

② 荔小珂. 促进北京市文化创意产业发展的财税政策研究［D］. 北京：首都经济贸易大学硕士学位论文，2012.

意企业实施收购国际营销渠道和传媒等战略性境外投资项目，给予资金配套或者贴息补助，并支持企业获得国开行的贷款及金融机构的优惠贷款。

（三）政府担保

支持和引导担保机构为本市中小文化创意企业、中小高新技术企业的融资提供担保，并鼓励金融机构开展文化创意企业知识产权权利质押业务试点。

（四）政府采购

凡是纳入本市预算管理的机关、事业单位和社会团体，在采购文化创意产品和服务时，优先采购自主创新产品和服务。

（五）其他政策

①为文化创意企业在国内外资本市场融资创造条件。积极支持符合条件的文化创意企业改制上市。支持中关村科技园区非上市文化创意产业股份有限公司进入证券公司代办股份转让系统进行股份转让试点。②鼓励盘活存量房地产资源，用于文化创意产业经营。③对本市设立的具有一定规模和重大经济效益的文化创意企业，在对境外管理服务、研究开发、投资和资产处置所获得收益的所得税地方留成部分，财政资金给予支持；在规划新城内选址建设的，政府在土地供应方面给予优先支持。④教育部门对文化创意人才海外培训、海外专家和大学生来京研习予以资助。人事部门对文化创意企业引进外国专家、留学人员或建立博士后科研工作站给予立项、经费资助等方面的支持。⑤市政府设立文化创意奖，对发展文化创意产业做出突出贡献的集体和个人给予表彰奖励，所得奖金免征个人所得税。文化创意企业以股权、期权等形式给予高级管理人员的奖励，在计征个人所得税时予以优惠。

二、北京市支持新兴业态文化产业发展的财税政策[①]

1. 支持网络游戏产业发展的财税政策

---

① 刘元发．促进我国文化产业发展的财税政策研究［D］．北京：财政部财政科学研究所博士学位论文，2014.

支持对象限于网游企业和网游项目，从产业链看，涉及网络游戏的研发、制作、出版和运营；从产品或项目看，涵盖网络游戏产品、服务及相关衍生产品。支持目的是以政府财政资金引导新兴业态文化市场、行业和企业从事网络游戏的原创行为，培育和发展网络游戏重点企业，鼓励多出网络游戏精品、多出网络游戏人才，促进网络游戏产业做强做大。扶持资金来源于北京市文化创意产业发展专项资金。支持环节为前期支持。支持方式主要有项目补助、贷款贴息、奖励、融资担保、股权投资、产业投资基金等。

（1）财政补贴（补助）

对内容健康且凸显中国元素和风格的原创产品（100万~200万元）、游戏引擎的自主研发开发（可以制作大型网络游戏5款以上的，一次性给予200万元资助），鼓励扩大投资、高新技术企业认证、质量体系认证等给予补贴、知识产权保护、申请专利、注册商标、登记著作权，优先列入文化创意产业知识产权重点支持目录，享受相应的政策资助，参加国内外网络游戏会展活动的展位费、装展费给予资助。

（2）以奖代补

对符合一定条件的拥有自主知识产权并投入运营的网络游戏产品和服务的出口进行奖励，采用分级奖励的形式，即按照出口价值分档奖励。

（3）贷款贴息

资金来源于文化创意产业发展专项资金，主要针对北京市网络游戏企业及项目单位的期限短于3年的银行贷款利息进行补贴；采取先付后贴方式，即接受贷款贴息的单位先支付利息给商业银行，政府再将相应的补贴金额拨付给企业；补贴额度一般为利息总额的50%~100%。

（4）融资担保

资金来源于文化创意产业发展专项资金；补贴（助）对象是与北京市政府合作的担保机构，针对为北京市网络游戏企业及项目单位银行贷款再担保和担保业务进行补贴或补助；补贴金额按担保规模实行0.5%、0.6%、0.7%三档补助标准。

2. 支持影视动画产业发展的财税政策

支持对象限于具有自主知识产权的优秀原创动画剧本和样片。支持目的是以政府财政资金引导新兴业态文化市场、行业和企业从事影视动画的原创行为，培育和发展影视动画重点企业，鼓励多出影视动画精品、多出影视动画人才，促进影视动画产业做强做大。扶持资金来源于北京市文化创意产业发展专项资金。支持环节为前期支持。支持力度为实际投资额的5%~15%。支持方式主要有财政补助贷款贴息、融资担保和奖励，以财政奖励为主。

（1）财政补贴（补助）

影视动画机构创新或应用先进动画制作技术，符合条件的，给予应用类补贴或创新类补贴，给予一次性奖励；参与本市行业主管部门组织参加的国内外影视动画会展活动过程中产生的注册费、展位费、装展费等给予补贴。

（2）贷款贴息

资金来源于北京市文化创意产业发展专项资金，主要针对北京市动漫企业及项目单位的期限短于3年的银行贷款利息进行补贴；采取先付后贴方式，即接受贷款贴息的单位先支付利息给商业银行，政府再将相应的补贴金额拨付给企业；补贴额度一般为利息总额的50%~100%。

（3）融资担保

资金来源于北京市文化创意产业发展专项资金；补贴（助）对象是与北京市政府合作的担保机构，针对为北京市网络游戏企业及项目单位银行贷款再担保和担保业务进行补贴或补助；补贴金额按担保规模由低到高实行0.5%、0.6%、0.7%三档补助标准。

（4）以奖代补

以奖代补在北京市支持影视动画的财税政策中占主导地位，奖励范围涉及影视动画的产品、生产和播出机构，中外合作生产、各种市场中介以及影视动画衍生品开发和交易等。

三、财税政策的实施效果与成功经验

1. 北京市支持文化产业发展的财税政策实施效果

北京市通过一系列财税政策刺激文化产业发展，取得了明显成效，主要表现在以下几个方面：

一是新兴业态文化产业增长迅速。2012 年北京动漫游戏产业总产值达到 167.57 亿元，相比 2011 年的 130 亿元，增长约 29%；影视动画生产总量为 34492 分钟，约占全国总量的 7.1%。

二是重点企业快速发展。2012 年北京市网络游戏规模以上企业总产值达到 156 亿元，占全市动漫游戏产业总产值的 93%，占全国游戏总产值的 25.9%，较 2011 年增长了 30%，呈现稳步发展态势；2012 年 1—11 月，全市 74 家重点数字出版（互联网出版）单位实现收入 202.6 亿元，同比增长 19.1%。

三是"走出去"效果明显。2012 年北京动漫游戏产业出口 15.6 亿元，相比 2011 年增长约 30%。①

2. 北京市支持文化产业发展财税政策的成功经验

北京市出台财税政策支持文化产业效果显著，其中可供全国借鉴的经验具体表现在以下几个方面：

一是支持形式多样。既有财政补贴（补助）、政府奖励和产业投资基金，又有贷款贴息、融资担保和股权投资。这样就可以针对产业链上的各个环节和具体项目选择合适的支持形式。

二是支持环节多。支持环节基本上覆盖了动漫、游戏行业整个产业链（原创设计、发行、播出、参展、衍生品开发、产品出口）。

三是支持重点突出。北京市出台财税政策支持新兴业态发展，注重新兴业态文化产业发展的薄弱环节——原创，凸显中国优秀传统文化与新兴业态文化产业的融合，不仅有利于促进新兴业态文化产业经济功能的实现，而且有利于弘扬和推广中国的优秀文化，提高中国文化的软实力，实现社会效益和经济效益的统一。

四是可操作性强。在支持新兴业态文化产业发展的政策中，各项指标得以量化，并对主要指标进行权威认证，如奖励的企业需提供专业审计机构数据报告，或由专业机构提供数据。

---

① 梅松．2012 年北京动漫游戏总产值达到 167 亿元_ 中国经济网——国家经济门户［EB/OL］. http：//www.ce.cn/culture/gd/201311/07/t20131107_ 1720513.shtml.

五是地区配套政策帮扶。为了鼓励新兴业态文化产业的发展，北京市下设区县按照国家和北京市的发展规划，制定了专项资金、土地政策等方面的配套政策，从而有力助推了新兴业态文化产业的发展。

第四节　北京市促进文化创意产业发展的财税政策分析

一、北京市现有促进文化创意产业发展的财税政策

北京市成立了文化创意产业领导小组办公室，要求享受优惠政策的企业必须实行文化创意产业认定制度，即通过文化创意产业的认定。

（一）北京市促进文化创意发展的财政政策

近年来，北京市政府日渐提高对文化创意产业的重视程度。2005 年成立了文化创意产业发展领导小组，确立了发展文化创意产业、打造创意之都的发展战略，2006 年出台实施了《北京市促进文化创意产业发展的若干政策》以及《北京市文化创意产业投资指导目录（2006 年）》。“一业一策”的政策扶持体系，为北京市政府和企业在发展文化创意产业中的作用边界进行了清晰设定。

《北京市促进文化创意产业发展的若干政策》从放宽市场准入、完善准入机制，支持创意研发、鼓励自主创新，保护知识产权、营造创意环境，加大资金支持、拓宽融资渠道，拉动市场需求、促进内外贸易，优化资源配置、推动产业升级，实施人才兴业、强化智力支撑，完善统筹机制、加强组织协调等八个方面，研究确定了 35 条具体政策，进一步优化了产业发展的政策环境。①

《北京市文化创意产业投资指导目录》以北京市统计局《北京市文化创意

---

① 《北京市促进文化创意产业发展的若干政策》发布［EB/OL］. http：//www. gov. cn/jrzg/2006-11/08/content_ 435832. htm.

产业的范围与分类》中所确立的11个门类为主线，以北京市文化创意产业重点发展的文艺演出、出版发行和版权贸易、影视节目制作和交易、动漫和网络游戏研发制作、广告会展、古玩艺术品交易、设计创意、文化旅游等八个行业为重点，将文化创意产业的投资准入程度分为鼓励类、允许类、限制类和禁止类四项，鼓励和引导社会资本投资北京市文化创意产业。①

《北京市促进文化创意产业发展的若干政策》颁布之后，文化创意产业领导小组及相关部门陆续出台系列文件、地方法规，不断予以细化和补充说明。2006年12月，北京市财政局出台了《北京市文化创意产业发展专项资金管理办法（试行）》，对文化创意产业专项资金的使用方向、重点支持对象、专项资金的使用方式等予以明确。2007年11月，北京市政府出台《北京市“十一五”时期文化创意产业发展规划》，在“保障措施”一项中对《北京市促进文化创意产业发展的若干政策》中的相关支持政策做了更细致的阐述。2008年4月，北京市文化创意产业领导小组办公室发布《北京市文化创意产业贷款贴息管理办法（试行）》，对贴息方式、期限、标准和额度进行了明确的规定。2009年，北京市文化创意产业领导小组办公室发布了《北京市文化创意产业担保资金管理办法（试行）》②，具体说明了担保资金支持对象、范围和方式，以及再担保费补贴和担保业务补贴。

1. 财政拨款和补贴

（1）从2006年起，北京市每年投入5亿元的文化创意产业发展专项资金，采用贷款贴息、项目补贴、政府重点采购、后期奖励等方式，对符合重点支持方向的产品、服务、项目予以支持。

（2）对本市认定的文化创意产业集聚区公共设施工程，从文化创意产业集聚区专项资金中提取一定资金予以支持；并连续3年，每年拨款5亿元作为文化创意产业集聚区基础设施专项资金，对集聚区的基础设施和重大项目给予重点支持。

（3）对于本市认定的一批重点文化创意产业企业的涉及产业全局性、

---

① 北京市文化创意产业投资指导目录（2006年）-中共北京市委宣传部-北京市发展与改革委员会［EB/OL］. http：//www. doc88. com/p-999232527928. html.

② 北京市文化创意产业担保资金管理办法正式出台-新闻频道-和讯网［EB/OL］. http：//news. hexun. com/2009-03-23/115925547. html.

可持续性的重大项目，从市政府“财政专项资金”支出。同时鼓励重点企业主动承担本行业的公共服务平台建设。

（4）市政府设立文化创意奖，对发展文化创意产业做出突出贡献的集体和个人给予表彰奖励，所得奖金免征个人所得税。文化创意企业以股权、期权等形式给予高级管理人员的奖励，在计征个人所得税时予以优惠。

（5）在本市设立的具有一定规模和重大经济效益的文化创意企业部门，对境外管理服务、研究开发、投资和资产处置所获得收益的所得税地方留成部分，财政资金给予支持；在规划新城内选址建设的，政府在土地供应方面给予优先支持。

2. 贷款优惠

（1）对企业在文化创意产品和服务出口过程中发生的境外市场推广费，经核定后予以支持。政府引导商业银行对有效益、有还贷能力的文化创意自主创新产品或服务出口所需的流动资金重点支持。

（2）市政府对于文化创意企业实施收购国际营销渠道和传媒等战略性境外投资项目，给予资金配套或者贴息补助，并支持企业获得国开行的贷款及金融机构的优惠贷款。

3. 政府担保

支持和引导担保机构为本市中小文化创意企业、中小高新技术企业的融资提供担保，并鼓励金融机构开展文化创意企业知识产权权利质押业务试点。

4. 政府采购

凡是纳入本市预算管理的机关、事业单位和社会团体，在采购文化创意产品和服务时，优先采购自主创新产品和服务。

5. 其他

（1）为文化创意企业在国内外资本市场融资创造条件。积极支持符合条件的文化创意企业改制上市。支持中关村科技园区非上市文化创意产业股份有限公司进入证券公司代办股份转让系统进行股份转让试点。

（2）鼓励盘活存量房地资源，用于文化创意产业经营。

（3）在本市设立的具有一定规模和重大经济效益的文化创意企业部门，对境外管理服务、研究开发、投资和资产处置所获得收益的所得税地方留成部分，财政资金给予支持；在规划新城内选址建设的，政府在土地供应方面给予优先支持。

（4）教育部门对文化创意人才海外培训、海外专家和大学生来京研习予以资助。人事部门对文化创意企业引进外国专家、留学人员或建立博士后科研工作站给予立项、经费资助等方面的支持。

（5）市政府设立文化创意奖，对发展文化创意产业做出突出贡献的集体和个人给予表彰奖励，所得奖金免征个人所得税。文化创意企业以股权、期权等形式给予高级管理人员的奖励，在计征个人所得税时予以优惠。

（二）北京市促进文化创意发展的税收优惠政策

1. 增值税的优惠政策

对出版物、印刷制品和印刷业务实行增值税减免、税政策。该政策从2000年开始执行，主要是对指定的出版物、印刷制品和印刷业务实行增值税先征后返政策。先征后返范围包括：中国共产党和各民主党派的机关报和机关刊物；各级人民政府的机关报和机关刊物；各级人大、政协、工会、共青团、妇联组织的机关报和机关刊物、新华通讯社的机关报和机关刊物、军事部门的机关报和机关刊物、大中小学的学生课本和专为少年儿童出版社发行的报纸和刊物，以及科技图书和科技期刊。上述减免税范围中，绝大多数已于2012年年底执行到期，目前仅对党报、党刊将其发行、印刷业务及相应的经营性资产剥离组建的文化企业，自注册之日起所取得的党报、党刊发行收入和印刷收入，在2013年年底前免征增值税。对部分出版物经营行为实施增值税低税率。如对音像制品、电子出版物，以及销售或者进口图书报纸、杂志的应税行为实行13%的低税率。

2. 个人所得税的优惠政策

（1）鼓励个人对文化事业捐赠的减免税政策

其中包括三种方式：一是限期、限额扣除。如自2006年1月1日起至2010年12月31日，对个人通过国家批准成立的非营利性的公益组织或国家机关对以下宣传文化事业的公益性捐赠，经税务机关审核后，纳税人缴纳个人所得税时，捐赠额未超过纳税人申报的应纳税所得额30%的部分，可以从其应纳税所得额中扣除。这些公益组织包括：①对国家重点交响乐团、芭蕾舞团、歌剧团、京剧团和其他民族艺术表演团体的捐赠；②对公益性的图书馆、博物馆、科技馆、美术馆、革命历史纪念馆的捐赠；③对重点文物保护单位的捐赠；④对文化行政管理部门所属的非生产经营型的文化馆或群众艺术馆接受的社会公益性活动项目和文化设施等方面的捐赠。二是限额扣除。如对个人通过中国国际民间组织合作促进会、中华文学基金会、中国少年儿童文化艺术基金会用于公益救济性捐赠，个人在申报应纳税所得额30%以内的部分，准予在计算缴纳个人所得税税前扣除。三是不限期、不限额扣除。如对个人通过非营利性的社会团体和国家机关对公益性青少年活动场所（其中包括新建）的捐赠，在缴纳个人所得税前准予全额扣除。这里的公益性青少年活动场所，是指专门为青少年学生提供科技、文化、德育、爱国主义教育、体育活动的青少年宫、青少年活动中心等校外活动的公益性场所。

（2）对个人奖金和所得的减免政策

一是省级人民政府、国务院部委和中国人民解放军军以上单位，以及外国组织、国际组织颁发的科学、教育、技术、文化、卫生、体育、环境保护等方面的奖金，免征个人所得税；二是对个人转让著作权，免征个人所得税。

3. 企业所得税的优惠政策

对动漫企业实施所得税优惠政策。对经认定的动漫企业自主开发、生产动漫产品，可享受国家现行鼓励软件产业发展的所得税优惠政策，包括境内新办企业，自获利年度起，企业所得税实行“两免三减半”政策。

文化产业支持技术等领域的具体范围由科技部、财政部、国家税务总局和中宣部零星发文明确。允许符合条件的呆滞出版物在计算企业所得税时税前扣除。规定出版、发行企业库存呆滞出版物，纸质图书超过5年（包括出版当年，下同），音像制品、电子出版物和投影片（含缩微制品）超过2年，纸质期刊和挂历年画等超过1年的，可以作为财产损失在税前据实扣除。已作为财产损失税前扣除的呆滞出版物，以后年度处置的，其处置收入应纳入处置当年的应税收入。需要注意的是，企业在处理库存呆滞出版物时，应注意把握是正常损失，还是非正常损失。增值税方面，如果是非正常损失，应及时做进项税额转出处理；所得税方面，如果确认为非正常损失，则要按照财产损失申报相关规定，在规定日期之前向税务机关进行报批。

对经营性文化事业单位转制中资产评估增值涉及的企业所得税，以及资产划转或转让涉及的增值税、营业税、城市维护建设税等给予适当的优惠政策，具体优惠政策由财政部、国家税务总局根据转制方案确定。

对转企改制文化企业的减免税政策，规定 2013 年年底前，对经营性文化事业单位转制为企业的，免征企业所得税。

对文化高新技术企业的减免税政策。在文化产业支撑技术等领域内，依据《关于印发〈高新技术企业认定管理工作指引〉的通知》和《关于印发〈高新技术企业认定管理工作指引〉的通知》的规定认定的高新技术企业，减按 15%的税率征收企业所得税；文化企业开发新技术、新产品、新工艺发生的研究开发费用，允许按国家税法规定在计算应纳税所得额时加计扣除。一个纳税年度内，居民企业（包括文化创意企业）技术转让所得不超过 500 万元的部分，免征企业所得税；超过 500 万元的部分，减半征收企业所得税。其中研究开发费用的加计扣除，是指企业为开发新技术、新产品、新工艺发生的研究开发费用，未形成无形资产计入当期损益的，在按照规定据实扣除的基础上，按照研究开发费用的 50%加计扣除；形成无形资产的，按照无形资产成本的 150%摊销。外购软件缩短折旧或摊销年限。企事业单位购进软件，凡符合固定资产或无形资产确认条件的，可以按照固定资产或无形资产进行核算，经主管税务机关核准，其折旧或摊销年限可以适当缩短，最短可为 2 年。

符合小型微利条件的企业，减按 20%的税率征收企业所得税。创业投资企业采取股权投资方式投资于未上市的中小高新技术企业 2 年以上的，可以按照其投资额的 70%在股权持有满 2 年的当年抵扣该创业投资企业的应纳税所得额；当年不足抵扣的，可以在以后纳税年度结转抵扣。

在中关村科技园区内新办文化创意企业，被认定为高新技术企业的，企业所得税自获利年度起 2 年内免征，2 年后减按 15%税率征收；示范区内的科技创新创业企业发生的符合规定的研究开发费用允许加计扣除：计入当期损益未形成无形资产的，在按照规定据实扣除的基础上，允许再按其当年研发费用实际发生额的 50%直接抵扣当年的应纳税所得额；形成无形资产的，按照该无形资产成本的150%在税前摊销。示范区内的科技创新创业企业发生的职工教育经费支出，不超过工资薪金总额8%的部分，准予在计算应纳税所得额时扣除；超过部分，准予在以后纳税年度结转扣除。对示范区内科技创新创业企业转化科技成果，以股份或出资比例等股权形式给予本企业相关技术人员的奖励，技术人员一次缴纳税款有困难的，经主管税务机关审核，可分期缴纳个人所得税，但最长不得超过5年。

二、北京市促进文化创意产业财税政策存在的问题

可以看出，近几年北京市政府已将发展文化创意产业上升到了战略高度，财税支持政策力度大、范围广。这些政策的出台以及《2013年北京市政府工作报告》都充分显示出北京市各界对文化创意产业的关注和重视。北京市文化创意产业从2006年开始呈现出良好的发展势头，这与北京市政府出台的系列财税支持政策密不可分。虽然北京市对于文化创意产业的财税支持框架已基本搭建，而且取得可喜的成效，但在实践道路上仍然存在很多深层问题。具体体现在以下方面。

（一）制定的财税支持政策没有体现足够的区分度

文化创意产业是一个产业体系，包括若干子产业，因为各产业具备不同的特点，它们虽然都具备文化创意产业的本质特征，即创新性文化性和产业性，但在市场结构组织方式市场绩效外部性强弱等方面仍然存在很大差距。如新闻出版和建筑设计，前者具有较强的外部性，后者基本上没有外部性，因而，按照北京市文化创意产业发展指标目录，文化创意产业的范围相当广泛，甚至一些群众性文化事业电子信息产业也列入其中；广告策划和电影制作，前者适合中小企业的组织结构，后者则适合规模较大的企业。现有政策对不同特点的文化创意企业的区分不够，导致财税政策存在偏差。

比如，“软件、网络及计算机服务”涵盖范围太广，软件、网络要么“创意”不足，要么“文化”元素稍逊，一些软件、网络产品确实能够彰显和弘扬文化，给人们以精神愉悦，但多数“软件、网络”产品更接近物质产品范畴，而非精神产品。而“计算机服务”虽然是一种不消耗任何资源、

无公害、高附加值、知识密集型新行业，属于我国需要重点支持和鼓励的行业，但是把它归为文化创意产业略显牵强。又如，“文化艺术”类也含糊不清，现在什么都想往文化艺术上靠，一些产业“浑水摸鱼”，就使得真正起到陶冶人格，满足人们精神需求，提高文明度、幸福度，弘扬民族文化，具有高附加值作用的“文化艺术”本该得到的“蛋糕”被瓜分，失去竞争优势。甚至某些本应属于文化创意产业的内容却未能被纳入其中。例如文化用品生产中的文具、玩具等制造被列支在文化创意产业中，那么它必然会得到财税政策支持。但是这种产业产品并不具有很高的文化内涵，也没有较高的附加值，这种不合理的分类不利于产业升级，甚至扭曲资源配置。我们需要的是具有产品设计、品牌营销的创意公司而不是制造工厂。因此，北京市文化创意产业的财税政策支持，首要任务是更准确地界定文化创意产业，提出一个更细致的产业分类目录和详细说明。

（二）促进文化创意产业发展的财政政策存在的问题

融资困难是中小企业面临的普遍困境，中小文化创意企业由于经营成果难以把握，盈利来源不稳定，融资更是难上加难。文化创意企业对房租异常敏感，北京市几个自发形成的文化创意产业集聚区，如798艺术区、宋庄画家村等，其初期集聚的主要原因就是房租成本较低，便于创业者的进入。大城市寸土寸金，办公用房的购买和租用成本往往使中小企业难以承受，因此，财政资金要发挥引导性和杠杆作用，找准重点，在促进文化创意产业发展中起到“四两拨千斤”的作用，解决制约文化创意产业发展的关键性问题。

1. 财政直接投入政策存在的问题

（1）财政投入资金来源渠道单一

北京市财政对文化创意产业的资金支持目前只有财政预算这一个渠道，没有实现资金来源的多元化，限制了资金规模和作用。如只有政府债券、国债、社会捐赠、特定税收等渠道，渠道的单一性限制了投入的规模和效力的发挥。目前，尽管北京每年向文创产业投入5亿元的专项资金，但与文化创意产业实际需求还有一定差距。目前全市每年申请文化创意产业资金的项目多达1000多个，而每年最终能够获得支持的项目也就100个左右，受支持率仅为10%，且财政资金支持率占项目总投资比例不得超过30%，远远无法满足全市文化创意产业资金需求。

(2) 财政投入方式综合性程度不高

一般而言，财政政策手段包括国家预算、财政投资、财政信用、财政立法、财政担保、专项基金、财政奖励等。我国现行财政政策支持文化产业发展的手段与方式比较滞后，目前仍然以财政一次性补贴、多次减免规费、税收减免等传统支持方式为主，缺乏多元化的支持方式与手段。按照有偿原则，通过发行国债、公债、专项债券或者国外政府债券的筹融资资金，专门提供扶持文化产业的财政信用手段缺失。尽管尝试运用财政担保、财政奖励、财政投资、国家预算、专项基金等多种手段与方式支持文化产业融资，仍难以满足我国文化产业发展需求。另外，目前财政投入的方式还是以直接补贴为主，间接、引导性的补贴方式不多，如奖励和贴息，而且尚未使用政府采购等方式，缺乏对财政投入方式的综合应用。如2006—2009年，北京市政府对375个文化创意产业项目，拨付20亿元财政资金，有效带动社会资金200亿元。但是专项资金资助方式只有项目补贴、贷款贴息、后期奖励三种。其中：补贴项目一共297个，共191233.8万元，占资金总额的95.67%；贴息项目54个，共7556.72万元，占资金总额的3.78%；奖励项目24个，共1095万元，占资金总额的0.55%，具体见表5-5。

表5-5　　2006—2009年北京市20亿元专项资金投入情况

行　业	项目数量（个）	投入资金（万元）	占资金总量比例（%）
影视制作和交易行业	82	43115.07	21.57
广告会展业	36	32892.88	16.46
设计业	62	23931.04	11.97
文艺演出业	30	22780.13	11.40
出版发行业	44	22321.24	11.17
动漫与网络游戏	48	19759.89	9.89
文化旅游业	40	15295.03	7.65
古玩艺术业	17	12442.24	6.22
其他行业	16	7348.14	3.68

资料来源：北京市财政局调研资料。

（3）财政直接补贴的投入效率不高

虽然北京文化创意管理部门制定了文化创意专项资金管理的规范和细则，但专项资金的使用和管理上还有诸多不足。首先，专项资金在投放过程中具有随意性，缺乏系统的分析和统计，项目政策目标不够明确，财政资金存在重复设立。这些问题会导致资金分配不公平，资金的配置缺乏效率。其次，缺乏对文化创意企业使用财政资金的相应监督，没有对资金使用质量是否符合预期效果的专业评估。经过批准的补贴项目，有的预算编制过大，项目获得资金超出实际需要，一些项目部分资金的使用与规定用途不符，这些问题限制了财政投入政策实施的总体效果。再次，监督机制不够完善。缺乏对政策执行的后期管理，多数财政资金投入到企业或机构后，既没有相应的部门和专人去监督资金的使用是否符合要求，也没有人去评估资金使用是否达到预期效果。最后，由于财政补贴是政府无偿供给的，不仅损害了文化创意产品的市场价格机制，影响企业之间的公平竞争环境，同时也由于资金使用的监督机制不完善，导致资金使用效率的低下。

2. 财政投融资政策存在的问题

（1）财政融资渠道比较狭窄

首先，银行信贷融资渠道不甚通畅。北京市文化创意产业企业大部分依靠银行贷款，文化创意产业多以中小企业为主，由于发展前期风险大，及文化创意企业资产以无形资产为主，缺乏可供抵押的固定资产，因此，通过银行的贷款审批也比较困难。其次，上市融资困难。初创期中小企业受到企业规模、盈利状况、审批难等因素限制，很难通过上市渠道获得发展所需资金。至2010年，全国也只有14家文化类企业成功上市。最后，金融服务产品创新性不足。主要还是以担保、资产抵押等传统方式，还需开发运用股票、债券、私募基金等手段支持产业发展。除了商业贷款、银行贷款以外的融资方式太少。质押贷款、信托贷款等新的融资方式尝试太少。

（2）缺乏完善的融资担保和激励机制

文化产业要发展必须要吸引足够的文化投资，而目前，产业融资渠道狭窄单一，财政支持规模有限，因此，引入风投基金进行融资成为众多文化创意企业的理想融资渠道。文化投资虽然有着高额的回报率，但伴随的风险也是相当大的，如果没有科学规范的无形资产评估管理体系，文化投资风险更是无法想象，面对如此高风险的投资，由于缺少相应的担保和风险激励机制，直接降低了文化创意产业依靠风投获得资金的可能性，很多资本持有者都会望而却步。

（3）缺乏对无形资产科学有效的评估机制

文化产业创意产业核心是创意，资金是关键。好的创意需要资金的配合投入，虽然有投资者为文化创意产业的高额利润所吸引，但真落到实处却要考虑再三。造成这种局面的原因之一，就是整个产业链风险的不确定。这种风险的不确定性源于对无形资没有办法进行科学有效的评估。文化创意产业投资具有高回报、高风险的特性。这种高风险来源于对于文化创意企业主要资产，即产权、创意、策划等各种无形资产的准确评估，因此只有建立科学规范的无形资产评估机制，才能促进文化创意产业的投融资发展。

3. 支持文化创意产业的财政政策需要进行长远规划

北京市现在针对文化创意产业的财政政策支持中，财政补贴和财政直接拨款力度较大。自 2006 年起，北京市政府每年安排 5 亿元文化创意产业发展专项资金；设立文化创意产业集聚区基础设施专项资金，资金规模 5 亿元，分三年投入，等等。实践也证明，这些直接财政资金支持在文化创意产业发展初期起到了非常重要的作用。但随着文化创意产业的发展、文化创意产业园区基础设施的完善，财政直接投入的支持效率会大打折扣。原因如下：一是会降低财政有限资金资源配置的效率；二是会让文化创意企业产生依赖性，不利于激发企业应对市场竞争的主动性和紧迫感。下一阶段财税政策的目标和阶段重点应该结合文化创意产业发展的规律，不再以资金支持作为主要手段，而是以多元化的财政融资政策作为引导，提高企业的市场竞争力，依靠市场力量推动北京市文化创意产业的发展。

三、支持文化创意产业发展的税收政策存在的问题

（一）税收支持政策体系缺乏系统性

从整体上看，我国支持文化创意产业发展的税收优惠政策主要集中在增值税、营业税、个人所得税和企业所得税这几个税种上。在我国现行的税法

体系中，涉及文化产业的具体税收政策比较少，并且主要以国家税务总局及相关的部委颁布的临时通知和文件为主要形式。从中可以看出这些税收扶持政策之间的衔接性不强，不具有系统性，无法实现“组合拳”的效果。

北京市对文化创意产业的税收优惠主要散见于各税种的零星条款中，内容不成体系，各税种优惠范围、手段不相协调；而且，依据文化创意产业的产业链条，文化创意企业的设立、研发、营销、衍生品开发、服务等环节缺乏前后相对应的税收优惠政策。大部分的税收优惠政策往往集中在企业的研发和营销阶段，对于衍生品的后续开发和服务环节税收优惠较少。税收优惠政策也没有对不同类型的企业进行系统制度设计，目前大部分的税收优惠集中于国有试点新办文化企业和转制企业上，大部分的文化创意企业没有享受到。我国的税收政策体系不完善，还没有建成筹集文化创意发展资金的特定税收渠道，而发达国家往往采用资本转移税和房产税筹集产业发展资金。

（二）支持文化创意产业发展的税收政策缺乏公平性

税收优惠政策大多只对盈利企业有效，对没有应纳所得额的新成立企业和中小型盈利能力弱的企业作用不大。首先，税收优惠政策没有针对不同规模企业实行差别税率，税收优惠政策对中小型企业重视不够，小微企业在购进固定资产方面不能享受抵扣进项的优惠。我国现行的税收优惠政策主要针对大集团、大企业，小文化创意企业在购进固定资产等方面享受不到抵扣进项的优惠，造成小企业税负较重。而中小型企业因为其机制灵活、适应能力强、富有创造力等特点，在解决就业问题、推动产业进步、保持社会稳定方面具有巨大的作用。目前扶持文化产业的税收政策主要围绕鼓励经营性文化事业单位和财政部门拨付事业经费的文化单位转制为企业，为此制定了增值税、企业所得税等一系列的税收优惠政策。可以看出，税收优惠的适用范围具有局限性，并不是适用于所有的文化企业。更多的文化企业必须承担和制造业相当的税负。

其次，税收优惠政策对文化创意产业结构的导向性不强。目前，北京市的税收优惠政策主要以文化艺术、软件开发、电影电视为主，其他简略提及，未能体现出扶持高端文化产业的政策方向，游戏动漫、数字技术、会展和新媒体这些高端产业都是具有较大增值潜力和产业关联度高的高端文化创意产业。尤其在数字内容和动漫行业会展业以及新媒体等行业，缺乏体现行业特点的税收政策。以航美传媒为代表的广告业为例，依据相关税法缴纳教育费附加文化事业建设费，并且在实际的经营过程中使用广告业专用发票，但是随着广告业的发展，企业经营的范围已经不仅仅局限于单一的广告媒体内容，需要从相关媒体购买大量节目内容，而媒体发票得不到抵扣，无形中加重了税负。北京具有得天独厚的文化底蕴和历史资源，文化旅游也应该作为重点发展产业之一。

（三）新兴文化创意行业的税收负担偏重

目前，我国的文化创意企业的税负和制造业水平相当，企业的税赋水平偏高。如文化创意产品的创意策划、知识产权与人力资本等无形投入要素，广告的策划创意成本、剧本的编制成本、动漫产业的购买支出成本均不得进行进项税抵扣，这无疑加重了企业的税收负担。相比文化创意产业发达国家大都对本国文化创意产业核心产业实行低利率甚至零利率，我国税负也明显偏重。如中国图书出版销售的增值税率为13%；而英国对于图书、音乐出版物销售不征增值税。我国只对电影行业发行收入免征增值税，而英国政府利用（80年后废除）税收为英国电影制作提供专项资金支持，为提高产业国家竞争力奠定了良好基础。

目前，我国的新兴文化创意产业的税负水平明显高于传统的文化创意产业，这不利于新兴的文化创意产业的发展。根据北京市的一项调查统计结果，得到文化创意产业中的主要代表性行业的税收负担水平，见表5-6。

表5-6　　北京市文化创意产业的平均税负调查表

行业类别	调查户数（户）	平均税负（%）
软件、网络及计算机服务	12	8.2
新闻出版	2	3.5
广播、电视、电影	4	10.7
艺术品交易	3	8.6
设计服务	6	11.8
文化艺术	4	6.5
其他辅助服务	2	9.3

资料来源：李琨．促进文化产业发展的财税政策研究［M］．北京：中国税务出版社，2013.

从调查结果可以看出，税负水平最低的是新闻出版，原因是新闻出版企业为近期转企改制的重点，绝大多数新闻出版单位完成改制后，达到了相关政策的条件，享受到了经营转制文化企业的税收优惠政策，税负水平大大降低。设计服务、广播电影电视，以及其他辅助服务业等新兴文化产业的税负明显偏高，其原因是缺少切实有效的税收优惠政策。税收优惠政策导向作用不突出。①

（四）相关的税收优惠政策尚未形成体系

1. 现行增值税对文化产品存在重复征税

目前，我国对在境内销售的文化产品统一征收增值税，而文化产业的资产大多体现为知识产权、人力资本、品牌等无形资产。现行的增值税在一定程度上存在着对文化创意产品重复征税问题。文化产业属于知识经济和创意经济，其资产大多体现为知识产权、品牌价值、人力资源等无形资产，在这些无形资产的开发和交换过程中，智力投入往往占文化创意产品成本的绝大部分，但是企业在纳税时对这些投入并不能抵扣，具体见表5-7。这种重复征税，在一定程度上难免会扭曲税收政策，加大文化产业的生产成本和投资风险，导致部分行业的总体税负较高，如出版行业要缴纳13%的增值税、25%的所得税、7%的城市维护建设税、3%的教育费附加，重复征税与行业税负较重打击了相关企业生产和投资的积极性。

表 5-7 文化创意产业增值税重复征税的项目

行　业	未能抵扣进项税额的项目
出版业	稿费及版税
影视制作业	剧本创作、制作成本
广告业	广告创意成本
艺术品业	购买艺术品支出成本
演艺业	剧目创作成本
动漫产业	产品创作、购买支出成本
报刊业	稿费

资料来源：国家发展改革委体改所“文化产业财税政策研究”课题组．调整文化产业税收政策的若干建议［J］．中国经贸导刊，2007（6）：29-30.

① 李琨．促进文化产业发展的财税政策研究［M］．北京：中国税务出版社，2013.

2. 文化产品中的差别税率政策设计过粗[①]

由于我国经济发展的差异性，文化产品的需求在区域、服务对象等方面也会出现相应差异，不加区分地实施统一的税收优惠政策，实际激励效应会出现较大偏差，如在市场较为成熟及需求较大的大城市，税收扶持政策能发挥作用，而在需求量小、市场狭窄的地区，税收扶持作用难以发挥。

3. 文化产业中研发成本的风险分摊不足

与一般企业一样，文化企业的竞争力与市场占有率来自研发力量的贡献，但从我国的情况来看，文化产品的竞争力取决于对传统文化的挖掘程度与文化创意产业的发展状况，两者都需要进行大规模的研发投入，而它们的开发成本和所面临的风险并不能在计算企业所得税时得到充分体现，从而导致了文化产业的行业税负普遍较重，在某种程度上抑制了文化产业的发展。

4. 优惠手段的单一性制约了文化企业产业链的延伸

事实上，文化产业的发展是产业的延伸与拓展，是产业群的发展。文化企业设立、产品开发、融资、产品服务、产品营销等都是文化产业链中的重要环节，对任一环节的忽视都可能影响文化产业的发展。而我国现行文化产业的税收优惠政策中，对设立、产品营销、研发、产品服务等缺乏前后呼应的配套政策，优惠手段单一，不利于提升文化企业的竞争力。

① 中小文化企业税收困境：税负较重，重复征税——中新网［EB/OL］. http：//www. chinanews. com/cul/2011/06-08/3097934. shtml.

第六章

东部地区财税政策支持文化产业发展的主要做法

第一节　东部地区代表性省市的主要做法

对于文化产业的发展，政府财税政策的支持具有重要的推进作用。我国政府为促进文化产业发展颁布了一系列政策，文化产业发展得到了政策性支持；随着改革开放和社会主义市场经济的逐步发展和完善，促进了国内与国外以及国内各地区之间的文化产业的交流与发展，文化产业已经不仅仅局限于传统的文化产业类型，更多的是文化产业链条的升级与改造，文化产业的创新与集聚化发展等。目前、我国东部沿海地区与中西部地区相比，文化产业发展处于领先位置。东部地区由于地处沿海，交通便利，文化产业兴起较早，现正处于快速发展时期；同时、东部地区文化产业的快速发展与其地理位置和交通发达程度紧密相关，沿海开放的环境以及海陆、陆路运输的发展加速了文化产业的发展。我国东部地区文化产业发展呈现出以珠三角、长三角和环渤海经济圈三个地区为主要发展区域，并且逐步向四面辐射的发展模式。其中财税政策支持文化产业发展较有成效的主要有广东省、江苏省、上海市、天津市、辽宁省。下面着重介绍这几个省市在发展文化产业的过程中政府财税政策的主要做法。

一、广东省财税政策支持文化产业发展的主要做法

广东省地处珠三角区域，有着得天独厚的地理位置优势，相对开放的自然环境和文化产业发展的宜居地带。近年来，广东省十分重视文化产业的发展，并且已经在广州、深圳等主要城市进行文化产业试行试点，21 世纪对于广东省来讲，是转变经济发展方式和实现经济转型的重要时期，文化产业是促进广东省经济发展方式转变的重要组成部分。广东省政府制定了相应的财政政策和税收政策以促进文化产业的快速发展，带动整个广东省的经济转型。据统计，2009—2012 年，广东文化产业法人单位增加值年均增长 15.04%（现价），高出同期全省 GDP 增长率（按不变价为 10.0%），占全省 GDP 比重由 4.33%增加到 4.74%，为拉动经济增长和推动全省产业转型升级做出了重要贡献[①]。

（一）完善投入机制

广东省文化事业发展“十二五”规划中，政府部署了完善投入机制的工作。主要是运用一些财税政策和相应的财政调节手段调控文化产业的发展。对文化事业建设，省政府明确要求完善文化事业发展的财政保障体制，形成政府引导为主，社会力量参与为辅的多元化发展模式。省、市、县、街道、行政村五个级别财政投入的文化事业经费都应该随着当地经济发展和财政收入的增长有所增加。据统计，2011 年广东省的文化事业经费占本省财政支出的 1%左右，在广东省文化事业建设“十二五”规划中，2011—2015 年广东省需要投入 250 亿元以上的财政资金，主要用于广东省的文化产业发展。省财政厅预先做好预算管理工作，有针对性地规划文化事业费的支出，协调好本级与下级政府的文化事业建设支出；并且提高财政资金的使用效率，全面着力落实专项资金，重点扶持一些重点文化项目。同时

① http://www.gdwh.com.cn/whwnews/2014/0513/article_ 20012.html 广东文化网.

采用财政资金转移支付的方式，增加对贫困地区以及边远地区和少数民族地区的文化资金投入。

（二）设立文化产业发展专项资金

根据《广东省文化产业发展专项资金管理暂行办法》（粤财教〔2009〕334 号）的有关规定①，设立的文化专项基金，为大部分的文化企事业单位的发展创造了一个更好的平台，减轻了文化企业发展的资金负担，同时也带动了文化企业发展的积极性和能动性。

（三）增加对文化事业宣传的财政支出

广东省政府于 2003 年 12 月 17 日印发《关于深化文化体制改革建设文化大省的若干配套经济政策》，提出要加大文化事业宣传的力度，并且要增加对宣传文化事业的财政支持。从 2003 年起，宣传文化发展的专项资金应该以 2002 年财政实际拨付数为基数，此后按照这个基数每年增长 6%的文化事业宣传基金。这样有利于调动文化企业发展的积极性，让更多的人重新认识并了解文化产业，利于开拓市场，拉动消费，提升公民的科学文化水平。并且在 2004—2008 年间，对于文化发展专项资金和文化事业建设费集中办大事以外的部分，每年还会投入 1000 万元应用于文化艺术创作、文化人才培养、文化课题研究领域，促进文化产业的协调发展。

（四）深化文化体制改革

广东省政府于 2011 年出台的《广东省文化产业振兴规划》中明确提出深化文化体制改革。政府需要在文化领域快速转变政府职能，加快政企分离、政事分离、政资分离、官办分离等组织形式的分离，凸显出政府在市

---

① 对于广东省内注册登记的并且具有法人资格的文化企事业单位符合相关要求的都可以申报文化产业发展基金。文化产业发展专项基金主要是用于重点文化项目以及产业园区的发展，资助范围较广，涉及文化产业的诸多领域。譬如，文化传播网络建设、数字出版、动漫游戏、数字娱乐；图书、音响和电子出版物；电影、电视剧、广播剧；文学艺术、工艺美术、文化产品、大型文化会展、文化科技核心技术等内容。主要采取专项补助、贴息和奖励的方式鼓励并支持广东省文化产业的发展。为了更有效地发挥文化产业专项基金的指导性作用，鼓励文化产业项目通过贷款等方式进行融资，在现有年度着重鼓励贴息项目的申报和进行。

场监管方面以及公共服务方面的指导性作用。加快公益性文化事业单位劳动人事、收入分配、财务管理和社会保障制度的改革，推进全域聘用和岗位管理制度①。同时，政府加快文化企业转制改革的步伐，力争全面完成新华书店、电影发行放映单位、重点新闻网站等文化事业单位的转制，并且对非时政类报刊和国有的文艺团体进行改革，在转制改革的单位建立现代化的企业制度，增加投资主体，使得投资主体朝多元化方向发展。此外，在文化事业单位转制的同时，还要注重加强文化资产的监管，创新国有文化资产管理体制，加强经营性国有文化资产的管理，健全文化市场的监督管理机制，确保文化市场健康发展。

（五）加大财政资金支持力度，建立多元化投融资机制

为了响应《国务院关于非公有资本进入文化产业的若干决定》（国发〔2005〕10号）和《文化部、国家广播电影电视总局、国家新闻出版总署、国家发展和改革委员会、商务部关于印发〈文化领域引进外资的若干意见〉的通知》（文办发〔2005〕19号）的号召，广东省政府鼓励文化产业引进外资并筹集社会资本，允许社会资本和外商资本投入到政策允许的文化产业领域内。此外，政府还支持社会资本投入广东省文化事业单位改制，一些书报刊分销、艺术品等企业采取外商投资设立的形式来发展文化产业。当然，引进外资和社会资本是文化产业融资的两种途径，政府还鼓励创新更多的文化产业投融资机制，建立多元化的投融资机制。强化金融机构对于文化产业的优惠政策，创新贷款融资方式，开发多元化的信贷产品和金融服务，力求让更多的文化企业受益，并且在国家政策允许贷款利率浮动范围内给予相应的利率优惠。推动金融机构开发一些适合文化企业发展的贷款担保业务，鼓励金融机构对中小企业开展“捆绑式”融资业务②。建立一批文化企业投融资平台，推进广东南方文化产权交易所、深圳文化产权交易所等文化创意产业投融资平台和其他文化知识产权交易市场的建设，真正解决文化企业融资难等问题。最终形成政府引导投资、金融机构提供

① 关于加快提升文化软实力的实施意见（粤办发〔2009〕22号）。

② 广东省文化产业振兴规划（2011—2015）。

贷款、民间资本投资、文化企业上市融资的投融资发展模式，突破文化企业发展紧紧依靠政府扶持的传统模式，给予企业更开放的发展空间。

（六）增加财政投入，促进农村文化产业发展

广东省大部分农村地区文化产业还处于萌芽阶段，并且处于财政投入少、文化人才匮乏、文化消费不足的艰难处境中。首先，政府针对农村文化产业所处现状，结合本地特色资源，开发了“文化+旅游”“文化+科技”等发展模式，依赖本土人才进行市场化运作，财政政策对于重点项目给予支持。其次，开发保护本地资源，将旅游业、影视业、制造业相融合促进文化产业的发展，实现良性循环。再次，政府注重对于本地文化产品创作及创新形式给予财政政策的支持和保护，维护文化产业的知识产权和高端创意产品。最后，解决发展所需的资金链条。一部分靠政府加强财政投入，另一方面加强区域之间的文化交往，引进外借资本，解决资金难题。中共广东省委办公厅、广东省人民政府办公厅出台的《关于加快提升文化软实力的实施意见》（粤办发〔2009〕22号）[①] 提出了推动农村文化产业发展的相关措施。

（七）“文化走出去”战略

由于广东省所处地理位置优越，毗邻港澳地区，同时又是珠三角经济圈的核心地带，海路运输、陆路运输、航空运输体系发达，为文化产业的发展提供了有利的外部环境。广东省处于我国沿海地区，国家一直鼓励广东省发展成为文化强省，响应“一带一路”的政策，大力发展文化的对外贸易，实施“文化走出去”的发展战略。广东省文化产业发展的税收政策在遵循国家财政局、文化部等相关税收优惠政策的前提下，通过一系列财税手段支持文化产业发展。譬如，在对外文化贸易领域，加强对外文化贸易基地和公共平台的建设。对文化企业开展国际管理体系认证、产品认证工作。落实国家的“营改增”政策，对增值税征税范围内的文化服务出口采取零税率的税收优惠政策，对于我国重点鼓励发展的文化产业予以增值

---

① 该文件提出实施基层文化设施覆盖工程，对省、市、县、乡镇、行政村五级公共文化实施网络化，完善乡镇综合文化站的建设，推进“农家书屋”“社区书屋”的建设，建设城市“十五分钟文化圈”和农村“十公里文化圈”。

税零税率的优惠政策。对于国家级从事外包业务的文化企业，只要符合国家对于技术先进性文化企业的认定条件，所得税都可以享受15%的优惠税率，并且职工教育薪酬不超过工资薪金总额的8%都可以税前扣除。这一税收优惠举措很大程度上带动了广东省的文化产业发展。此外，对于符合条件并且国家鼓励出口的文化产品，相关部门落实出口退税政策以及关税的相关政策，使得税收优惠政策真正地惠及文化企业。

二、江苏省财税政策支持文化产业发展的主要做法

江苏省作为我国东部沿海地区文化产业发展强省，有其独特的发展模式。自“十一五”规划以来，江苏省投入大量财力、物力及人力，重点发展文化产业。政府为推动文化产业发展出台了相关的财税政策。如江苏省文化厅等部门出台了《关于加快动漫产业发展若干意见的通知》（苏政办发〔2006〕129号文件），以及《江苏省人民政府关于加快文化产业振兴若干政策的通知》（苏政办发〔2010〕75号文件），相关文件对文化产业提出了明确的发展要求。此外，在遵循国家统一税收优惠政策的前提下，地方税务局着力扶持文化产业的发展，制定了一系列适用于江苏省文化产业发展的税收优惠政策，这些政策既能突出重点、又能覆盖全面，使得更多的文化企业享受到税收优惠。江苏省对于文化产业发展所执行的财税政策主要有以下几方面：加大财政投入，优化财政扶持方式；构建公共文化体系，保障城乡文化产业发展；积极发展文化产业园区等。

（一）加大财政投入，优化财政扶持方式

第一，江苏省政府加大财政投入。“十一五”期间，江苏省文化体育传媒支出总计323亿元，年均增长幅度达25.1%，文化体育传媒支出占省财政支出的1.99%，高于“十五”期间1.68%的比例①。2014年，全省（文物）行政事业单位的拨款总额为50.23亿元。全省人均文化事业费43.21元，全

① http://www.mof.gov.cn/xinwenlianbo/jiangsucaizhengxinxilianbo/201111/t20111108_605954.html.

国排名14位。各级财政对艺术业、图书馆、群众文化业、其他文化业、文物业等投入占总投入的比重分别是12.4%、14.0%、23.5%、25.9%、24.2%[①]。“十二五”期间，在《江苏省人民政府关于加快文化产业振兴若干政策的通知》[②] 中提出相关意见。同时财政投入资金突出重点，有针对性地投入重点发展项目中，鼓励江苏省的文化企业进行省内或者是跨区域的兼并与重组，优化整合文化资源，促进文化资源配置。进一步深化文化体制改革，支持国有控股的文化企业股份制改造，打破传统的国家主导文化产业的发展模式，开辟出以政府引导为主、文化产业发展逐步市场化的新的发展途径。基于江苏省是长江三角洲地区文化创意集聚地区，不断完善相关财税政策，促进文化产业园区的建设，突出地区发展特色。根据江苏省得天独厚的地理位置优势，并且遵循江苏省文化产业目录基本情况，推动文化产业创新，支持新产品和新技术的研发与改造，鼓励文化产品与服务的出口等。

第二，设立文化产业发展专项资金。为促进江苏省文化产业发展，着力将文化产业打造为新时期的经济发展支柱，江苏省作为全国文化产业发展试点地区，紧跟国家政策，设立文化产业发展专项基金。在江苏省文化产业振兴规划中指出：继续安排省级文化产业发展专项引导资金，并且资金规模随着经济发展和财力增加逐步扩大。江苏省文化产业发展资金由2007年的1亿元增长到2010年的2亿元，据江苏省财政厅统计，2013年省财政预算的文化产业发展资金达到2.6亿元，比2012年增加了6000万元，增幅达到30%。自设立文化产业发展专项资金以来，相关部门不断地完善专项资金的管理考核制度，确保专项资金能够发挥调教文化产业发展的作用，严格按照审批流程控制专项资金的来源和去向，提高专项资金的使用效率。近年来，文化专项资金主要是用于支持文化产业重点项目及文化产业园区的建设，通过贷款贴息、补贴、奖励等方式重点支持动漫、影视、

① 江苏省2014年文化发展情况分析。

② 各级政府需要将文化产业作为财政资金重点扶植领域，增加对文化产业发展的资金投入，在一定程度上为文化产业发展提供资金支持和资金保障。财政资金的投入主要可以通过贷款贴息、重点项目给予奖励补贴、设立补充资本金、设立文化产业发展基金以及创新担保方式等途径发放到各文化单位和文化企业。调动文化单位和文化企业发展的积极性，推动文化产业创新，加速文化产业的市场化进程。

出版、演艺、网络、文化创意等领域的发展；并且带动地区特色，增加对舞台艺术工程的生产和推广，推动江苏省舞台艺术精品的发展。专项资金作为财政投入的重要组成部分，进一步加速了江苏省的发展进程，巩固了江苏省文化强省的地位。

第三，整合文化资源、培育重点骨干文化企业。现阶段，针对江苏省文化资源布局分散、集聚性较差等现状，省政府倡导优化整合文化企业资源。首先，通过税收优惠政策，通过返还部分税金的形式壮大文化企业。例如，省财政通过返还营业税金的方式，整合江苏省的电视网络资源。将江苏省的广电总台部分入股到江苏省广电网络公司，这样使得江苏省广电网络公司发展成为全国拥有有线电视用户最多的网络供应商。其次，采用贷款贴息、购买服务的方式支持骨干企业的发展。2006—2010 年，江苏省投入了 4.96 亿元用于支持江苏省国际级图书中心、新华书店发行、凤凰集团改制等重点项目。再次，江苏省还实行了政府与企业共同出资创办文化企业的方式，培育一批重点文化企业。最后，对于重点、骨干文化企业，不仅提供财政支持，还推动文化与科技融合，大力发展广播电视、网络广播电视、文化创意、动漫、数字出版等新兴文化业态①。积极推进三网融合，并且给予各项税收优惠政策；推动文化企业组建新的集团公司，壮大企业发展规模，提高文化企业的集聚化程度；利用其地理优势落实鼓励文化产品和服务出口的优惠政策，打造一批重点、骨干的文化企业。

第四，创建多元化投融资平台。江苏省为建设多元化的投融资体系，做出了相应努力。设立了财政专项资金、创投基金、文化发展基金，并且创新担保方式、引入银行贷款等。出资初始规模为 20 亿元的省级文化产业发展投资基金，投资于动漫、演艺、媒体、网络等重点领域。同时积极吸引社会资本和外国资本，通过独资、合资、合作等方式为文化产业发展融积资本；鼓励金融机构创新，开发新的信贷产品，支持更多有发展潜力的文化企业在主板和创业板上市融资，解决企业融资困难问题；并且放宽政策，允许相关机构作为担保使得文化企业公开发行债券。根据市场机制建立文化产业风险投资机制，重点支持具有发展优势、成长较快的文化企业。

---

① 《江苏省人民政府关于统筹社会力量加快文化产业振兴若干政策的通知》。

（二）构建公共文化体系，保障城乡文化产业发展

一是完善文化基础设施。近年来，江苏省政府加大财政投入，出台了相应的税收优惠政策，建设了一批省重点文化设施项目。例如，江苏广电城、南京图书馆新馆、南京奥体中心、省科技文化中心等。这些文化基础设施的建设有利于满足人民的物质需求，充分发挥文化产品的公益性特征。此外，为了避免城乡文化产业发展差距过大，兼顾地区发展特征，按照最基本的发展要求，实现了完善的公共文化服务体系。[①] 不仅带动了全省各地区文化产业的发展，同时还缩小了城乡差距，促进社会主义文化大繁荣大发展。

二是开展文化惠民工程，为城乡居民提供优质免费的文化服务。2006—2012 年，江苏财政积极推进文化惠民工程，累计投入 2. 38 亿元，通过政府购买服务的方式向文化产业发展较为薄弱的农村及偏远地区开展“三送工程”(送电影，送戏，送科普书籍、杂志)。安排财政资金作为农村文化活动经费，鼓励农村地区开展文化表演活动，极力改善农村落后的文化局面。同时，丰富文化娱乐活动，通过流动舞台车安排大量的文艺演出活动，丰富群众的文化生活。政府还安排流动图书馆、流动文化站赠阅图书，安排文艺演出等。政府安排财政资金通过购买文化产品和文化服务的方式真正惠及百姓。随着文艺广播产业的发展以及江苏省影视广播资源的优化整合，有线电视已经进入寻常百姓家。这些惠民工程带动了江苏省整体文化产业的发展，经济效益、社会效益都有所增长。

三是免费开放公共文化设施。目前省政府非常重视公共文化设施的开放工作，倡导公共文化设施对外开放。据统计，2008—2012 年，省财政结合中央财政发放 10. 04 亿元用于公共基础设施开放工程，支持全省 400 多家公共文化设施单位全面对外开放。这些文化单位主要是图书馆、博物馆、纪念馆等。

四是对文化遗产进行保护。江苏省政府每年都会安排财政资金用于文

---

① 即市有三馆（博物馆、文化馆、图书馆），县有两馆（文化馆、图书馆），乡有一站（综合文化站），村有一室（文化室）的公共文化服务体系。

化遗产保护工作，并且在2013年出台了《江苏省非物质文化遗产保护条例》，省政府和文化部门都非常重视文物保护工作。截至2014年年底，全省共有各级非物质文化遗产保护机构175个。各级保护单位数量都有所增加。“十一五”期间，江苏省财政结合中央财政补助设立了文物保护专项资金达5.18亿元，并且积极探索建立文物保护专项基金等多元化的投入机制，统筹社会力量，引入大量的民间资本，共同参与当地文物保护事业。对苏北经济欠发达地域给予财政政策的倾斜，增加财政转移支付，尽可能地增加政府购买文化产品或服务；各级政府加强对文物保护经费的监督和管理，并将其归纳到考核地方政府的范围内，确保文物保护专项经费使用真实有效，促进当地文化产业的发展。

五是引进人才，提高公共服务质量。按照存量优化、增量优选的原则，重视公共文化服务体系的人才建设，完善机构编制制度，对准入人员进行严格的审查与考核。鼓励大学生当村官，到一些重点高校及机构引进现代化人才，并定期组织员工进行知识拓展与培训，增强文化服务者的服务质量。省政府重视文化人才的引进与培养，从各地招揽优秀的文化人才投入公共文化事业中，并且着重培育一批具有公共文化策划能力、管理能力“一专多能”的复合型人才①。提供更多的城乡公共文化服务岗位，鼓励文化人才到基层为群众提供优质的公共文化服务。同时，省政府重视文化人才的工作编制及工作待遇，落实好相关工作，稳定了公共服务人才队伍。定期对文化人才进行培训和实地考察，建立健全文化人才考核制度，培育出一批优秀的具有责任心的文化人才。对于较落后的农村及偏远地区，给予更多的政策优惠，到革命老区进行文化人才培养，培养其历史责任感和新时代发展文化产业的历史使命感。

（三）积极发展文化产业园区

江苏省是长江三角洲文化创意集群的重要地区，省政府注重对文化产业园区的建设。目前，江苏省文化产业园区的数量大约在100多家，在全国排名第三。这些数字说明了江苏省文化产业园区的发展规模较大、发展速

① http：//www. jscnt. gov. cn/gk/zd/fz/201309/t20130917_ 19574. htm.

度较快。2013 年，江苏省文化部出台《“十二五”时期公共文化服务体系建设纲要》，文件指出：要继续完善文化示范园区的创建工作，严格控制文化园区准入制度，优化并健全对示范区的项目申报、工程验收及创建流程。同时加强对示范区建设工作的动态管理。实施对示范区的文化发展工作进行监督和考核，定期验收示范区项目工作，并向上一级政府进行工作汇报总结。发挥示范区的带动作用，创建独具特色并且具有发展引导力的示范园区，在全省甚至是全国推广；总结示范区发展经验，通过信息平台与其他省市进行经验交流与分享，促进示范区的发展。

省政府在文化产业发展规划中提出加强文化产业园区和基地建设。研究制定建立文化园区的创建及认定标准，并且对文化园区进行评选。对一些符合发展要求的文化园区项目，在园区基础设施建设、土地使用、税收政策等方面给予支持。着力打造一批产业创意研发、产业孵化、产品交易、人才培训为一体的示范园区①。各地区对于文化产业园区建设给以基础设施保障和用地保障。优先提供文化创意园区创建所需的基础设施，并预先规划统筹文化园区创建用地面积，确保文化园区建设顺利进行。对于国有文化企业改制后，符合条件的仍然可以根据改制前政策按划拨方式使用土地；不符合条件的经相关部门作价评估，转增为国家资本。

三、天津市财税政策支持文化产业发展的主要做法

天津市地理位置优越，位于环渤海经济带。近年来随着京津冀一体化进程的加快，天津市的文化产业加速发展，协同北京、河北地区共同进步，优化整合文化资源，发挥地区特色和优势，天津市政府为促进文化产业发展出台了一些政策文件，包括《天津市人民政府办公厅关于鼓励和支持我市文化产业发展的实施意见》（津政办发〔2011〕52 号）、《天津市文化产业发展“十二五”规划》。天津市政府为推动文化产业发展，通过财政政策和税收政策引导文化产业发展，主要有以下内容。

---

① 江苏省文化产业发展规划。

（一）加强政府引导，增加财政扶持力度

各级政府重视文化产业发展，为将文化产业打造为天津市经济发展支柱产业，将文化产业纳入到天津市整体发展规划中，作为考核天津市领导班子发展业绩的重要考核内容。逐渐建立以政府引导为主，社会各方积极配合的文化产业发展模式。政府在文化产业的发展中起引导带头作用，负责宣传组织文化工作，调动社会各界参与的积极性，凝聚社会力量。

随着天津市财政收入的增加，市政府对于文化产业的支出逐年增长，加大了对文化产业的财政扶持力度。2015 年，天津市财政拨款支出预算共计 80048.1 万元，基本与 2014 年持平。政府强调要重点发挥财政资金的引导作用，设立文化产业专项资金，培育骨干、重点文化企业，使文化企业向规模化集约化发展。继续开展文化产业园区和文化产业示范区的建设工作，推进先进科技的研发，用好用活滨海新区先行发展的经验，并推广到天津市其他地区①。积极探索新的融资模式，拨付财政资金设立文化产业发展基金。与此同时，天津市政府加强与金融机构的合作，鼓励银行、信贷信托公司、中介公司、保险公司等机构投入资金应用于文化企业的建设中，大大减轻了企业负担，解决了融资问题。并且同其他地区一样，允许开发新的资本融资方式，如发行股票债券、私募资金、担保换期权等新的融资方式，活跃文化资本市场，促进更多符合条件的文化企业上市，公开募集资本，壮大企业规模。引入民间资本和国外资本，活跃文化资本市场，鼓励社会资本在符合条件的情况下参与国有文化企业的股份制改造。

（二）构建现代文化公共服务体系

天津市政府已经出台印发《天津市关于加快构建现代公共文化服务体系的实施意见》《天津市基本公共文化服务实施标准（2015—2020 年）》。政府致力于构建公共文化服务的建设工作，提升公共文化服务的均等化水平，确保群众都能够享受到文化资源的公益性。首先，内部协调公共文化服务体系，政府根据设立的政府采购文化产品和服务的目录，制定政府采

① 天津市文化产业发展“十二五”规划。

购办法、采购范围等管理办法；同时建立文化下基层的制度，鼓励文化人才到基层提供文化服务；政府鼓励到基层举办文化艺术演出、公益性文化演讲，带动文化产业协调发展。其次，为丰富群众文化生活，天津市政府鼓励举办一些文艺评比大赛，推进快板文化、曲艺文化的发展，并开展“书香天津”全民阅读活动，丰富群众日常生活，提升群众的文化水平。最后，开展重点文化项目的惠民工程。如到农村地区免费进行电影放映，做好校园的电影宣传工作，建设乡镇电子阅览室，实现街乡镇的全面覆盖。将文化资金更多地用于民生爱心工程，普及文化公益活动，打造天津公共文化服务的品牌。

（三）财政扶持政策

首先，天津市设立了用于文化产业发展的专项财政资金，充分发挥其引导作用，市委宣传部及市财政局根据专项资金管理办法，采取贴息、补助和奖励的方式，支持文化企业的发展。其次，给予中小企业财政政策倾斜，允许科技型中小企业根据《中共天津市委、天津市人民政府关于加快科技型中小企业发展的若干意见》享受优惠政策。重点发展广播电视产业，加快城镇电影院建设，倡导各种资本投入到影院的建设中，对于新建或者是改建的影院给予资金支持。再次，政府引导信用担保基金管理中心为文化产业发展提供担保，创新担保方式、降低担保条件，可以采取分保、联保和再担保的方式，为文化企业提供融资担保服务①。最后，鼓励文化产业创新，将文化与科技相结合、文化与旅游相结合，支持新兴业态的文化创意产业发展，安排专项资金促进特色旅游村的创建。

第二节　东部地区支持文化产业发展的财税政策评析

东部地区各省市为促进文化产业的发展都采取了相应的财政政策和税

① 《天津市人民政府办公厅关于鼓励和支持我市文化产业发展的实施意见》（津政办发〔2011〕52号）。

收政策，他们之间有共性也有个性。其财税政策的大原则和大方向符合中央政府政策，同时又根据各省的实际情况采取适合本地文化产业发展的财税政策。财税政策对于促进文化产业的发展具有重要的作用，财税政策引导文化产业的发展方向，为文化产业发展提供良好的外部环境，同时予以资金上的支持和保障。此外，我国倡导“文化走出去”战略，加强我国文化与世界文化的联系与沟通，完善并且升级我国新的文化产业链条，促进文化产业的创新与科技创新，增强我国文化的总体竞争力，使其成为新的经济制高点。

一、财税对文化产业的扶持力度加大

随着我国文化大繁荣大发展政策的实施，中央及各省更加重视文化产业的发展，其中东部地区的广东省、江苏省、天津市作为文化产业发展较快的省市，其对文化产业的财政投入力度加大，对于文化事业发展的预算资金有所增长，并且不断提高文化事业支出占财政预算支出的比重。

据广东省文化厅统计（见表6-1），2012—2015年整个文化部门的财政总支出呈增长态势，说明省政府非常重视文化产业的发展，在每年的财政预算中都增加了对文化部门的预算支出，其次在部门中占比重最多的就是文化体育与传媒支出，比重在75%左右，文化事业的发展是文化部门发展的核心，部门预算支出对于文化体育与传媒的支出也在逐年增加，这说明广东省对于文化产业发展所采取的财税政策是持续的和发展的，而对于文化产业的财政投入力度加大，在一定程度上促进了文化产业的快速发展。

表6-1　　2012—2015年广东省文化事业部门预算支出　　单位：万元

年份	文化体育与传媒支出	文化部门财政总支出	文化传媒支出占文化部门总支出的比重（%）
2012	30358. 96	39196. 54	83. 87
2013	30500. 24	41993. 14	72. 63
2014	34858. 38	47637. 19	73. 17
2015	41841. 74	55836. 28	74. 93

数据来源：广东省文化厅。

根据江苏省财政厅发布的公共财政预算支出的数据来看（见表6-2），总体上省政府加大了对文化体育与传媒发展的财政投入力度，2011—2014年，随着公共财政支出的快速增长，文化体育与传媒的公共财政支出规模也在增长，由2011年的936902万元增长到2014年的1638362万元，增幅较大，增长速度较快。说明江苏省的文化产业发展后劲十足，无论是部门预算还是一般财政支出预算，文化事业的财政预算支出都有所增长，政府通过增加文化事业的财政预算支出，在专项资金支出和项目支出方面突出重点，合理提高资金的使用效率，运用相关的财税政策引导和推动文化产业发展。同时，文化事业支出占公共财政总预算的支出也在逐年增长，但是仍未达到我国短期目标3%。相对于其他省市来讲，江苏省文化支出占财政预算总支出的比重较高，大多数省份的文化支出占财政预算支出的比重为1%左右。

表6-2　　江苏省公共财政预算支出中文化体育与传媒的支出　　单位：万元

年份	文化体育与传媒支出	公共财政支出	文化体育与传媒支出占公共财政支出的比重（%）
2011	936902	55624718	1.68
2012	1259031	68919271	1.82
2013	1475857	76040545	1.94
2014	1638362	82672225	1.98

数据来源：江苏省财政厅。

通过天津市财税政务网站数据信息显示（见表6-3），天津市用于文化事业发展的财政支出规模不断增大。从预算来看，从2011年的175420万元增长到2014年的291010万元，增长速度较快。从决算来看，决算总体规模与预算支出规模相符，有一定的调整量，总体上对于文化事业发展所用的财政资金执行情况较好，实现了财政资金的优化配置。同时，从与上年决算增减指标来看，数字增幅较大，但是呈下滑趋势，说明2011—2014年政府对于文化产业发展所投入的财政资金增幅较快，支持力度不断加大；但是从长远来看，对于文化体育与传媒项目的财政支出还应该有所增加，这样才能推动文化产业的可持续发展。

表 6-3　　天津市文化体育与传媒预算决算表　　单位：万元

年份	文化体育与传媒预算	文化体育与传媒决算	比上年决算增减（%）
2011	175420	173810	25.8
2012	235980	213633	22.9
2013	250900	255156	19.4
2014	291010	285255	11.8

数据来源：天津市财税政务网。

二、财税政策促进地方经济发展，带动就业

（一）广东省文化产业发展状况及就业水平

广东省政府十分重视文化产业的发展，将文化产业提升到战略发展地位，并且出台了相关政策和文件。在文化产业领域，着力打造一批具有创新科研能力的骨干文化企业和重点文化企业。近年来，广东省已经形成了以新闻出版、广播电视、印刷包装、文化创意、网络文化、珠宝艺术、会议展览、用品制造等相对比较齐全的文化产业体系。广东省政府加大对文化产业的财政投入力度，随着文化产业的快速发展，反作用于广东省积极的发展。据统计，2013 年广东省的文化产业法人数量持续增长，截至 2013 年年底，广东省文化及相关产业法人单位的数量已经超过 10.4 万家（见表 6-4），全国排名第一。较 2012 年增加了近 2 万家，增幅为 25%。同时，2013 年的文化及相关产业的法人单位创造的文化产业增加值达到 3011 亿元，较 2012 年增加 305 亿元，增幅达 11.3%①。从以上数据可以看出，广东省文化产业发展速度较快。文化产业的发展带动了广东省整体就业水平。相关数据显示：2013 年，广东省文化及相关产业吸纳的就业人员达到 320 万人，就业人数较多。其中，广东省文化产品制造业吸纳的就业人数达 222.6 万人，占省文化产业法人单位从业人员的近 70%。说明文化产业的发展提高了广东省的整体就业水平，扩大了就业规模和就业数量。

---

① http：//www.gdstats.gov.cn/tjzl/tjfx/201412/t20141204_189161.html.

表 6-4　　2013 年广东省文化及相关产业法人单位数及构成

	法人单位（个）	构成（%）
一、文化产品的生产		
（一）新闻出版发行服务	1810	1.7
（二）广播电视电影服务	1114	1.1
（三）文化艺术服务	7028	6.7
（四）文化信息传输服务	2194	2.1
（五）文化创意和设计服务	33459	32.1
（六）文化休闲娱乐服务	8610	8.3
（七）工艺美术品的生产	12493	11.9
二、文化相关产品的生产		
（八）文化产品的辅助生产	18841	18.1
（九）文化用品的生产	16254	15.6
（十）文化专用设备的生产	2505	2.4
合计	104308	100

文化产业的快速发展反作用于国民经济，增加了广东省的税收收入，实现了经济的良性发展。从表 6-5 可以看出：近年来，广东省的税收收入在不断增长，从 2011 年的 7780 亿元增长到 2014 年的 10152 亿元，税收收入呈现大规模增长的趋势，税收的同期增长比率增幅较大，尤其是 2011 年，较 2010 年税收收入同期增幅达到 14.5%。以上数据充分说明了广东省经济发展状况良好。税收收入的增长是各个产业部门共同努力的成果，文化产业的发展无疑增加了广东省的税收收入。二者相互推动，共同进步。

表 6-5　　广东省税收收入情况　　单位：万元

年份	税收收入	增长（%）	增收额
2011	77801869	14.5%	9838400
2012	85225100	9.5%	7423300
2013	90267472	5.9%	5042300
2014	101522098	12.5%	11254617

数据来源：广东省国家税务局官网。

（二）江苏省文化产业发展状况及就业水平

一直以来，江苏省政府都非常重视文化产业的发展，并且一直致力于文化产业园区和文化产业示范区的建设工作。2014 年，南京秦淮特色文化产业园被命名为第五批国家级文化产业实验园区，标志着江苏省实现了国家级产业园区的零突破。此外，吴江静思园等三个示范园区被命名为国家第六批文化产业示范基地，常州恐龙园被命名为国家最具影响力的文化产业示范基地。这些成果的取得，离不开政府的政策引导和财税资金的支持。近几年江苏省政府为推动文化产业发展，组织承办了全国文化金融合作会议，加强文化与金融体系的合作，将文化更多地融入到多个领域，并且成功举办了第三届苏州创博会、第十一届常州动漫艺术周等，促进了文化产业的转型与发展①。2014 年，江苏省文化产业增加值为 3001 亿元，占江苏省 GDP 总值的 5%，在全国处于领先地位。

表 6-6 是近年来江苏省文化部门文化产业增加值情况。从微观来看，文化部门的增加值稳中有升，在 2014 年有所下降，整体发展有些波动；从宏观来看，文化及相关产业文化的增加值发展状况良好，从 2011 年的 1793 亿元增长到 2014 年的 3001 亿元，增长规模较大，增长速度较快。文化部门文化产业增加值占文化及相关产业文化增加值的比重较平稳，与文化部门文化产业增加值呈正相关。在未来的发展规划中，还需提升文化部门的文化增加值，促使文化及相关产业文化的增加值有更大的提升空间。文化部门的经济快速增长，相应地也会促进江苏省整个经济的发展。由于文化及相关产业增加值增长，必定会带来经济效益，增加税收收入，实现税收收入的规模增长，然后随着税收收入的增长，下一年可继续提高对文化产业的财政预算支出。总体来说，江苏省文化产业发展空间巨大，特色文化产业发展较好，在全国具有较强的竞争力。表 6-7 统计了三年来江苏省的税收收入完成情况，税收收入逐年增长，并且税收占财政预算收入的比重基本超过 85%，占比较大。税收收入增幅较快，保持在 10%以上，良好的税收增长状态为经济发展提供了财力支持。

---

① 江苏省 2014 年文化发展情况统计分析。

表 6-6　　近年来江苏省文化部门文化产业增加值情况

指标名称	2011 年	2012 年	2013 年	2014 年
文化部门文化产业增加值（亿元）	2. 54	3. 41	5. 97	4. 36
文化及相关产业文化增加值（亿元）	1793	2330	2701	3001
文化部门文化产业增加值占文化及相关产业文化增加值的比重（%）	0. 14	0. 15	0. 22	0. 15

表 6-7　　江苏省税收收入情况　　单位：亿元

年份	公共财政预算收入完成	税收收入完成	增长（%）
2012	5428. 48	4074. 80	11. 4
2013	6568. 46	5419. 49	13. 3
2014	7233. 14	6006. 05	10. 12

数据来源：江苏省财政厅。

表 6-8　　江苏省全省机构和人员构成情况

单位类型	机构数（个）			从业人员数（人）		
	2014 年	2013 年	增减（%）	2014 年	2013 年	增减（%）
总计	18473	18979	-2. 7	151578	158483	-4. 4
文化及相关产业	19258	18491	4. 1	120532	122125	-1. 3
艺术业	399	403	-1. 0	11140	12158	-8. 4
图书馆	114	113	0. 9	3034	3033	0. 0
群众文化服务	1395	1394	0. 1	7022	6917	1. 5
其中：文化站	1280	1278	0. 2	4927	4828	2. 1
艺术教育业	14	14	0. 0	891	896	-0. 6
文化市场经营机构	15630	16147	-3. 2	86299	92231	-6. 4
文艺科研	9	10	-10	104	110	-5. 5
文物业	417	410	1. 7	7115	6780	4. 9
其他	495	488	1. 4	35973	36358	-1. 1

数据来源：江苏省 2014 年文化发展情况统计分析。

表 6-8 是江苏省全省机构和人员构成情况，截至 2014 年，江苏省文化及相关行业的机构数为 18473 个，比上年减少 506 个。数量减少的原因在很大程度上是由于文化体制的改革，一些文化事业单位进行转制改革，或者是进行股份制改造等，使得文化相关机构数量减少。从业人员 151578 人，

比2013年减少6905人，具有高级职称（含副高）的人员占从业人员比重为2.32%。其中文化部门直属各类机构2382个，从业人员30276人。高层管理人员占从业人员比重较为合理，不过还需引进更多的文化人才，加入到文化产业的管理与创新工作中。从表中可以看出，机构个数和从业人员数在每个领域都是有增有减，从业人员较2013年有所下降，在一定程度上是受到新一轮经济危机的影响以及文化体制的深化改革，各部门各机构的资源整合，使得在短期内文化及相关产业从业人数有一定程度的波动，但是从长远来看，江苏省文化产业发展态势良好，一定会带动经济增长，扩大就业规模。

（三）天津市文化产业发展状况及就业水平

近年来，天津市的文化体制改革工作成果突出，公共文化体系逐步健全，文化产业发展蓬勃。截至2013年年底，天津市文化企业总数达到22670家，占全市企业总数的9.7%，全市“四上”文化企业达到1229家[①]。2012年，天津市文化产业增加值为1.8万亿元，文化产业增加值占GDP比重达3.48%；2013年，天津市文化产业增加值是2.1万亿元，文化产业增加值占GDP比重为3.77%。多年来我国文化产业增加值年均增速都在15%以上。天津市文化产业发展增速较快，具有广阔的发展空间，极具市场竞争力和国际竞争力。随着文化产业的快速发展，天津市的税收收入状况发展良好。表6-9反映了2011—2014年天津市税收收入情况，税收收入总量呈上升趋势。从税种来看，由于“营改增”政策的实行，使得增值税和营业税的税收收入变化较大，相应的税收增长幅度较上年变化较大。企业所得税整体增长较为平稳。总体来说，文化产业涉及较多的增值税、营业税和企业所得税的税收收入都实现了规模增长，说明文化产业的快速发展反作用于经济增长。对于文化产业发展所采取的财税政策最终还是取之于民，用之于民。不仅提升了群众科学文化素质，丰富了群众日常文化生活；而且还促进了天津市的产业升级及文化产业的转型。此外，文化产业的发展带动了天津市的就业水平，增加了就业规模，缓解了部分就业压力。

① http://cul.022net.com/2014/194/11/0316112946026252.html.

表 6-9　　天津市税收收入情况表　　单位：万元

科　目	2011 年	2012 年	2013 年	2014 年
税收收入	3515384	3754149	4993154	5720887
比上年决算增减（%）	28.7	6.9	23.1	14.7
增值税	541793	546256	954843	1113426
比上年决算增减（%）	20.5	0.8	59.3	16.5
营业税	1692322	1856523	2315520	2517269
比上年决算增减（%）	19.4	9.7	15.2	8.9
企业所得税	681203	709579	800661	888051
比上年决算增减（%）	61.7	4.6	5.3	11.2

三、公共文化服务不断完善

（一）广东省公共文化服务体系建设情况

广东省国民经济和社会发展统计公报显示表明①，广东省政府投入大量的财力、物力和人力用于公共文化服务体系建设，在场馆建设及文化演出方面成绩突出。并且，广播影视产业快速发展，已经基本覆盖农村地区和偏远地区，有线广播数字和有线电视发展迅速，丰富了群众的文化生活，改善了农村及边远地区的文化面貌。

（二）江苏省公共文化服务体系建设情况

据江苏省文化发展情况统计分析，江苏省公共文化服务成效显著。主要表现在四个方面：首先，公共图书馆发展良好。截至 2014 年年底，全省公共图书馆达 114 个，全省各级公共图书馆总藏量 6279.68 万册，电子图书 3781.72 万册。本年新增藏量 361.1 万册，新增电子图书 237.76 万册。书刊

① 截至 2014 年年底，广东省共有专业艺术表演团体（公有制）73 个，群众艺术馆、文化馆 147 个，县级及以上公共图书馆 137 个，博物馆、纪念馆 175 个。全省有广播电台 22 座、电视台 24 座。广播综合人口覆盖率和电视综合人口覆盖率均为 99.9%。有线广播电视用户 1983.85 万户，有线数字电视用户 1617.57 万户，分别比上年末增长 1.22%和 2.96%。全年出版报纸 41.04 亿份、各类期刊 1.68 亿册、图书 3.14 亿册。全省共有综合档案馆 143 个。

文献外借人次 3216.57 万人次，书刊文献外借 4481.44 万册次，同比分别增长 31.28%、12.1%。全省各级公共图书馆共有计算机 10026 台，供读者使用电子阅览室终端 5279 台；阅览室坐席 44782 个，其中少儿阅览室坐席 12291 个、盲人阅览室坐席 1084 个。其次，文化馆的数量在 2014 年底已经达到 115 个，从业人员 20959 人。全年组织文艺活动 9231 次，同比增长 6.02%。全年举办展览 1261 个，组织公益性讲座 1792 个，各级文化馆利用流动舞台车演出 1185 场次，观众达 112.94 万人。再次，文化站数量大增。2014 年全省共有文化站 1280 个，其中乡镇文化站 919 个，从业人员 4927 人。全年组织各类活动 6.07 万次，观众达 1474 万人次，文化站藏书 2619.2 万册同比增长 2.9%。最后，美术馆数量为 23 个，较上年增加 6 个，全部对外免费开放。并且全面举办展览 503 个，参观人次达 287 万人次。此外，共有广播电台 14 座、中短波广播发射台和转播台 21 座、电视台 14 座，广播综合人口覆盖率和电视综合人口覆盖率分别达 99.99% 和 99.88%。有线电视用户 2287.7 万户，比上年增长 1.9%。生产故事影剧片 14 部。全年报纸出版 28 亿份，杂志出版 1.2 亿册，图书出版 5.5 亿册。

（三）天津市公共文化服务体系建设情况

天津市投入大量资金用于公共文化图书馆、博物馆、文化馆的建设，并且鼓励开展公益性文化活动。广播影视行业发展较快，广播节目及频道增多，为群众带来更多更充实的文艺节目，同时电影票房快速增长，带动了整个文化产业的发展。

---

① 据官方网站统计，年末全市有艺术表演团体 51 个、文化馆 19 个、博物馆 22 个、公共图书馆 31 个。开展了形式多样的文化惠民活动，各文化场馆全年共举办展览 70 个、演出 350 场、文献外借近 270 万册，全年举办公益文化普及活动 890 场，受益市民达 60 万人次。全年摄制电影故事片 9 部。全市 276 个电影放映单位放映电影 70.66 万场次，观影人数 1899 万人次，票房收入 4.64 亿元。全市广播节目 10 个频率，市级电视节目 16 个频道。全年出版图书 5300 万册、报纸 7.84 亿份、杂志 3714 万册。

第七章

中西部地区财税政策支持文化产业发展的主要做法

第一节　中西部地区代表性省市的主要做法

随着大数据时代的到来和“一带一路”经济战略的提出，中西部地区文化产业发展的总体情况较为乐观，发展速度也有了进一步的提高。近年来，中西部地区将大力发展文化产业作为发展区域经济的主要路径之一，挖掘和开发当地的历史文化遗产，对具有较强竞争力的大型文化企业集团进行悉心培育。然而，与那些文化产业发展较发达的地区相比，中西部地区的发展还是较为落后的，本章选取中西部地区代表性省市——甘肃、青海、广西、江西和陕西等省市，分别探究其支持文化产业发展的相关财税政策，从中获取、总结和提炼出一些对发展文化产业有价值的财税战略和实践经验。

我国自2000年以来，陆陆续续出台了一系列支持中西部地区文化产业发展的财税政策，在很大程度上造福中西部，其他政策文件中也涉及一些相关内容，均为中西部经济（尤其是文化产业）的快速发展做好了铺垫和准备工作。我国支持中西部地区文化产业发展的政策文件相对比较零散，专门为此出台的政策文件几乎没有，见表 7-1。

表 7-1 我国支持中西部地区文化产业发展的政策文件

标　　题	文号	颁布日期	发布机关
关于印发《西部大开发若干政策措施实施意见》的通知	国办发〔2001〕73 号	2001-09-29	国务院办公厅
关于印发《中央补助地方文化体育与传媒事业发展专项资金管理暂行办法》的通知	财教〔2008〕141 号	2008-07-25	财政部
关于印发《农家书屋工程专项资金管理暂行办法》的通知	财教〔2008〕176 号	2008-08-14	财政部、新闻出版总署
《关于推进海南国际旅游岛建设发展的若干意见》	国发〔2009〕44 号	2009-12-31	国务院
关于部分省市有线数字电视基本收视维护费免征营业税的通知	财税〔2010〕122 号	2010-12-24	财政部、国家税务总局
《关于进一步支持甘肃经济社会发展若干意见重点工作分工方案》	国办函〔2010〕143 号	2010-10-17	国务院办公厅
关于落实《政府工作报告》重点工作部门分工的意见	国发〔2011〕7 号	2011-03-19	国务院
关于印发《国家非物质文化遗产保护专项资金管理办法》的通知	财教〔2012〕45 号	2012-05-04	财政部、文化部
关于印发《中央补助地方农村文化建设专项资金管理暂行办法》的通知	财教〔2013〕25 号	2013-04-10	财政部
关于印发《中央补助地方博物馆、纪念馆免费开放专项资金管理暂行办法》的通知	财教〔2013〕97 号	2013-06-03	财政部
关于印发《中央补助地方美术馆、公共图书馆、文化馆（站）免费开放专项资金管理暂行办法》的通知	财教〔2013〕98 号	2013-06-07	财政部、文化部
关于印发《国家重点文物保护专项补助资金管理办法》的通知	财教〔2013〕116 号	2013-06-09	财政部、国家文物局
关于支持电影发展若干经济政策的通知	财教〔2014〕56 号	2014-05-31	财政部、国家发展和改革委会员、国家税务总局、国家新闻出版广播电影电视总局、国土资源部、中国人民银行、住房和城乡建设部
关于推动特色文化产业发展的指导意见	文产发〔2014〕28 号	2014-08-08	文化部、财政部

注：根据财政部、国家税务总局、海关总署、文化部等网站相关资料整理而得。

由表7-1可知，我国针对中西部地区文化产业的财税政策相对比较薄弱，大多都放权于地方，在上述相关政策中，几乎都是围绕中西部地区进行专项资金扶持，其目的主要是为了满足中西部居民的基本文化需求。比如，《关于支持电影发展若干经济政策的通知》（财教〔2014〕56号）第五条提到实施中西部地区县级城市影院建设资金补贴政策。即中央财政通过电影事业发展专项资金安排补贴资金，重点支持中西部地区及东部困难地区县级城市数字影院建设。地方财政根据本地经济发展实际情况，合理安排资金，促进县城数字影院建设的均衡发展。

通过解读近年来支持中西部地区文化产业发展的众多政策文件，我们发现，这些财税政策中支持文化产业发展的内容比较零散，暂未找到专门针对中西部文化产业的财税政策文件。中西部地区文化产业发展资金大多是通过政府直接拨款或是补贴等方式“一步到位”，这种支持方式所带来的效果，目前看来并不是很理想。和东部发达地区提出大力发展文化产业不同，中西部地区更习惯说发展文化事业（中西部地区文化产业的发展与文化事业的发展联系紧密，不可分割）。事实告诉我们，文化事业的发展不仅为当地新增了许多文化基础设施，而且还满足了中西部地区居民对文化的基本需求，文化氛围较为浓厚，这些都无疑为今后该地区文化产业的发展提供了良好的外部环境，并促进了对潜在文化产品的发掘力度，如此一来，居民的文化需求水平自然而然会提升。

一、甘肃、青海省财税政策支持文化产业发展的主要做法

（一）甘肃省

一提到甘肃，令多数人印象深刻的恐怕要数那神秘的敦煌历史文化、伏羲文化以及世人皆知的丝绸之路文化，等等。甘肃省位于我国的西北部，经济、文化等发展相对比较落后，不过在落后的地区它也有自己独特的优势，如别具一格的地域风情，据有相对优势的出版资源等。甘肃、青海的新闻出版业发展迅速，受到了众多学者的关注。根据《国务院办公厅关于进一步支持甘肃经济社会发展的若干意见》（国办发〔2010〕29号），在过

去的几年里，甘肃省对文化产业的发展给予大力扶持，支持挖掘和开发历史文化遗产，培育了一大批具有较强竞争力的大型文化集团，如《读者》等。在尽可能有效保护的基础上，大力发展香包、刺绣、民间剪纸等民俗文化创意产业。同时，大力支持兰州创意文化产业园、庆阳农耕和民俗文化产业园、临夏民族文化产业园和丝绸之路文化产业带的建设。甘肃省将这一重任具体下发至文化部、发展改革委、新闻出版总署和文物局，分别由他们负责文化产业的具体发展项目。

近两年，甘肃省文化产业发展的势头总体较为乐观。据有关数据显示，截止到 2013 年，甘肃省文化产业增加值实现 105.78 亿元，占当年 GDP 的 1.68%；文化产业增加值占 GDP 比重从 2006 年的 1.35%提高至 2013 年的 1.68%，年平均增长 19.31%。[①] 甘肃省文化产业主要以新闻出版和广播影视为主。据资料显示，目前民营企业占甘肃全省的半壁江山，电子出版等现代出版业发展迅速，全省一大半的图书销售业绩是靠民营书刊发行公司（文化公司包括在内）创下来的。作为该省文化的缔造者和传播者，甘肃省民营书业的迅速崛起，对出版物市场未来的培育和完善方向具有很强的推动力，对于国有书店的体制改革进程也有一定的推动作用。同时，甘肃省“文化走出去”迎来可观的绩效。如《读者》杂志自创刊以来，一直视中国优秀文化“走出去”为企业宗旨，自 2003 年以来，《读者》与德国 MC 媒介、北美大路等公司陆续建立合作关系，《读者》的原创版、北美简体字版以及繁体字版也相继在七八十个国家和地区发行。连续三年入选国家文化出口重点项目的《读者》，当前累计发行将近 200 万册，占有我国出口期刊市场高达 3%的份额，它的出现将中华文化带出国门，为中国期刊在世界上的地位赢回了应有的得分，颇具影响力。虽然在以上两方面甘肃省取得了一定的成果，但当地政府仍不遗余力地探索新的文化产业发展契机，努力向其他省市学习，其支持文化产业发展的主要做法有以下几点。

1. 加快促进传统文化业态的转型升级

新常态下，当地政府部门科学制定文化与科技相融合的发展战略规划，

① 甘肃省文化产业与科技、金融融合发展路径研究 | 甘肃统计信息网 | 甘肃省统计局［EB/OL］. http：//www.gstj.gov.cn/www/HdClsContentDisp.asp? Id=29730.

该规划取得了让人意想不到的成果。它不仅充分利用甘肃省的特色文化资源优势，而且还结合数字、网络等高新技术促进文化产业更快更好地发展。当地重点围绕出版发行、影视制作、印刷、广告、演艺、娱乐、会展、工艺美术等传统文化产业，充分发挥现有各类科技资源的作用，促进文化企业的技术升级、改造。如支持和推进《甘肃日报》报业集团、省广电集团、《读者》集团、广电网络集团等省属国有文化企业技术改造和设备更新，提升企业科技水平，推进文化产业结构的转型升级。

2. 加大新兴文化产业、文化科技企业的培育力度

文化科技创新产业发展是一个前后联动、左右衔接的产业链、产业体系的整体发展，从来都不能仅靠单枪匹马，仅抓某一方面。甘肃省近年来围绕产业龙头企业、核心企业，积极培育新兴文化产业和文化科技企业，打造创新型的产业集群。一是以数字技术、网络技术等信息技术为主要支撑，以骨干文化企业为重点，加快培育发展文化创意、移动多媒体、数字出版、动漫游戏等新兴文化业态，提高新装备以及新技术的运用水平。重点支持创意设计与展示技术、新兴网络文化形态、网络信息集成传播技术、新型文化生活服务集成应用技术、文化科技与相关产业融合发展的集成技术，发展包括网络服务业、电子书产业、数字游戏产业、移动内容产业、数字影音应用产业等为主的数字内容产业集群。二是积极培育文化领域高新技术企业，鼓励和支持多元化投入，建设文化科技企业孵化器。支持骨干文化企业与科研院所、高等院校加强协同创新，积极承担国家和省重大科技项目。围绕数字出版、印刷、网络、动漫游戏、工艺美术等重点领域，支持文化科技企业和高校、科研机构建立产业技术创新战略联盟，形成以龙头企业为核心的产学研合作体系。除此之外，支持众多骨干企业建设企业技术中心、重点实验室和工程研究中心，力求打造一个全新的文化科技创新服务平台。三是为文化科技产业吸引大量各类非公有资本和境外资本的投资。要求在土地使用、投资核准、财税政策、对外贸易、融资服务等方面，对文化科技企业给予相应的优惠待遇。此外，简化优化审批手续、审批服务，对经纪、代理等文化中介机构展开积极的培育与完善；与此同时，完善文化科技管理制度，加强文化科技基础建设，优化财政投入模式，扩大科技合作与交流，营造创新文化氛围，推动文化产业与科技快速融合、

发展。

3. 加快文化产业园区建设

一般来说，文化产业园区有着其独特的先天优势与重要的意义，分别体现在集聚人才、企业以及科技，营造文化创新氛围，促进资源整合；丰富文化生活、增加就业、改善人文环境和开发地方旅游资源等多方面。文化产业园区数量的多与少可以从侧面反映出该地区文化产业发展程度的高低，即建设和拥有众多的文化产业园区，可为本地区文化产业的发展形成巨大的推动力。当地政府视建设现代出版物物流园区为重点支持的对象，利用兰州市特有的坐中四联的地域优势，开展沙井驿物出版物流园区项目，打造一个辐射西藏和西北地区的区域性新闻出版物流中心，以此来探索出一条跨地区连锁经营的发展道路。目前甘肃省已具有兰州创意文化产业园、敦煌文化产业园、天水麦积山汉唐陶艺基地等一批地域文化特色鲜明的文化产业园区和基地，但甘肃省文化产业园区（基地）聚合作用仍不明显，其应有的效益还未显现。甘肃农家书屋工程效果出人意料。随着几万个农家书屋的建成，全省 60% 的行政村（包括嘉峪关市、金昌市、张掖市、庆阳市行政村）已被覆盖。甘肃政府遵循因地制宜和便民的原则，注重书屋地址的选择，以有效整合利用现有农村文化资源和公共空间为突破口，并积极整合利用学校图书室、村文化室，以及文化示范户等现有资源，并大力给予资金支持。

4. 文化产业的财政性投入进一步加大

一方面，甘肃省政府充分运用财政资金的扶持和引导作用，努力增加担保资金规模，研究设立文化产业风险投资引导基金，并出台与文化产业相关的贷款风险补偿和贷款贴息政策，提高商业银行、风险投资公司、担保公司及各类中介服务机构参与支持文化产业发展的积极性。除此之外，当地政府近几年积极引入大量外来资本与民间资本，努力开发文化产业投资新主体。另一方面，以文化企业为主体，加大政策扶持力度，充分调动社会各方面的力量，加快建设一批示范带动效应强、科技含量高、成长空间大、经济社会效益好的重大工程项目。省政府通过重点项目与大型公共文化设施项目的实施与建设，不仅加快了文化产业园、创意产业基地等的建设，而且还引导当地文化产业走向规模化、集约化的发展道路。

然而，限于甘肃省处于西部落后地区，人才匮乏，各项政策落实往往比较滞后，针对文化产业发展项目的专项资金运用不是很到位。虽然每年都会有大量的财政拨款、补贴等，但实施效果往往不尽如人意，文化产业的发展与传承仿佛迷失在一片茫茫大雾中，要想其更好地前进，“领头羊”是必不可少的。从以上主要做法可以看出，在文化产业发展过程中，甘肃省财税政策支持方面除了响应国家相关政策以外，具体实施力度还有待进一步地加强与完善。

（二）青海省

与甘肃省相比，青海省更加注重旅游业的发展。青海省历史悠久，文化底蕴深厚，文化旅游资源相当丰富，青海省的文化旅游资源分类见表 7-2。

表 7-2 青海省文化旅游资源分类①

资源类型	代表资源
民族文化旅游资源	青海湖景区、格萨尔拴马桩、仙米国家森林公园、东旭民俗村、浩门马场、祁连东方瑞士水世界、海晏马背民族活动营、海晏东大滩水上乐园、高原海滨藏城、北部湾温泉度假村、瑞士印象街、藏家寨、达玉民俗村、祁连山青稞酒、青海湖蜂蜜、贵德园艺水果、果酒牦牛酸奶、炒面、酥油、曲拉、风干肉、门源奶皮、祁连鹿产品、黄蘑菇、可可西里牦牛肉干、人参果、烈香杜鹃、藏绣、塔贤塔雕、藏饰、海晏县藏乡河湟剪纸、藏毯、黄河奇石、回族刺绣、西王母神话、青海湖湖怪传说、海南州民族歌舞艺术团、回族婚礼、回族宴席曲、阿柔寞曲、六月会、尚尤则柔、鹿舞、拉伊、骑马、射箭、摔跤、藏族服饰、藏餐、青海湖沙岛国际沙雕艺术节、贵德黄河文化旅游节、梨花节、金银滩草原文化旅游节、门源油菜花节、青海湖观鱼放生节、祁连山草原文化旅游节
宗教文化旅游资源	下阴田清真寺、阿柔大寺、仙米寺、珠固寺、刚察大寺、白佛寺、沙陀寺、南关清真寺、东沙河清真寺、上阴田清真寺、上庄清真寺、甲乙寺、珍珠寺、文昌宫、德吉滩、新寺、班禅敖包、海神亭、乜纳塔、南海殿、点灯、祭海、转湖、跳神、晒佛
红色文化旅游资源	二炮导弹基地、原子城、西路解放军二军纪念苑、青海原子城纪念馆、上星站、二分厂、爆轰试验场

① 数据来源：青海省旅游局网站、海南州旅游局、海北州旅游局。

续表

资源类型	代表资源
历史文化旅游资源	西海郡古城、尕海古城、北向阳古城、金巴台古城、门源古城遗址、永安城遗址、可图口三角城、祁连古三角城、夏塘东台遗址、哈尔盖古城、西山遗址、伏俟城、“阿拉善旗王府”遗址、旧千户府王洛宾下榻处、东山遗址、建设掌遗址、峨博掌遗址、月楼石崖遗址、仓开古城、砖瓦厂东西遗址、沙柳河大桥西遗址、哈尔盖桥东遗址、青海湖农场古城、布哈河水文站遗址、鸟岛管理处遗址、年乃索麻遗址、应龙城、黑石头三座古城、大通城遗址、狼舌头古城、贵德古城、德州墓地、岳家湾墓地、上台墓地、马家湾墓葬遗址、哈藏沟口东墓地、兔儿滩遗址、额堡新城、舍布齐岩画、哈龙岩画、尕让千户院、玉皇阁古建筑群、岗龙沟石窟寺、石塔、佛像遗址
体育赛事	骑马、射箭、摔跤、环青海湖国际公路自行车赛、中国青海高原世界攀岩赛、冬季抢渡黄河极限精英挑战赛
诗歌文化旅游资源	坛城民族文化馆、中国青海民族文化音乐城、王洛宾音乐艺术馆、仓央嘉措诗歌、王洛宾诗歌、贵德水与生命音乐会

近年来，国家对文化产业的扶持力度越来越大。如从《中共中央关于深化文化体制改革推动社会主义文化大发展大繁荣若干重大问题的决定》和《国务院关于促进旅游业改革发展的若干意见》两个文件中我们均可看出，推动文化产业成为我国国民经济支柱性产业已是不争的事实。如今，伴着人民生活消费水平的日益提升和产业结构的不断转型升级，旅游改革也已渐渐映入人们的眼帘，受到大家的热情关注。为促进我国旅游业的健康发展，国家大力支持较为落后的中西部地区的旅游基础设施建设并给予其财税金融优惠政策扶持。青海作为西部大开发政策中投资和开发的热点省份之一，这种在财政、税收、金融、投资和人才政策上的明显倾斜，使得青海文化产业迎来了较好的发展；另外，国内发达省份的“对口帮扶”政策也对其发展在某种程度上有一定的利好，旅游基础设施建设的步伐因此而逐渐加快，与帮扶省市的旅游文化交流与以往相比有了很大的进步，本地旅游业获得了实实在在的大发展。现在，党的十八届三中全会又提出推进丝绸之路经济带的建设，这意味着作为古丝绸之路的重要组成部分，青海对整个西部地区文化产业的发展必然产生巨大的推动作用。

旅游业在《青海省“十二五”旅游业发展规划》中被定位为“推动青海实现绿色发展、跨越发展、和谐发展、统筹发展的战略性支柱产业”，这是因为青海省政府清醒地意识到青海经济发展的重要方向就是旅游业。在政策方面青海省也下了许多功夫，为发展旅游业当地政府投入了大量的财力物力，规范旅游住宿业，加强景区基础设施建设，举办电视广告宣传、旅游推介会、王洛宾音乐艺术节、推动环青海湖国际公路自行车赛、贵德梨花节等活动，其目的是将青海省的旅游业做大做强，以带动全省文化产业的高速发展。

除了大力发展旅游业，青海还专门制定了《青海省文化发展规划》，其文化出版业也在此基础上不断发展，全省也在积极推进农（牧）家书屋工程，发展特色文化。西宁市是一个富含多元文化的城市，该地区集四大文化产业（昆企文化、三江源文化、青海湖文化、河湟文化）为一体，并据此形成不同特色的文化产业园、产业基地和发展中心。除此之外，青海还拥有奇特的文化品牌，如格萨尔文化、康巴文化、热贡文化等。值得一提的是，青海已是名副其实的全国藏文图书出版和发行的聚集地。据统计，从青海发往甘肃、云南、四川、西藏等民族地区的藏文图书数量高达全国藏文图书总量的80%。

青海也是一个多民族聚居区，境内居住有33个民族，少数民族人口较多，像撒拉族、土族等民族是青海特有的少数民族。青海省地处高原地区，地广人稀，要想发展就必须付出很高的代价。青海省藏文教材的印数小、品种多、价格低、人口基数小。由于地域辽阔、条件艰苦、经济发展滞后，在很大程度上制约了青海省教材的出版、印制和发行。

总而言之，甘肃和青海这两个省市的文化产业发展在很大程度上受限于自然条件和当地居民的主观意识。这就需要当地政府投入更多的精力和时间去探索发展路径，制定符合当地独有特色的扶持计划及财税等政策，也就是说由当地政府来主导文化产业的发展方向，更多地突显政府的力量，将当地的文化“抱起来”。

二、广西壮族自治区财税政策支持文化产业发展的主要做法

《广西文化发展十二五规划》提出：力争到2015年，使文化产业实现跨越式发展，逐步成为国民经济支柱性产业，促使经济结构逐渐优化、就业创业规模不断扩大、经济发展方式更快地转变以适应“新常态”。2020年

左右，建成具有时代特征、壮乡风格、和谐兼容的民族文化强区。我国“统筹区域协调发展”的区域发展战略重点就提出“支持广西成为西南中南地区开放发展新的战略支点”，它立足于中国与东盟之间的全面经济合作以及中西部地区的开放发展，这无疑是国家对广西战略定位的继承与创新(广西北部湾经济区开放开发上升为国家战略之后)。一直以来，广西将“以开放促发展”作为新战略支点的核心思路，目标定位清晰且明确，包括开发交通物流、注重产业建设、提升科教人才、强化区位优势、加强与东盟的合作关系，以及大力发展广西北部湾区域。

具体而言，发展广西现代产业、创建现代产业体系是在产业目标方面提出的措施。该体系一方面进一步加强工业的主导拉动作用；另一方面，大力促进沿海沿江产业，加快北部湾一体化建设进程。可见，该体系重点在于支持工业实体经济。

广西现行财税政策支持产业发展的特点主要表现为以下三方面：一是采取税收优惠政策扶持特定区域，如中国—马来西亚钦州产业园区、北部湾经济区、桂林国家服务业综合改革试点区、桂东承接产业转移示范区。涉及税种有房产税、城镇土地使用税、企业所得税（地方分享部分)；涉及行业包括生态旅游、商务会展、社会化养老三大服务业以及金融业、工业、高新技术产业等；其他税收支持包括对“三新”研究开发费用的税收支持、制定与征税土地相对应的适用税额标准以及返还地方部分税收等。二是在利用中央统一税收政策支持时，主要以西部地区为契机获得优惠支撑。涉及税种有企业所得税和关税；西部地区外商投资鼓励类产业、内资鼓励类产业、优势产业都涉及其中。三是给予广西承接产业转移行为税收政策支持。如给予桂东承接产业转移示范区的区外转移企业与征税土地对应的适用税额标准和企业所得税支持。①

除此之外，自治区政府还对战略支点区位的发展目标做了明确的定位。通过对广西现行的财税政策进行详细的分析，我们清楚地发现，广西的区位优势主要体现在民族地区特殊性以及“三沿”特性上，这里的“三沿”分别指：沿海——具有我国西南、中南地区的出海通道；沿江——西江经

① 龙丽佳. 广西建成新战略支点的财税政策［J］. 地方财政，2014.

济带开放开发；沿边——面向东盟的开放合作。[①] 显而易见，在扩大广西区位优势上，当前自治区的财税政策支持主要体现为促进北部湾经济区、中国—东盟自贸区和广西边境贸易的开放合作。北部湾经济区是当前广西的发展重点和战略新高地，政府给予了强有力的财税政策支撑，涉及产业发展财税支持政策、总部经济财税支持政策、物流业发展财税支持政策和金融发展财税支持政策等多项重要经济内容，多个政府文件也都强调了对北部湾经济区的税收扶持政策，涉及城镇土地使用税、企业所得税（地方分享部分）、房产税等。广西对边境地区的财税政策支持主要有以下几个方面：提高边境地区边民互市进口免税额度；促进边境特殊经济区健康发展（跨境经济合作区相关政策）；扩大以人民币结算办理出口退税（边境一般贸易和边境小额贸易出口退税）；鼓励企业到边境地区投资，大力助推边贸市场的发展。其涉及的税种有进口关税、进口环节税和企业所得税（地方分享部分）等。

就区位目标来说，现行财税政策与广西区位优势的重点着眼方向相契合但支持力度不够。首先，在东盟问题上，尚未充分将与东盟毗邻的区位优势转化为发展优势。具体表现为目前广西对东盟的进出口总额在全国较低，实际利用东盟国家直接投资很少，对东盟资本的吸引力很低。从财税政策上分析，广西与东盟合作的政策支持虽有，但存在以下问题：企业所得税广西分享部分减免范围不够广；对企业税收返还力度不强，未能大量吸引包括东盟及我国中南西南地区等在内的各方资本投资广西、搞活广西经济，战略支点核心提出的“以开放促发展”并未能得到良好运用。其次，在边贸问题上，广西边贸财税比较优势减弱，税收政策支持力度弱化显现：近几年国家对边贸支持的一些税收政策被逐步取消或降低优惠标准；中国—东盟自由贸易区全面降税启动，广西部分边贸税收政策优惠待遇自动消除；全国统一税收政策的调整减负和其他地区各类试验新区的竞争等，均减弱了边贸税收优势。由于税收政策对边贸经济发展支持的逐渐减弱，广西的开放发展因此受到的冲击力也在日渐加大，如若放任这种对边贸经济

① 把培育开放文化作为沿边地区新一轮开发开放的战略重点-中国社会科学网［EB/OL］. http：//www. cssn. cn/zx/bwyc/201404/t20140401_ 1053358. shtml.

无休止的打击而不采取相应的有效措施，必将造成边贸经济的萎缩。

三、陕西省财税政策支持文化产业发展的主要做法

（一）陕西省文化产业发展现状

拥有大量文化资源的陕西是一块适宜文化产业发展的风水宝地，特别是聚集了很多文化产业开发区的陕西省省会——西安，更是集该省的优势于一身，发展前景一片光明。目前，形成的比较著名并且具有一定规模的文化产业区包括：曲江新区文化旅游产业区、法门寺文化园区、西安临潼文化旅游产业区、西安高新区现代文化产业创业园等。事实上，显著的区域特色是发展陕西省文化产业的独特魅力所在，其主要包括以下三个方面：

第一，转企改制策略在国有文化经营机构中全面启动。新生代的出版社、影视公司、表演团体、电影院等伴随着国家文化体制改革的步伐已全面开启转企改制的飓风行动。自 2009 年 6 月以来，陕西省先后成立了陕西文化产业投资控股有限公司、陕西演艺集团有限公司、陕西广播产业集团有限责任公司和陕西电视产业集团有限公司，标志着陕西文化体制改革在重点领域和重要环节取得了突破性进展。

第二，各开发区发展文化产业的愿望强烈，势头强劲。陕西文化产业的发展主要立足于八大板块（其中的典型代表有：高新区、曲江新区、临潼文化旅游等板块）的建设，目前这八大板块的建设规模已达到一定程度，集约化、专业化水平得到不断地提升，产业聚集效应也在明显增强。西安曲江新区 2007 年被文化部授予“国家级文化产业示范园区”称号，这一举动对于整合文化资源和一批有影响力、有实力和自主创新能力的大型文化企业的诞生显然是有百利而无一害的。一方面，位于西安高新区内被确定为创意产业一条街的唐延路，标志着创意产业成为高新区二次创业的支点；另一方面，从文化制造业的角度涉足文化产业，像北郊西安经济开发区专门设立的印包产业园，将为装潢产业的全面发展增添新动力。

第三，民营经济是文化产业发展的后备军之一。据相关资料显示，陕西省至少拥有5家年产值超过2亿元的中型图书出版民营文化企业；拥有年产值超过20亿元，并且在整个中国新闻报社界具有重大影响力的《华商报》；民营影视公司推出的在全国有重大影响的电视剧《图雅的故事》《激情燃烧的岁月》等，以及那些由民营资本主导的《收藏界》《爱人》《小哥白尼》等期刊深受广大读者的喜爱，这些均为文化产业的发展奠定了良好的基础。

（二）陕西省文化产业财税政策存在的问题

从近年陕西文化产业的发展状况来看，虽然陕西省文化产业在一定程度上取得了令人可喜的佳绩，但与全国其他文化产业发达的省份或国外进行对比，陕西文化产业起步较晚，在市场发育等各方面还有待完善和加强，仍存在一定的差距。主要的问题有以下几点。

1. 财政政策方面存在问题

首先，与其他发达省市、地区相比，该省财政投入规模依旧偏小。从表7-3可以看出，陕西省近年来对文化产业的投入规模呈现不断加大的趋势，从2009—2013年，五年间虽然该省的财政支出规模翻了2倍多，总体占当年财政总支出的比重维持在2.1%左右，但同文化产业做得比较好的广东、北京、四川这几个省市相比，陕西省对文化产业的财政支出规模还相对偏小。广东省2009年对文化产业的财政支出已高达111.5亿元，甚至高于陕西省2013年的水平；北京、四川2013年文化产业财政投入也都将近150亿元，其中北京已超过了150亿元，为154.71亿元，与2009年的数据相比翻了将近3倍。通过计算各省市文化产业支出占地方当年财政总支出的比例我们可以发现，四川省占比呈逐年上升趋势，北京文化产业支出占当年财政总支出比重平均维持在3.26%左右，而广东省在2010年之前呈逐年上升，之后逐年下降，这从侧面反映出近几年广东省逐步将发展文化产业的重任推向市场，使其在市场化的同时得到更好地发展。陕西省文化产业支出占当年财政总支出的比重在2.4%左右，2012年以来比重有所上升，文化产业越来越受到陕西省政府的关注。其次，当地政府职能定位模糊，“缺位”和“越位”现象较严重。这是因为当地政府不能明确认识和正确掌握自身与市场对文化投入的“临界分割点”，使得财政对文化产业的投入往往存在一些不尽如人意的问题：一方面，对于一些理应由市场自主运作、政府适当放手的产业，当地财政却偏偏加以干预，包揽了一些不该包揽的事务，这在一定程度上对文化资源造成了不必要的分散和浪费；另一方面，某些文化产业需要政府加大投入，却由于财政资金投入不足的，项目款迟迟不能下放，致使其发展水平较低，生产能力相对狭小，造成文化产品的供给跟不上居民的文化消费需求。事实上，整个陕西省的文化产业仍然以分散经营、小规模型的企业居多，大型文化集团如陕西省世纪彩印务有限公司、西安曲江影视投资（集团）有限公司、西电传媒股份有限公司是极个别的案例，数量不多，这就需要当地政府给予一定的财政扶持以提高文化产业抵御风险和适应市场的能力，从而使得陕西文化市场更加兴盛，为陕西的经济发展提供更好的服务。

表 7-3 对文化产业的财政支出及占比 单位：亿元、%

地区	2009 年	2010 年	2011 年	2012 年	2013 年
广东	111.5（2.6）	166.1（3.1）	170.5（2.5）	137.6（1.9）	141.7（1.7）
北京	74.75（3.2）	79.36（2.9）	87.01（2.7）	141.4（3.8）	154.7（3.7）
四川	45.70（1.3）	59.37（1.4）	87.35（1.9）	120.7（2.2）	142.4（2.3）
陕西	40.89（2.2）	47.86（2.2）	61.27（2.1）	91.81（2.8）	100.4（2.7）

数据来源：《中国统计年鉴》（2009—2013 年）。

2. 税收政策不健全

通过解读中共陕西省委《关于贯彻落实〈中共中央关于深化文化体制改革 推动社会主义文化大发展大繁荣若干重大问题的决定〉的实施意见》我们得知，该文件对文化产业的税收优惠政策做出了如下说明：对鼓励类产业及优势产业的文化项目在投资总额内进口的自用设备，在政策规定范围内免征关税[①]；对以《西部地区鼓励类产业目录》为主营业务的文化企业，符合条件的减按 15%的税率征收企业所得税；对文化产业支撑技术等

① 中共陕西省委关于贯彻落实《中共中央关于深化文化体制改革 推动社会主义文化大发展大繁荣若干重大问题的决定》的实施意见（3）--中国共产党新闻-人民网［EB/OL］. http：//cpc. people. com. cn/GB/64093/64387/16802934. html.

领域内，依据国家规定认定的高新技术企业，减按15%的税率征收企业所得税；文化企业开发新技术、新产品、新工艺发生的研究开发费用，实施加计扣除；对文化企业从事文化产业技术转让、技术开发及其相关的技术咨询、技术服务取得的收入，免征营业税；属于增值税一般纳税人的动漫企业，对其销售自主开发生产的动漫软件，在按17%税率征收增值税后，对其增值税实际税负超过3%的部分，实行即征即退政策。2015年3月，为深入实施西部大开发战略，促进西部地区产业结构调整和特色优势产业发展，经国务院批准，国家发展和改革委员会发布了《西部地区鼓励类产业目录》（中华人民共和国国家发展和改革委令第15号），对相关企业所得税问题作出规定，该规定自2014年10月1日起施行。公告中包括：①对设在西部地区以《西部地区鼓励类产业目录》中新增鼓励类产业项目为主营业务，且其当年度主营业务收入占企业收入总额70%以上的企业，自2014年10月1日起，可减按15%税率缴纳企业所得税；②已按照《国家税务总局关于深入实施西部大开发战略有关企业所得税问题的公告》（国家税务总局公告2012年第12号）第三条规定享受企业所得税优惠政策的企业，其主营业务如不再属于《西部地区鼓励类产业目录》中国家鼓励类产业项目的，自2014年10月1日起，停止执行减按15%税率缴纳企业所得税。[①]

显而易见，以上税收优惠政策内容存在着明显的漏洞和不足，主要体现在以下几方面：一是文化产品税率依旧偏高是我国普遍存在的现象。我国现行税法虽然对文化产品按“低税率”13%征税，但与国外相比，税率偏高仍然是不争的事实。国外对书籍、报刊等文化产品一般征很低的增值税，有的国家甚至放弃征税，例如：德国对文化产品适用7%的优惠税率，而该国的一般商品增值税税率为15%；法国对书籍的销售实行5.5%的低税率，对日报更是实行2.1%的低税率；英国则干脆对文化服务等相关商品或劳务免征增值税。二是对文化产品增值税的征收存在重复征税现象。众所周知，文化产业属于知识密集型产业，其资产大多以无形资产的形式存在，

---

① 《西部地区鼓励类产业目录》所得税衔接出政策_ 中华会计网校_ 税务网校［EB/OL］. http：//www. chinaacc. com/shuishou/zcjd/zh1503185933. shtml.

如知识产权、文化价值、人力资源等。在开发和交换这些无形资产的过程中，必定会有大量的智力投入，它往往会成为文化产品成本的重要组成部分之一，但是政策规定企业不能对这些投入进行抵扣。上述优惠政策除了适用动漫企业以外，对于影视行业和艺术品拍卖行业的重复纳税问题是解决不了的，它所涉及的范围是非常有限的。三是税收优惠措施以直接优惠为主。即优惠政策主要以减免税、降低税率为主，实际上这种优惠政策对文化产业的全面发展是不利的。比较而言，国外不仅仅采用直接优惠的方式，而且还采取税收抵扣等间接优惠政策，美国在此方面的做法较为典型。比如，为了鼓励电视电影的生产，美国税收政策规定可以对制作费用进行15%~30%的税收扣除。除此之外，还规定可以将研发费用税收抵扣运用于文化产业。

四、江西省财税政策支持文化产业发展的主要做法

江西省经济的发展同样也离不开文化产业的发展。2004 年以来，江西省文化产业一路高歌，发展势头较猛，其平均增长速度几乎超过同期国内生产总值增速 6 个百分点，一度成为转变江西省经济发展方式的主力军。放眼江西省过去的几年，不难看出越来越多的新闻出版、广播电视和文化艺术类企业迅速做大做强。随着文化产业结构的不断优化，江西省充分发挥当地特色，努力发展红色产业，赋予这片革命热土以新的生命力。这其中不仅包括井冈山革命根据地，还有红色苏维埃首都瑞金等丰富的红色资源。

全国旅游工作会议于 2015 年 1 月 16 日在南昌召开，从会议上获悉，2014 年江西接待游客突破 3 亿人次，旅游总收入 2650 亿元，同比分别增长25%和 39%。① 江西省从金融财政扶持、税费优惠政策、土地利用政策和消费鼓励政策等方面入手，实施旅游强省战略，坚持高位推动，将旅游业置于文化产业发展的首位。

---

① 2014 年江西接待游客突破 3 亿人次-2015-01-21 来源：江西网络广播电视台 http://lxs.cncn.com/74163/n475515

江西省政府为促进文化产业的大发展、大繁荣，将其培育为该省新的经济增长点，近来出台了一系列政策、措施。如《江西省文化产业发展专项资金管理暂行办法》《江西省“十二五”文化创意产业科技发展规划》《江西省十大战略性新兴产业（文化及创意）发展规划》《江西省“十二五”文化创意产业知识产权保护规划》《鄱阳湖生态经济区生态文化建设规划》等。除此之外，江西省政府每年都从财政安排出4000万元，用来设立文化产业发展专项资金，重点支持新媒体、新闻出版、文艺演出、网络、动漫、广播影视、文化娱乐、文化产业示范区、重点文化产业基地等文化产业发展，这其中的初衷就是提升江西省文化产业自主创新和市场竞争的能力。

江西省地方税务局为支持公共文化服务企业发展，促进当地文化产业做大做强，推进文化企业科技创新，支持文化体制改革和企业改制，研究并制定了《江西省地方税务局支持文化产业发展加快建设文化大省若干优惠政策和服务举措》，其中税收优惠政策主要包括以下三大板块。

（一）增值税优惠政策

1. 科普单位门票在规定期限内免征增值税

措施规定，在支持公共文化服务企业发展方面，对科技馆以及对公众开放的天文馆等科普单位的门票收入免征增值税。纪念馆、文化馆、博物馆、美术馆、图书馆、展览馆、书（画）院、文物保护单位举办的文化活动，所售第一道门票收入免收增值税。

2. 有线数字电视基本收视维护费三年免征增值税

广播电影电视行政主管部门在职能范围内批准的从事电影制作发行放映的电影集团公司、电影制片厂及其他电影企业取得的转让电影版权收入、电影发行收入和农村电影放映收入在规定期限内可免征增值税。数字有线电视维护费由广电运营行业依规收取的费用，在经相关部门批准后，可免征三年增值税。

3. 企业和个人从事技术转让服务等免收增值税

文化企业和个人从事技术转让、技术研发业务和与之相关的，如技术咨询等业务所取得的收入，在相关部门核准的情况下，增值税应免征。个人转让著作权免征增值税。经认定的动漫企业自主开发、生产动漫产品，可申请享受国家现行鼓励软件产业发展的所得税优惠政策。对动漫企业为动漫产品提供的动漫脚本编撰、形象设计摄制、配音、剪辑等劳务，以及动漫企业在境内转让动漫版权交易收入，在规定期限内减按3%税率征收增值税。

4. 从事文化广告代理业务、文化旅游业务的企业营业税采取余额征收

从事文化广告代理业务的企业，以其全部收入减去支付给其他广告公司或广告发布者（包括媒体、载体）的广告发布费后的余额为营业额进行征收。从事文化旅游业务的企业，以其取得的全部价款和价外费用扣除替旅游者支付给其他单位或者个人的住宿费、餐费、交通费、旅游景点门票和支付给其他接团旅游企业的旅游费后的余额为营业额。创意文化产业基地、困难文化企业，依规缴税存在难处时，可按税收管理权限报经批准后，给予减免房产税、城镇土地使用税的照顾。鼓励文化企业开展股权激励工作，对文化企业以股票期权、股票增值权、限制性股票等形式给予职工的奖励，按照国家有关股权激励的企业所得税、个人所得税优惠政策执行。

（二）所得税优惠政策

1. 省、国务院部委以上单位科学技术奖免征个人所得税

对个人获省政府、国务院部委以上单位科学技术奖取得的奖励，免征个人所得税；对于报经省政府认可后发放的对优秀博士后、归国留学人员、江西省特级专家等高技术人才、特殊人才的奖励，免征个人所得税。

2. 文化事业单位自注册成企业之日起在规定期限免企业所得税

在支持文化体制改革和企业改制方面，江西规定，在规定期限内，自收自支的经营性文化事业单位转制为企业，自转制注册之日起免征企业所得税。在规定期限内，由全额或差额拨款的文化事业单位转制为企业，自转制注册之日起对自用房产免征房产税。规定期限内，对自收自支的经营性文化事业单位转制中涉及的企业所得税等其他税收可根据情况给予适当的政策倾斜。

（三）其他税种优惠政策

1. 农村公益性文体场馆免征房产税和城镇土地使用税

农村各项公益性文化体育场馆的自用房产和土地，免征房产税和城镇土地使用税；对其“以租养馆”的出租房产和土地，纳税确有困难的，可申请减免房产税和城镇土地使用税。财政部门拨付事业经费的宣传、文化事业单位自用的土地、房产免征城镇土地使用税和房产税。

2. 文化事业单位、社会团体承受土地、房屋用于办公、科研的免征契税

企业或个人通过获得公益性捐赠税前扣除资格的公益性社团或县以上人民政府及其组成部门和直属机构的捐赠支出，用于公益性文化事业的，可以按规定在企业所得税和个人所得税税前扣除。

第二节　中西部地区支持文化产业发展的财税政策评析

每一个地区都有它与众不同的特色，就像世界上没有完全相同的树叶一样。相较于西部地区，中部地区对于文化产业的发展实施的政府干预程度明显要低于西部地区，这取决于中部地区丰富的文化底蕴和相对较成熟的经济发展现状。如，中部拥有大量的自然资源遗产和经典的红色旅游圣地，文化自然资源优势突出。这些优势对于促进创意产业发展和拉动文化产业外围企业发展都有着不可估量的作用，特别是对旅游文化服务有突出的贡献。另外以武汉、长沙为代表的华中地区，其影视文化、展演出版在整个中部地区颇具影响力。而西部地区，它更需要政府这只“看得见的手”，随时为其文化产业的发展保驾护航。近年来该地区通过一系列政府扶持措施加强创意产业的发展，其中以重庆、成都为代表的川渝地区，动漫网游、电信软件、休闲娱乐等行业发展势头较好，并取得了良好的开端。当然，西部地区不能一味倚仗政府这棵“大树”，要慢慢学会“断奶”、“说话”和“走路”，它也需要依靠市场经济的发展和文化支撑来继续摸索出一条适合自己区域特点的文化产业发展模式。

以上具体五个代表地区 2010—2013 年财政文化体育与传媒支出占财政一般预算支出的情况见表 7-4。

表 7-4　　对文化产业的财政支出及占比　　单位：亿元、%

地区	2010 年	2011 年	2012 年	2013 年
甘肃	29.78（2.0）	33.07（1.8）	49.87（2.4）	59.76（2.6）
青海	11.57（1.6）	14.32（1.5）	18.92（1.6）	25.84（2.1）
陕西	47.86（2.2）	61.27（2.1）	91.81（2.8）	100.4（2.7）
广西	32.77（1.63）	37.48（1.47）	45.52（1.52）	49.85（1.55）
江西	28.38（1.48）	39.66（1.56）	44.77（1.48）	52.62（1.52）

数据来源：《中国统计年鉴》（2010—2013 年）。

从表 7-4 可以看出，2010—2013 这 4 年间，各地区财政文化体育与传媒支出都有所加大，说明当地政府对文化产业的重视程度都有所加强。除了 2011 年各省对文化产业的财政支出比重较 2010 年有所下降外，其余都是上升趋势（仅陕西省 2013 年比 2012 年降低了接近 0.1 个百分点）。此外，陕西省较其他四省的文化产业财政支出多、比重大，表示陕西省经济发展速度较好、较快，而青海省正好相反，但其占比从 2012 年的 1.6%发展到 2013 年的 2.1%，增加了几乎 0.5 个百分点，较其他几省增速快。

众多资料显示，在当今“新常态”（缓增速、调结构）的宏观经济大背景下，以智力资源、文化资源和科技创新为核心要素的新兴产业——文化创意产业，面临着前所未有的扩张机会。另外，要想区域经济更快更好地发展与进步，文化产业的繁荣与和谐是必不可少的元素之一，而且它的发展关系着一个民族的伟大复兴。因此，我们通过分析上述代表省市的主要做法，对中西部地区文化产业的发展做出如下评析。

一、中部地区支持文化产业发展的财税政策评析

众所周知，位于华中腹地的中部六省，历史文化资源丰富，具有悠久

而深厚的历史文化底蕴，虽然赶不上东部各省市较快的经济发展速度，但是各地的文化遗产足以成为支撑文化产业发展的核心内涵。如上所述，中部地区拥有大批的经典红色旅游区，文化自然资源优势得天独厚，自然资源遗产更是丰富，这些自然条件奠定了该地区创意产业发展的基础，给予其有力的文化底蕴支持。毫无疑问，中部文化产业发展的重要基础要数该地区丰富的文化资源，借助自然文化优势对发展文化产业具有事半功倍的效果，如山西的晋文化、河南的中原文化、江西的红色文化和道教文化、湖南和湖北的湘楚文化以及安徽的徽文化，等等。因此，建议政府发挥积极的引导作用，结合实际开发本地区的文化遗产，培育文化创意人才，开拓文化消费市场，增强地区文化产业综合实力。

或许中部地区文化产业的发展对经济基础的依赖不是特别强烈，而是更加依赖当地的自然资源。若简单地将文化产业比作一个人的话，当地政府应将文化产业“搀着扶着”，逐渐使其成长，最终走向市场化发展。

目前中部地区支持文化产业的财税政策面临较多问题。首先，中部地区财政投入规模偏小。与北京、江苏、广东、山东等较发达省市相比仍然存在较大的差距，财政资金的不足在一定程度上制约着该地区文化产业的发展。其次，文化产业因存在重复征税问题，使得税负相对较重。再次，中部地区财税政策方式较为单一，实施较为死板。主要体现在：一方面，财政资金的投入仍以传统方式为主，直接的财政拨款、减免税费等形式缺乏应有的活力和多元化的支持方式，激励作用得不到有效的发挥，由于文化单位和企业的技术创新动力不足，使得文化产业的技术进步一度受阻；另一方面，以直接减免税收为主，税收优惠措施单一，缺乏形式多样的间接税收优惠政策，致使文化企业竞争力的提升空间有限。最后，政策实施的有效力度不足。为文化产业的发展提供制度保障和法律支持是政府出台相关政策的宗旨所在，但现有政策大多是宏观层面的整体把握和方向指引，具体细则较少，针对性不足，在文化资源配置和人才鼓励及科技创新激励方面的辅助政策不够完善。由于在制定文化产业政策时相关部门之间缺乏必要的沟通和协调，而且相关政策制定中也未设立相应的统一机构来专门负责各方利益的均衡，因此政策往往缺乏整体性，不成体系，监督机制匮乏，政策执行力度大打折扣。

二、西部地区支持文化产业发展的财税政策评析

由于地理位置以及历史等方面的原因，西部12省市经济发展和人民消费水平比不上东部和中部地区，市场化程度也要远远低于东部，因此西部地区文化消费规模比较小，文化产业发展不成熟在所难免。然而，大多数事物都有其未被发掘的潜力和价值，主要取决于你如何看待和运用它。其实西部是一个充满神秘色彩的区域，那里集聚着许多少数民族同胞，历史文化资源、民族文化资源、自然生态资源丰富多彩，因此尽快探索出一条文化与旅游融合发展的新模式，使本地区的社会和经济正效应发挥到最大是我们目前应该着手要解决的主要问题。尽管近年来西部地区文化产业在政府的大力扶持下，有了一定的改善，一些具有地方特色的文化产品也相继问世，丝绸之路经济带建设也在紧锣密鼓地进行着，整个文化产业的发展前景和势头较为良好，但是我们必须趁热打铁，努力寻求一条适合西部地区文化产业发展的正确路径，积极吸取和借鉴发达国家、地区的成功经验，只有这样才能将差距减到最小。除此之外，应在已发布的财税政策基础上，弥补现有的不足和采取新的相关财税政策，更好地促进文化产业发展。

中国西部地区包括内蒙古、广西、重庆、四川、贵州、云南、西藏、陕西、甘肃、宁夏、青海和新疆等12个省市自治区。各个省市的发展受限于当地的自然环境、历史、社会等因素，从而使得发展速度相对缓慢，尤其是自改革开放以来，中国经济和社会健康发展的影响因素中新添了东西部之间发展不平衡这一关键的因素，因此解决东西部和谐发展问题日渐紧迫。

国家近十年实施“西部大开发”战略，为西部地区发展注入了新鲜血液。虽然，这些年西部地区在经济社会发展方面取得了巨大成就，但它面临的挑战和问题依然十分严峻。《国务院关于进一步推进西部大开发的若干意见》指出，“基础设施落后仍然是制约西部地区发展的薄弱环节，生态环境局部有所改善，总体恶化的趋势尚未扭转，水资源短缺矛盾突出，教育、

卫生等社会事业严重滞后，人才不足、流失严重等”①，政府和市场双方面临的压力不容小觑。

西部地区文化产业发展除了面临上述中部地区存在的问题以外，情况更加严重。首先，区域、城乡财力投入差距较大，投入力度满足不了文化产业发展的需求。虽然国家对该地区文化事业的财政支出一直以来增长幅度较大，但其占财政支出的平均比重相较于东部地区明显偏低，对比西部地区与东部地区的文化基础设施（如图书馆、电影院、剧场、旅游业等）状况，二者相差甚远，而文化创意企业与东部发达地区相比，不管是数量上还是质量上都存在较大的差距。其次，有待提高财政资金的分配、使用功能和效率。众所周知，目前最急需补贴的对象是那些小型微利企业，可是此类企业往往在申请国家信贷或是在资格考核方面不容易达标。使得小型微利企业由于得不到财政充分且及时的照顾，生存状况令人担忧。再次，增值税和所得税相关政策设计上存在问题。鉴于西部少数民族地区文化产业的特殊性，急需专门针对少数民族地区文化产业的税收优惠政策，现行所得税政策的适用性有待提高。最后，税收政策缺乏促进文化产业发展的长效机制。现行税收政策缺乏整体布局，即时性较强，在面对产业内部结构失衡、文化产业链出现断层、企业税费负担不均、创新能力不足等问题时，难于长期有效，不利于文化产业的长期发展。

从国家深入实施“西部大开发”战略的背景来看，中国西部地区的发展不仅要增强经济实力，提高人民生活水平，还要改善生态环境，提升文化软实力。由于发展文化产业和旅游产业能够推进经济结构调整、转变经济发展方式，对于增加西部地区人民收入、保护西部生态环境、促进西部文化建设等方面有着重要意义，故而应成为西部地区未来产业发展当中的重点产业。②

所以，对于当前仍处于起步阶段的西部地区文化产业的发展，国家有必要进一步扩大它的实现规模和效益；对于西部地区相对成熟的旅游产业，

---

① 国务院关于进一步推进西部大开发的若干意见［EB/OL］. http：//www. gov. cn/zwgk/2005-08/12/content_ 21723. htm.

② 西部地区文化产业与旅游产业互动发展之文化基础及道路选择-中国社会科学网［EB/OL］. http：//www. cssn. cn/jjx/jjx_ yyjjx/jjx_ lyjjx/201310/t20131024_ 523166. shtml.

有待进一步的改良和提升，从而为实现产业的升级换代做好铺垫。

三、中西部地区文化产业发展的财税政策建议

（一）加大财政投入力度，创新财政投入方式

与东部地区相比，虽然中西部地区文化产业的财政投入在逐年增加，但仍处于一个相对较低的状态，地方政府对文化产业的财政投入规模还应继续增加，而且要针对小微企业放宽申请国家信贷或是资格考核的标准，降低门槛使其更能实实在在享受优惠。在财政资金投入方式上要转变以往传统的直接财政拨款方式，尽可能采用政府购买、转移支付、项目补助、贷款贴息等多元化投入方式，以活跃文化市场，鼓励企业创新。除此之外，应积极建设和创新文化产业发展的融资渠道。一方面，通过地方政府财政资金的投入吸引更多的社会资本投向文化产业，支持社会资本以股份制、合伙制和个体经营等方式参与文化产业；另一方面，地方政府应运用财政支持手段鼓励金融机构向文化产业倾斜，帮助文化企业拓宽融资渠道。

（二）积极争取优于一般地区的税收倾斜政策

税收优惠政策对中西部文化产业发展起到一定的促进作用，我们要充分利用和发挥好这一政策渠道，一方面当地政府对现有的文化产业政策力求要用足用活用好，采取一定措施弥补现有文化产业税收政策的不足和缺陷；另一方面还需要国家及时出台符合国情省情的法制化、系统化、差别化的文化产业税收政策。[①] 在法律框架下，积极争取符合中西部实际和文化产业发展现状的，并优于其他地区的税收优惠政策，进而缩小中西部与发达地区的经济与文化发展差距。要把完善文化产业发展的税收政策纳入地方税制改革进程，重点就是要通过地方税制改革与完善，进一步增强地方

---

① 发挥税收支持作用促进文化产业发展－净言展示－云南净言网［EB/OL］. http：//www. ynzy. gov. cn/html/2012/zhengyanzhanshi_ 0401/553. html.

收入能力。这就要求在统一税法原则指导下，适度下放税收立法权，赋予地方一定的税收管理权限，提高地方政府收入和保障能力。如对于甘肃省民族特色文化产业要实施优于一般地区的税收倾斜政策，建议将民族地区文化及相关产业的税金返还给民族地区，集中用于应扶持的文化产业的发展。

（三）完善现有税种政策，优化税收支持方式

1. 将现有税种在文化产业方面的政策进行改革

改革内容具体包括：逐步消除重复征税问题，分别调整和优化增值税、所得税等税种对中小文化企业发展、文化产业创新以及文化企业“走出去”的税收政策，尽量实行差别税率，将文化产业税收优惠政策细化到具体某一事项。

2. 实行间接引导和直接激励相结合的税收政策

这两种税收支持方式共同的特点是都能激励文化产业的发展，但二者的激励程度不同。其中对于一些投资周期短、成本见效快的企业而言，直接的税收政策对其具有较强的激励作用，而对某些投资规模大、经营周期长的文化产业，直接税收政策的作用效果并非那么显著；相反，间接税收政策对于此类文化企业的发展更具有有效的激励作用，对于整条文化产业链的延伸帮助更大，其一般采用的具体措施有投资抵免、税前抵免、成本扣除、加速折旧等。事实上二者各有利弊，单独采用其中的任何一种，对于税收政策的激励效应都会大打折扣，都是不明智的选择。因此，本书提倡以间接税收优惠政策为主，直接税收优惠政策为辅的文化产业税收政策，这样才能使得税收政策的激励效应得到最大限度的发挥。

（四）建立财税奖励机制，注重人才培养和技术创新

高端人才和核心技术永远是区域文化产业发展的后备军。由于近年来中西部地区文化产业发展缺乏支撑的现象较为严重，因此地方政府应将知识和技术视为文化产业发展中最关键的因素，积极运用财税政策为本地培养和吸引精通文化、善于管理的复合型人才，与此同时鼓励企业技术的改革与创新。在人才培养方面，地方政府在制定财税政策的同时应协调文化

部门和教育部门，要建立一个从高校到文化事业单位，再到整个文化产业市场的产业链条运营模式，提高发掘整个产业链中文化精英人才潜在培养市场的敏锐度；在技术创新上，要充分发挥财税政策的奖励机制，对取得重大技术进步的企业和个人给予奖励，不断激励科技创新，为区域文化产业发展提供技术保障。

总而言之，在经济新常态、全球一体化的时代，任何地区既要发展本地区经济实力，又要发扬自己独有的文化。我们应大力发展各民族特色文化产业，做好保护传承，这关系到各民族团结和谐、地区科学发展、文化繁荣与稳定。

第八章

我国财税政策支持文化产业发展的效果评价

第一节 我国财税政策支持文化产业发展的效果评价

新中国成立以来，文化产业的发展一直离不开政府的政策支持，每一发展阶段政府会针对文化产业发展状况出台不同的政策。在文化产业的发展过程中，政府也初步形成了文化产业的政策体系，文化产业财税政策也发挥了一定作用。[①] 经过历年实践，我国财税政策支持文化产业发展取得了丰硕成果，从历史的数据看，财政对于文化产业发展的扶持资金逐年增加；从总量上来看，文化产业的快速发展反作用于财政，提升了文化产业的财政贡献度；财税政策促进文化产业的发展还提升了群众的科学文化素质，宣传了社会正能量，社会效益有所提升；并且财税政策的支持还全面推进了文化体制改革，促进了文化产业的规模化发展，调节了文化产业的内部经济结构，缩小了城乡之间文化产业发展水平差异。这些成果都得益于我

① 文化产业财税政策的作用旨在政策上引导文化产业的发展，运用一系列财税扶持和优惠政策，鼓励文化产业的发展。

国连续出台的财税政策，无论是经济上的支持，还是政策上的税收优惠，都大力促进了文化产业的发展。

一、财政对文化产业的扶持力度加大

在第一个五年规划期间（1953—1957 年），我国就开始了文化产业的初步发展，直到 20 世纪 80 年代初，我国财政对于文化产业的政策性补贴逐年增长，财政投入的文化事业费达 65.21 亿元，占全国财政支出的 0.05%左右，该阶段经济处于复苏时期，全国财政支出总量不大，文化事业费的支出与财政支出总体上是成正相关关系。

从表 8-1 可以看出，在改革开放之前，随着五年规划的推进，我国财政对于文化事业费的支出呈逐年上涨趋势，在“三五”时期文化事业费支出骤减，是由于三年自然灾害，相应的我国财政支出也相应减少，但是“三五”时期过后，我国的财政状况有所好转，财政支出逐年增加，相应地又加大了对文化事业费的支出。与改革开放之前的财政对于文化事业费的支出相比，改革开放之后，随着我国经济的进一步发展，我国的财政支出逐年增长，并且财政对于文化事业费的支出也不断上升。1981—2013 年，我国财政对于文化事业费支出达到 3594 亿元人民币，文化事业费占财政支出比例始终保持在 0.5%以内，近几年稳定持续在 0.38%（见表 8-2）。

表 8-1　　改革开放前我国文化事业财政支出占国家总支出的比重①

年份	文化事业费（亿元）	国家财政总支出（亿元）	文化事业财政支出占国家财政总支出的比重（%）
一五时期	4.97	1345.6	0.37
二五时期	7.99	2288.7	0.35
三五时期	4.49	1204.9	0.37
四五时期	15.36	3919.6	0.39
五五时期	22.04	5247.3	0.42

① 王广深，王金秀．我国文化事业财政支出结构的优化分析［J］．华东经济管理，2008（5）．

表 8-2　　改革开放后我国文化事业财政支出占国家总支出的比重①

年份	文化事业费（亿元）	国家财政总支出（亿元）	文化事业财政支出占国家财政总支出的比重（%）
六五时期	36.03	6952.0	0.52
七五时期	62.45	13978.3	0.45
八五时期	121.23	26092.5	0.46
九五时期	254.51	56897.94	0.45
十五时期	496.16	129692.91	0.38
十一五时期	1220.41	318970.83	0.38
2011 年	392.62	109247.79	0.36
2012 年	480.10	125952.97	0.38
2013 年	530.49	140212.10	0.38

2015 年 3 月 25 日，财政部向社会公布了经全国人大审议通过的 2015 年中央财政预算，其中文化体育与传媒支出为 249.32 亿元，预算数为上年执行的 106.4%（见表 8-3）。虽然从增幅上来看，与其他行业相差不大，但是从资金总量上来看，预算支出比例较小。通过对 2015 年公共预算支出表分析来看，虽然文化传媒支出较 2014 年有所增长，但是在整个不同行业的预算体系中，政府对于文化产业的预算支出远远不足。从对我国财政对文化事业费的支出的纵向比较，得出我国对于文化产业的发展在财政政策上是非常重视的，在政府工作会议上也明确提出要加大对文化产业发展的支持力度，充分发挥财税政策的激励机制，促进文化产业的发展。但是在实践过程中，政府需进一步加大财政支持力度，提高对文化产业的财政支出比例，促进国民产业间的协调发展。

表 8-3　　2015 年中央一般中共预算支出预算表

项　　目	2014 年执行数（单位：亿元）	2015 年执行数（单位：亿元）	预算数与上年执行数的比例（%）
一、中央本级支出	22654.48	25012.00	110.4
一般公共服务支出	1049.73	1004.91	95.7
外交支出	360.16	483.66	134.3
国防支出	8055.14	8868.98	110.1

① 王广深，王金秀．我国文化事业财政支出结构的优化分析［J］．华东经济管理，2008（5）．

续表

项　　目	2014年执行数（单位：亿元）	2015年执行数（单位：亿元）	预算数与上年执行数的比例（%）
公共安全支出	1477.76	1541.92	104.3
教育支出	1242.71	1291.51	103.9
科学技术支出	2455.26	2587.25	105.4
文化体育与传媒支出	234.20	249.21	106.4
社会保障与就业支出	699.88	729.30	104.2
医疗卫生与计划生育支出	90.25	110.19	122.1
节能环保支出	344.53	291.25	84.5
城乡社区支出	17.19	4.83	28.1
农业林业水利支出	557.24	660.62	118.6
交通运输支出	780.46	806.89	103.4
资源勘探信息等支出	362.25	296.84	81.9
商业服务业等支出	24.19	20.44	84.5
金融支出	243.44	249.33	102.4
国土海洋气象等支出	360.15	306.40	85.1
住房保障支出	405.41	355.54	87.7
粮油物资储备支出	1160.94	1546.38	133.2
国债还本付息指出	2603.60	2994.38	115.0
其他支出	129.99	612.17	470.9
二、中央对地方返还和转移支付	51709.35	55918.00	108.1
中央对地方转移支付	46613.01	50764.71	108.9
一般性转移支付	26671.68	29230.37	109.6
专项转移支付	19941.33	21534.34	108.0
中央对地方税收返还	5096.34	5153.29	101.1
三、中央预备费		500.00	
中央一般公共预算支出	74363.83	81430.00	109.5
补充中央预算稳定调节基金	815.65		

二、财税政策提高文化产业经济贡献度、财政贡献度

长期以来，财税政策支持文化产业的发展，使得文化产业有了长足的进步。首先，财税政策与文化产业发展两者之间是相辅相成、作用与反作用的关系。一方面，财政政策促进文化产业的发展；另一方面，文化产业通过快速发展反过来促进经济增长，带动我国GDP增长，增加了文化产业的经济贡

献度。其次，在财税政策指导下，文化产业的加速发展也提高了我国的财政收入，主要表现为税收收入规模的增长。众所周知，财政收入和财政支出是基本平衡的，只有保证财政收入的及时入库，才能正确实施财政预算和财政支出，才能在文化产业的财政支出方面更进一步，形成良性循环。最后，文化产业的发展带动了文化产业的就业规模，扩大了文化产业的就业人数，解决了劳动力无处安置的问题，同时文化产业的发展也提升了我国综合的就业水平，一定程度上解决了“就业难”等问题，使更多人有了基本的生活保障。

首先，财税政策支持文化产业发展，提高了文化产业的经济贡献度。文化产业的经济贡献度主要是由文化产业增加值、文化产业增加值增速、文化产业占 GDP 比重以及文化产业对 GDP 贡献率等指标综合考虑分析。近年来，我国文化产业的增加值迅速提升，截至 2013 年年底，文化产业增加值已经达到 21320 亿元，文化产业增加值增速较为平稳，文化产业占 GDP 比重在 2012 年首次突破 3%，文化产业的发展后劲十足；同时，文化产业对 GDP 的贡献率也呈逐年上升趋势（见表 8-4）。

表 8-4　　我国文化产业的经济贡献度

指　　标	2009 年	2010 年	2011 年	2012 年	2013 年
文化产业增加值（亿元）	8400	11052	13479	18071	21320
文化产业增加值增速（%）	10.09	31.57	21.99	16.50	15 以上
文化产业增加值占 GDP 比重（%）	2.50	2.75	2.85	3.48	3.77
文化产业对 GDP 贡献率（%）	2.91	4.61	4.90	5.50	5.82

党的十八届三中全会特别强调要处理好政府与市场的关系，发挥市场在资源配置中的基础性作用，同时也要充分发挥政府的调控职能。不管是哪个行业改革都要坚持这一准则。文化产业的发展同样要处理好政府与市场的关系。我们要认识到文化产品的事业属性和产业属性特征。文化产品的公共属性要求文化产品提高公民的素质，需要财政投入和政府弥补市场失灵问题；文化产品的市场属性要求提高文化产品的市场影响力，提高对经济的贡献度。现阶段，许多地区积极贯彻十八届三中全会精神，努力发展文化产业，提高文化产业的经济贡献度。

其次，在财税政策的支持下，文化产业提升了财政贡献度，主要表现为我国税收收入总量的提升。税收政策对于文化产业的支持一般采用税收优惠和激励方式，譬如给予中小型文化企业优惠政策，对新兴快速发展的动漫产业、游戏业等给予税收优惠，正是由于政策的引导和支持，增强了文化产业的发展信心和发展凝聚力，在税收优惠政策的大力支持下，文化产业涉及的领域逐渐拓宽，文化产业总值逐年增加，进而文化产业的应纳税额也有所增加，提高了我国的税收总额，增加了文化产业的财政贡献度。表 8-5 所示是全国税收收入中文化、体育和娱乐业分税种收入情况表。

表 8-5　　全国税收收入分税种分产业文化、体育和娱乐业收入情况 单位：万元

项目	税收收入	国内增值税	营业税	内资企业所得税	外资企业所得税
2008 年	2016618	95662	954553	293288	54867
2009 年	2189634	127945	1008734	307478	41705
2010 年	2616375	200002	1190816	193761	57292
2011 年	3156614	258287	1428555	374040	64806

表 8-5 列举了“营改增”改革之前，我国文化产业的税收收入情况。总体来说，文化产业的税收收入呈上升趋势，国内增值税和营业税逐年增加。企业所得税分为内资企业所得税和外资企业所得税，税收收入也呈上升趋势。文化产业涉及的主要税种包括增值税、营业税以及企业所得税，近年来随着部分文化产业“营改增”政策的推进，文化产业的税收收入在增值税和营业税的分配上产生了一些变化，多数税收收入分配到增值税税目中。2014 上半年，我国国内增值税呈低速增长态势，一方面，税法规定部分文化产业中的现代服务业，譬如文化创意服务和广播影视服务被纳入到“营改增”的范围之内，统一征收增值税，使增值税税收收入有所增加；另一方面，“营改增”增加了工业及商业增值税纳税人的抵扣，又在一定程度上减少了税收收入。对于营业税而言，2014 上半年，营业税税额达 9199. 75 亿元，比上年同期增长幅度下降了 8. 9 个百分点，综合考虑“营改增”的收入转移后同比增长 11%①。营业税增速回落的主要原因是受“营改

① 中国行业研究网 . 2014 年上半年税收收入总体情况分析［EB/OL］.［2015-4-10］http：// www. chinairn. com/print/3792975. html.

增”改革的影响。伴随着文化产业的发展，我国的税收收入也在逐年增长。对于企业所得税来讲，内外资的税收收入比例还存在一定差距，说明文化产业引进外资的力度不够，吸纳和利用外资发展文化产业的政策不到位。近年来，随着政府和企业的共同努力，外资企业所得税额在不断提高，内资企业所得税相对较稳定，2010 年内资企业所得税之所以会大幅下降，主要受宏观经济发展以及经济发展大环境的制约。

表 8-6　　我国 2000—2013 年增值税、营业税税收收入　　单位：亿元

年份	增值税税收收入	营业税税收收入	企业所得税税收收入
2000	4553. 17	1868. 78	999. 63
2001	5357. 13	2064. 09	2630. 87
2002	6178. 39	2450. 33	3082. 79
2003	7236. 54	2844. 45	2919. 51
2004	9017. 94	3581. 97	3957. 33
2005	10792. 11	4232. 46	5343. 92
2006	12784. 81	5128. 71	7039. 60
2007	15470. 23	6582. 17	8779. 25
2008	17996. 94	7626. 39	11175. 63
2009	18481. 22	9013. 98	11536. 84
2010	21093. 48	11157. 91	12843. 54
2011	24266. 63	13679. 00	16769. 64
2012	26415. 51	15747. 65	19654. 53
2013	28810. 13	17233. 02	22427. 20

资料来源：国家统计局官网。

从图 8-1 可以看出，进入 21 世纪以来，我国的税收收入呈逐年上升趋势，这主要得益于几大主要税种。我国文化产业涉及税种较多，文化产业占税收比重较大的主要是增值税、营业税和企业所得税从表 8-6 可以看出，我国的增值税、营业税和企业所得税的税收收入不断增长，增幅逐渐加快；企业所得税由 2000 年的 999. 63 亿元上涨到 2013 年的 22427. 20 亿元，企业所得税的收入在一定程度上说明产业发展迅速，从某个侧面折射出了文化产业发展良好。

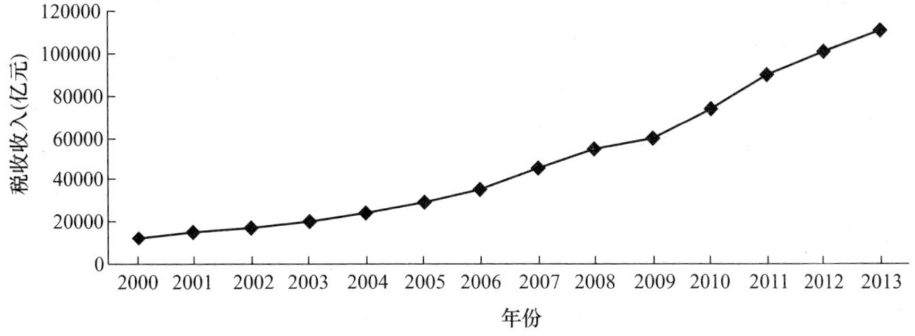

图 8-1 我国 2000—2013 年税收收入

资料来源：中国国家统计局官网。

再次，财税政策支持文化产业发展，增加了文化产业的就业人数，由于财税政策的支持力度较大，我国的文化单位在文化体制改革中虽然数量有所下降，但是就业人数持续增长。这些都得益于政府的财税政策，使得我国文化市场在新时期能够大繁荣、大发展。2013 年，我国进行了第三次经济普查，文化产业及相关单位及就业人员的情况有很大改善，文化产业发展态势良好。

从表 8-7 文化产业及从业人员情况来看，按单位性质分类，公益性文化事业单位要远远低于经营性文化事业单位。究其原因主要是由于我国文化体制的改革，逐渐改变了过去政府包揽文化产业的局面，更好地均衡了市场与政府的关系。不仅改善了过去文化产业公益性单位过多、人员冗杂、工作效率低下等问题，而且充分认识到文化产业的市场属性，发挥文化产业在市场资源配置中的作用。此外，经营性文化产业的从业人员远远高于公益性文化产业单位的从业人员，说明我国经营文化产业能够大量带动就业，促进人力资源的配置，解决就业难等问题。按行业分类一共分为三类，分别是文化制造业、文化批零业和文化服务业。文化产业隶属于第三产业，而第三产业即是现代的服务业，文化产业的大多领域属于服务类业务。因此，文化产业服务业的单位总数要高于其他行业分类，文化服务业的从业人数也是最多的。按活动性质分为文化产品的生产和文化相关产品的生产。文化产业的发展并不仅仅包括文化产业，与文化产业相关的产品生产也是文化产业不可或缺的一部分。显然，文化产品的生产要高于相关文化产品的生产，因为现阶段人民的物质文化需求日益增高，对文化提出的要求也颇具挑战性，因而文化产品生产的单位数量相对较多，就业人数也较多。文化产业单位还包括个体经营户一类，按行业分类，个体经营户的数量巨大，从业人员仅次于法人单位从业人员，说明我国鼓励文化产业的发展，鼓励个体经营户进行文化产业的经营活动，不仅促进了文化产业发展，还能促进就业。

表 8-7　　文化及相关产业单位及从业人员情况

分组	法人单位		产业活动单位		个体经营户	
	单位数（个）	从业人员（万人）	单位数（个）	从业人员（万人）	户数（个）	从业人员（万人）
合计	918482	1760	37903	49. 1	1170134	372. 9
（一）按单位性质分						
经营性文化产业	785615	1548. 3	19764	37. 4	—	—
公益性文化事业	132867	211. 7	18139	11. 7	—	—
（二）按行业分类						
文化制造业	162478	805. 5	1133	4. 3	115533	60. 9
文化批零业	139885	146. 1	6261	5. 7	638800	164. 7
文化服务业	616119	808. 4	30509	39. 1	415801	147. 3
（三）按活动性质分						
文化产品的生产	658897	1033. 4	32598	40. 2	—	—
文化相关产品的生产	259585	726. 5	5305	8. 9	—	—

资料来源：国家统计局官网。

据文化部 2013 年文化发展统计报告数据显示，2013 年年底全国文化单位共计 29. 30 万个，较上年同期减少 0. 31 万个，从业人数达 215. 99 万人，较上年同期增加 6. 18 万人。其中，文化部门所属单位 6. 47 万个，增加 728 个，从业人员 64. 19 万人，增加 2. 61 万人。文化部门所属单位的增加并不是盲目利用财税支持增加行政机构，而是更深入地提高对文化产业的管理水平，为文化产业的发展服务，并且带动部分人群就业。从图 8-2 可以看出，2006—2013 年，我国文化单位机构数量经历了少—多—少的变化历程，主要是响应十八届三中全会精神，深化文化体制改革，精简机构，提高文化机构行政效率等。2011 年，文化单位数量达到峰值，有 30. 31 万个，随后逐渐下降，本书认为今后文化单位的数量还会有所减少。就业人数呈逐年上升趋势，2006—2009 年，就业人数增幅较快；但 2010—2013 年，文化单位机构带动的就业人数增幅较稳，发展空间缩小，这与文化单位机构个数减少有直接关系（如图 8-3 所示）。图 8-2 和图 8-3 反映了我国 2006—2013 年全国文化单位个数及从业人员数，机构数从 2006 年逐渐增长，在 2011 年达到高峰。近两年，文化单位的机构又开始缩减，这主要与国家文化体制改革政策有关，而从业人员的数量未见大幅度缩减，呈现出稳中有升的状态，只是增幅开始放缓。从整体上来看，文化单位机构的个数和文化产业就业规模在现阶段是符合大的发展趋势的。

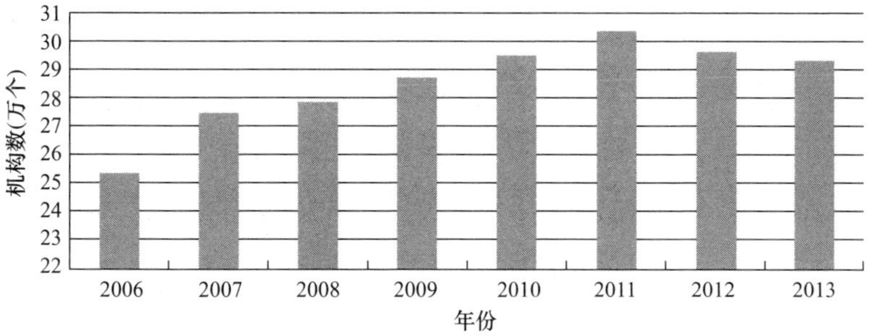

图 8-2　2006—2013 年全国文化单位个数

资料来源：文化部官网。

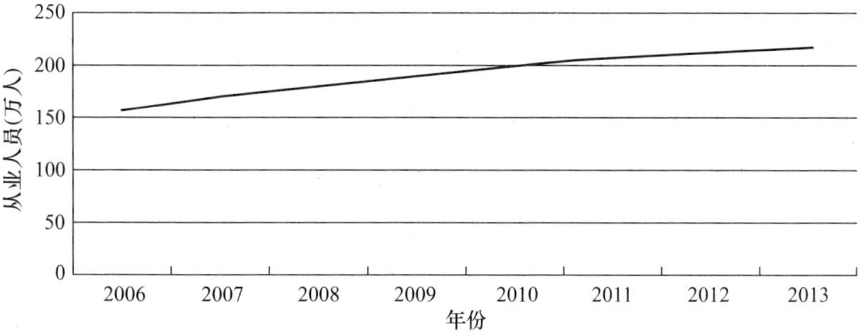

图 8-3　2006—2013 年全国从业人员数

资料来源：文化部官网。

综合以上对财税政策支持下的文化产业发展的经济贡献度，财政贡献度和就业人数的分析，可以得出如下结论：首先，在我国财税政策的大力支持下，我国文化产业的发展在很大程度上带动了 GDP 的增长，同时占 GDP 比重超过 3%，仍呈现上升趋势。其次为贯彻中共十八届三中全会精神，我们还需进一步提高文化产业的经济贡献度，大范围发挥文化产业的市场属性和经济功能。再次，财税政策的支持，使得文化产业的财政贡献度大幅度提升，主要表现为税收规模的逐年增长，主要税种的税收总额增加，在“营改增”的试点改革中，文化产业的税收政策过渡良好，增值税和营业税之间比例分配相对合理。最后，财税政策支持我国进行文化体制改革，全面改革文化管理体系，精简文化行政机构，同时扩大文化服务规模，增加了文化产业的就业规模，实现了利益双赢。

三、财税政策支持文化产业发挥正能量

我国财税政策支持文化产业发展的效果还体现在文化产业发挥了社会正能量效应，带动了群众的文化激情。首先，文化产业的发展改变了群众传统的思想观念，使群众思想得到解放，并且发挥出自身的潜能，实现了自身价值。其次，群众对文化产品的要求进一步提高，不再是仅仅以电视为主要娱乐内容，而是更多地参予多重文化娱乐活动。正是由于群众对文化产品的要求提升，进一步促进了文化消费水平的提高。在文化产业的发展过程中，我国财税政策更加注重调节城乡之间的文化水平差异，财税政策明显倾向于农村，这使得我国农村传统闭塞的文化状况也转变为开放式、多样化的文化环境，文化消费水平和消费理念也大有改观。

由于财税政策的支持，文化产品更好地发挥了社会公益性，提升了群众的物质文化水平，传播了社会正能量。主要表现在以下几点：首先，我国政府着力构建公共文化服务体系。我国公共图书馆数量的增加，满足了群众的大量借阅需求，改善了以往文化物质匮乏的局面。2013 年年底，我国共有图书馆 3112 个，比 2012 年增加了 32 个，其中县级图书馆共有 1632 个，较 2012 年增加 4 个；少儿图书馆 105 个，较 2012 年增加 6 个，同时公共图书馆的使用建筑面积规模也在增大。2013 年年底，公共图书馆实际使用面积为 1158.45 万平方米，较 2012 年年底增长了 9.5%；图书的总体馆藏数量为 74896 万册，较 2012 年年底增长了 8.8%；阅览室座位供给 80.98 万个，比上年同期增加了 10.2%。电子图书的数量为 37767.27 万册。经统计数据得出，万人公共图书馆建筑面积为 85.1 平方米，较上年同期增长 6.9

平方米；人均图书馆藏为0.55册，较上年增加0.04册；人均购书费1.22元，较上年增加0.13元。以上数据表明，在我国财政政策的支持下，我国公共图书馆在数量上、建筑规模上、馆藏量上等都取得了重大进步，促进了公共文化服务体系的构建，不断满足了群众的物质文化需求，降低了群众的文化消费成本，充分发挥了文化产品的公益性特征，同时通过图书馆的建立，激发了群众的阅读热情，传播了社会正能量。从图8-4和8-5可以看出，2006—2013年，万人图书馆建筑面积从2006年的54.7平方米上升到2013年的85.1平方米，增幅较快，持续增长；人均公共图书馆藏量不断增加，但增幅较小。今后还需要进一步加大财政政策支持，增加馆藏数量，让更多人群享受到财政政策对文化产业发展的丰硕成果。

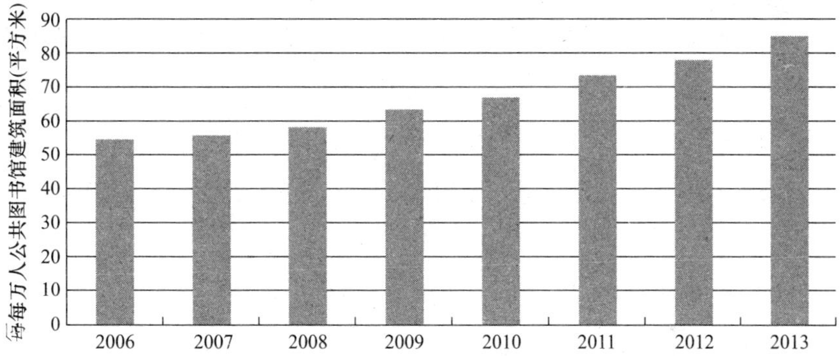

图8-4　2006—2013年全国公共图书馆人均建筑面积①

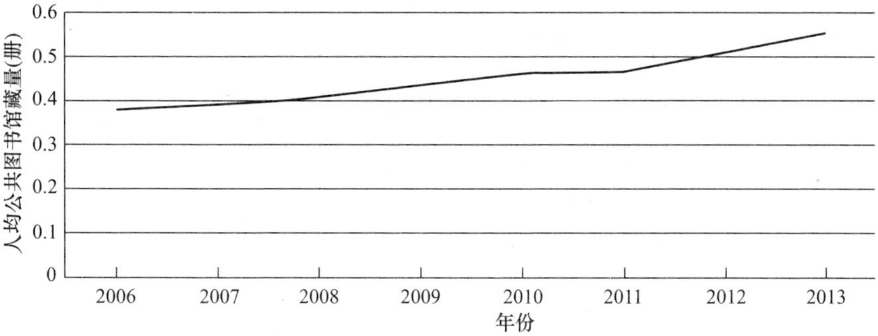

图8-5　2006—2013年全国公共图书馆人均图书馆藏量②

①② 文化部．中华人民共和国文化部2013年文化发展统计公报［EB/OL］. http：//zwgk. mcprc. gov. cn/auto255/201405/t20140516_ 30294. html，2014-05-01/2015-04-03.

其次，在财税政策的支持下，我国政府努力发展群众文化机构。群众文化机构指为群众创建良好的文化环境服务的机构。通常以服务群众为宗旨，以举办一些文化活动为主要内容，满足群众的文化需求，提升群众的文化兴趣和文化素质。群众文化机构的设立也是传播社会正能量的一种表现形式，群众文化机构举办的一些文化活动，如展览、文艺活动、公益性讲座、训练班等，有益于群众娱乐身心，提高文化素养，传播社会正能量。

据统计，2013 年年底全国的群众文化机构共有 44260 个，较 2012 年年底增加了 384 个；其中，乡镇综合文化站 34343 个，较上年增加 242 个。2013 年年底群众文化机构实际使用房屋建筑面积 3389.39 万平方米，较 2012 年年底增长 6.9 个百分点；馆藏数量 23013 册，增长了 10.7 个百分点；计算机数量为 29.22 万台，增长幅度较大，较上年同期增长了 24.9 个百分点；群众文化机构对外开放的阅览室面积达 99.73 万平方米，较上年增长了 16 个百分点。2013 年年底每万人的群众文化机构的实际使用面积为 249.09 平方米，较上年增加了 14.85 平方米。此外，群众文化机构还举办了多种娱乐项目活动，共计 128.32 万次，较上年增加了 6.8 个百分点；服务人员增加了 0.3 个百分点，共计 44171 万人次。

从图 8-6 中可以看出，群众文化设施建筑面积总体上是上涨的，由 2006 年的万人 123.46 平方米增长到 2013 年的万人 249.09 平方米，8 年间群众文化设施面积增长了 1 倍多，说明我国政府比较重视对文化设施的建设，尤其是在农村地区，文化基础设施不断完善，群众，创造了良好的文化娱乐环境。表 8-8 反映了群众文化机构 2013 年开展各项活动的情况，活动次数总体上来说较大，其中文艺活动开展次数 74.06 万次，位居第一。参与群众文化机构服务的群众总数为 44171 万人，其中文艺活动参与人次最多，据次要位置的是展览。这些群众文化机构举办的活动受到群众广泛的好评，并且活动举办场次和参与人数与 2012 年相比都有所上升。这些数据表明，在财政政策的支持下，我国的群众文化机构发展状况良好，从正面宣传了中国博大精深的传统文化，展览等活动起到了陶冶情操的作用；一些公益性讲座的举办有益于宣传普及文化知识，受益群众，同时传播社会正能量，让文化以更好地意识形态融入到群众的日常生活中。

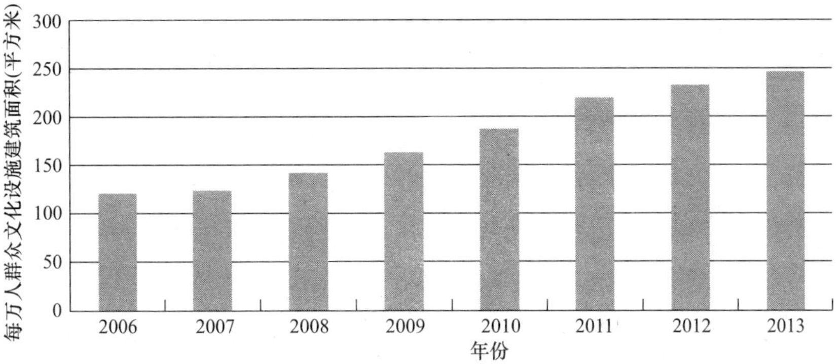

图 8-6 2006—2013 年全国平均每万人群众文化设施建筑面积

表 8-8 2013 年全国群众文化机构开展活动情况①

项目	总量		比上年增长（%）	
	活动次数（万次）	参加人数（万人次）	活动次数	参加人次
各项活动总计	129.32	44171	6.8	0.3
展览	13.82	9245	20.4	3.2
文艺活动	74.06	31379	7.6	-1.8
公益性讲座	2.36	441	13.5	20.5
训练班	39.08	3105	0.9	12.9

再次，财政对于文化事业费的支出逐年增加，政府努力进行文化建设，使文化产品的公益性效用最大化。在财政政策的支持下，我国的艺术创作演出活动日益频繁，文艺演出场次增多，文化艺术团规模扩大。截至 2013 年年底，全国共有艺术表演团体 8180 个，比上期增加 859 个。2013 年全国的艺术表演团体演出共计 165.11 万场次，较上年同期增长 22.3%，国内的观众人数达到 90064 万人，较上年同期增长 8.8%；农村演出的场次达到 105.08 万场次，增幅为 29.5%，占总演出场次的 63.6%；农村的观众人数为 52973 万人，较上年同期增长 1.7%，占群众总体人数 58.8%（见表8-9）。其中文化部门直属的艺术表演团体组织政府采购的公益性演出为 8.9 万场次，同时，文化部文化艺术表演场馆共计 1344 个，较上年增加了 65 个。

① 文化部．中华人民共和国文化部 2013 年文化发展统计公报［EB/OL］. http://zwgk.mcprc.gov.cn/auto255/201405/t20140516_ 30294.html，2014-05-01/2015-04-03.

表 8-9　　2013 年全国艺术表演团体基本情况①

年份	机构数（个）	从业人员数（个）	演出场次（万场）	国内演出观众人次（万人次）	总收入（万元）	演出收入（万元）
2007	4512	220653	92.7	75895.6	829045	203757
2008	5114	208174	90.5	63186.8	933685	204842
2009	6139	184678	120.2	81715.9	1121559	288214
2010	6864	185413	137.1	88455.8	1239255	342696
2011	7055	226599	154.7	74585.1	1540263	526745
2012	7321	242047	135.0	82805.1	1968802	641480
2013	8180	260865	165.1	90064.3	2800266	735532

我国文化部在促进艺术创作演出方面已取得突破性的成就。首先，文化艺术团体的数量逐年增加，说明文化的发展宣传规模逐渐壮大；艺术表演团体的演出场次增加，最主要的突破性成就是文艺团体在农村的演出场次大大增加，占所有文化艺术场次的比例达到 70%左右，说明我国对农村文化发展的政策性倾斜，大力促进了农村文化产业的发展。同时随着政策的跟进，农村的观众人数逐渐增加，说明农村群众的文化观念开始转变，群众越来越重视对文化方面的需求。文化部直属艺术表演团体和表演演出场次不断增加，促进了我过文化产业的总体发展，从正面发挥了文化产品的社会效益，传播了社会正能量；同时文化演出也能带动群众的生活激情，培养浓厚的文化兴趣。

四、扩大了文化产业发展规模

我国文化产业发展过程中存在的重大难题便是文化产业规模小、集约化程度低、文化产业分布较分散、内部结构混乱，尤其是文化产业内各行业之间缺少沟通与合作，需要政府利用财税政策，扶持大型文化企业发展，鼓励文化企业集团之间沟通与合作，实施发展大集团战略；通过集中文化资源和文化企业，扩大文化产业的生产规模，增加文化产品的生产数量，

① 文化部．中华人民共和国文化部 2013 年文化发展统计公报［EB/OL］. http：//zwgk. mcprc. gov. cn/auto255/201405/t20140516_ 30294. html，2014-05-01/2015-04-03.

满足日益增加的市场需求。我国文化部于2004年11月出台了文件《文化部关于命名文化产业示范基地的决定》，列举了第一批示范基地，共计42家。2013年，通过开展国家级文化产业园区和对文化基地的考核审查工作，文化部决定撤销一家国家级的文化产业实验园区和一家国家文化产业示范基地称号，说明我国不仅仅是给予文化产业政策上的支持，同时也注重后期的监督和检查。2012年3月12日，我国出台了《国家级文化产业示范园区管理办法（试行）》，依法对文化产业示范园区的建设进行管理，对于违法乱纪的行为给予惩戒，严禁出现滥竽充数的情况。①

财税政策支持文化产业发展不仅体现在文化产业规模增大、集约化程度提高，还表现在部分行业的发展规模扩大。《中国电影市场影响力研究报告》数据显示，2014年全球电影票房为375亿美元，中国电影票房47亿美元，我国电影票房占全球电影票房的13%，较2012年的8%增长了5个百分点，中国的电影市场位居全球第二。报告称，在全球及各国电影票房增速放缓的情形下，我国的电影市场正在飞速增长。2014年我国共上映影片388部，总票房为47亿美元（约合人民币296亿元），增幅达36%，远超韩国、印度、法国、日本等国家。同时中国的观影人数规模也在不断壮大，2014年，中国观影人次达到8.3亿人，同比增长34.52%，白领已经成为中国核心观影人群。② 同时电影还以视频营销、整合营销的方式展现在群众面前，实现了电影商业价值的最大化。以上数据表明，我国电影行业发展迅速，国内创作电影层出不穷。同时，我国出版业发展状况良好。《2013—2014中国出版业发展报告》蓝皮书指出，2013年全国出版、印刷和发行服务营业收入较2012年增长9.7%，增加值增长9.6%，利润总额增长9.3%。③ 同时随着出版业的改革，3000多家非时政类报刊出版单位已经完成了文化企业转制。在广播电视方面，第三次经济普查公报（二）显示，2013年年末，

① 2013年年底，全国共8个国家级文化产业示范园区、6个国家级文化产业示范园区和268个国家文化产业示范基地。文化部．中华人民共和国文化部2013年文化发展统计公报［EB/OL］. http://zwgk.mcprc.gov.cn/auto255/201405/t20140516_30294.html，2014-05-01/2015-04-03.

② 邱娟．中国成全球电影票房增长引擎［EB/OL］. http://www.cnci.gov.cn/content/2015-01/14/content_11039318.htm，2015-01-14/2015-04-13.

③ 邱娟．中国出版业发展报告出炉，13年较12年营收增长9.7%［EB/OL］. http://www.cnci.gov.cn/content/2014-12/04/content_10805089.htm，2014-12-04/2015-04-13.

信息传输、软件和信息技术服务业企业法人单位资产总计77774.6亿元（见表8-10）。

表8-10 按行业分组的信息传输、软件和信息技术服务业企业法人单位资产总计

	资产总计（亿元）
合计	77774.6
电信、广播电视和卫星传输服务	46727.2
互联网和相关服务	4761.1
软件和信息技术服务业	26286.3

资料来源：国家统计局官网。

据统计，2012年，我国广播电视总收入首次突破3000亿元（包含财政补贴收入），同比增长20.29%。截至2012年12月15日，全国广播人口的综合覆盖率为97.5%，较2011年增长0.44%；全国电视人口的综合覆盖率达98.20%，较2011年增长0.38%。2013年，我国的广播电视行业总收入达到3628亿元，较2012年增长10.98%。[①] 在文化旅游方面，2014年上半年，在采访人群中，超过93%的人会在一年内计划一次境内旅行，超过2013年年底的90%。同时境外旅游的消费也大幅增长，据中国旅游研究院统计，2014年我国出境旅游规模达1.14亿人次，同比增长16%，中国境内旅游总消费额达到5.5万亿元，城乡居民人均出游4.5次。与之相关的便是文化旅游图书用量的增加，2014年中国旅游图书规模达10亿元，说明文化旅游发展迅速，并且不仅仅局限于境内旅游，还在很大程度上带动了文化产业的发展。

在新兴的文化产业发展过程中，尤其是动漫产业、网络游戏、互联网平台的支持，手机视频等发展迅速。2006年，国务院办公厅出台了《关于推动我国动漫产业发展若干意见的通知》（国办发〔2006〕32号），文化部、财政部、国家税务总局于2008年12月下发了《动漫企业认定管理办法（试行）》（文市发〔2008〕51号）。2011年，出台了《关于扶持动漫产业

① 刘元发．促进我国文化产业发展的财税政策研究［D］．北京：财政部财政科学研究所博士学位论文，2014.

发展增值税、营业税政策的通知》（财税〔2011〕119 号）以及 2013 年《财政部、国家税务总局关于动漫产业增值税和营业税政策的通知》（财税〔2013〕98 号）等政策性文件，都旨在推动动漫业的发展。2014 年，我国动漫行业达到 1000 亿元的产值规模，增长率达 15%左右。动漫业发展最早的是韩国，我国与韩国动漫业发展极为相似，以网络动漫和手机动漫为新型媒体动漫种类，并且近年来我国动漫业表现出强劲的发展势头，这些新媒体动漫的产生成就了动漫产业新的经济增长点。2013 年，我国的网络游戏有了快速发展，网络游戏的总营业收入规模为 650 亿元人民币，其中，网页游戏的收入达 150 亿元人民币，占网络游戏的 16. 7%；移动游戏的营业收入为 100 亿元人民币，占网络游戏的 15. 4%。这些数据表明，网络游戏发展迅速，并且网页游戏和移动游戏的市场推广较好。

从以上分析可以得出，在财税政策的大力支持下，我国文化产业的规模迅速提升，并且建立了一批批文化产业示范园区和示范基地，提高了文化产业的集约化程度。同时，文化产业内部各个行业发展较快，电影业、出版业、广播电视业、旅游业、动漫业和网络游戏等都取得了不同程度的发展。无论是传统文化产业的扩张，还是新兴文化产业的异军突起，都促进了我国文化产业的发展。

五、加快文化体制改革历程

文化体制改革是文化产业发展的焦点。由于我国文化产业体系不完善，文化管理制度不健全，使得我们必须依靠政策转变文化产业发展方式。我国近年来出台了一系列文化体制改革的文件。在 2009 年《振兴文化产业规划》中提出，加强组织领导、深化文化体制改革，加强立法工作。中共十八届三中全会通过的《中共中央关于全面深化改革若干重大问题的决定》，对推进文化体制改革机制创新做出了新的重大战略部署，明确提出建设社会主义文化强国，增强国家文化软实力。改革开放以来特别是党的十六大以来，在中央的科学决策和正确领导下，文化体制改革由点到面、逐步推开，取得了重大突破和阶段性成果。中央确定的文化体制改革的阶段性任务初步完成，公共文化服务体系也已初步建立，文化产业规模不断壮大。

事实证明，深化文化体制改革顺应了历史发展潮流。

现阶段全国99%的经营性图书出版社，96.6%的国有新华书店和20%的报刊出版单位已经完成转制或处于转制改革之中。2013 年 9 月，我国需要转制的2103 家文化系统的国有院团中已经有2093 家完成了转制改革，完成率达99.5%。文化体制改革的顺利进行离不开我国财税政策的支持，在政府的大力支持下，我国的文化体制改革更进一步，取得了许多傲人成果，但是文化体制还存在许多问题，在未来的发展过程中，需要通过实践继续推进文化体制改革，建立一套合理完善的文化体系制度。

六、促进文化产业技术进步

文化产业的发展需要科学技术的支撑。如果文化产业缺少专业的技术支撑，文化产业将是一盘散沙，没有核心竞争力可言。只有科学技术对文化产业的支撑，才能生产出高质量的文化产品，才能满足人们对文化产品的高要求。我国政府运用财税政策鼓励研发新技术，推进文化产业的技术革新。在我国政府的正确领导下，文化产业的技术水平取得了飞跃式发展，文化产品的质量较高，市场竞争力增强，为文化产业的发展建立了强劲的技术支撑保障。

2013 年文化部大力推进国家文化科技提升计划、文化部科技创新项目、国家文化创新工程、标准化修订项目等部级和科技创新项目，积极扶持立项涉及公共文化服务、文化产业发展、文化市场管理、体制机制改革等领域的科技项目48 项，国家文化创新工程项目12 项，标准化修订项目14 项。①

以上分别从财政对文化产业的扶持力度加大、财税政策提高文化产业经济贡献度、财政贡献度就业人数、财税政策支持文化产业发挥正能量、扩大文化产业发展规模、加快文化体制改革历程、促进文化产业技术进步，列举7 个方面详细阐述了我国财税政策支持文化产业发展的效果。从整体上来说，在财税政策的大力支持下，我国文化产业取得了很大进步，促进了

---

① 2013 年共完成各类艺术学评审立项项目201 项，资助的经费总额为2836 万元，首次开展了“国家社科基金艺术学重大项目”评审立项工作，6 个项目获得立项。

文化产业的发展。但是在很多方面还有待提高，譬如税收政策支持不足，财政补贴相对较少，以及政府信贷政策机制不健全等问题，在以后的文化产业发展中，我国政府应着力解决这些问题，完善我国文化产业市场机制，增强财税政策促进文化产业发展的效果。

第二节　当前支持文化产业发展的财税政策存在的问题

一、我国文化产业财政政策现状和存在的问题

（一）近年来我国财政政策支持文化产业发展的现状

目前、文化产业作为21世纪的“朝阳产业”，发展较为迅速。我国的文化产业财政政策主要是以政府为主导，以财政为支撑。通常，我国对文化产业的管理是分业管理的。即针对文化产业的不同领域和不同行业进行分工的专业化管理。主要是在中央政府的宏观调控下，对文化产业分类进行专业化管理。从横向上进行各部门的协调，从纵向上进行统一垂直化统一管理。这种分层次的管理制度也就决定了我国制定的文化产业财政政策不是单一的，而是通过发行政策性法规体现财政政策精神的，主要以国家法律、行政法规、部门规章、法规和部门文件为依据，集中体现政府的财政政策。2000年以来，我国对于文化产业的发展给予高度重视，并且发布了诸多相关文件，[①] 这些文件主要体现了以下几点财政政策。

第一，推动文化体制改革。我国政府明确提出带动文化产业的发展必

① 《关于进一步支持文化事业发展若干经济政策的通知》（国办发〔2006〕43号）、《关于推动我国动漫产业发展若干意见的通知》（国办发〔2006〕32号）、《关于印发文化体制改革中经营性文化事业单位转制为企业和支持文化企业发展两个规定的通知》（国办发〔2008〕114号）、《关于文化体制改革中经营性文化事业单位转制为企业的若干税收优惠政策的通知》（财税〔2009〕34号）、《国务院办公厅关于印发文化体制改革中经营性文化事业单位转制为企业和进一步支持文化企业发展两个规定的通知》（国办发〔2014〕15号），《关于继续实施文化体制改革中经营性文化事业单位转制为企业若干税收政策的通知》（财税〔2014〕84号）。

须要以市场为主体，严格把握市场的准入门槛，使得文化市场的主体规范化、统一标准化。同时转变文化体制，加快文化企业转制改革的步伐，建立与市场经济发展协调的文化主体，完善发展相关文化产业配套措施。要规范文化市场的管理秩序，增强法治观念，有效管理文化产业的市场主体。放宽市场准入制度，适当地引入文艺表演团体，支持民营文艺团体的发展，并且鼓励文化艺术走出去，加强对外交流。培养大量的文化人才，加强文化宣传，培养文化创新意识和科研能力，提升文化综合实力，提高我国文化在国际社会中的地位。对于推动文化体制改革，我国政府制定了以下政策，见表 8-11。

表 8-11　　推动文化体制改革政策

文　　件	具体规定
《关于 2005 年深化经济体制改革的意见》	深化文化体制改革，大力发展文化产业，积极培育文化市场主体，规范文化市场秩序，健全文化市场体系，加快公共文化服务体系建设
《关于鼓励发展民营文艺表演团体的意见》	放宽民营文艺表演团体的市场转入，简化民营文艺表演团体的审批手续，加强对民营文艺表演团体创作演出的指导和支持，鼓励和支持民营文艺表演团体参加对外文化交流，加强民营文艺表演团体人才的培养，鼓励民营文艺表演团体的发展壮大
《国家"十二五"时期文化体制改革和发展规划纲要》	推动文化产业成为国民经济支柱性产业，增强文化产业整体实力和竞争力，深化文化体制改革

第二，加大财政投入力度。中央和地方政府通过采取财政政策加大对文化产业和文化相关事业的财政支持力度，根据财政预算合理安排财政对文化产业的支出。财政对于文化产业发展投入增加，在一定程度上促进文化产业发展，满足人民日益增长的物质文化需求。人民群众的文化需求得到满足，进而改善了我国群众的文化素质水平，提升了群众的文化素养，同时加大了对文化转制企业的财政支出。我国对于文化产业的政策始终是一脉相承的，但是改革中也有所建树。从 2009 年至今，国家逐渐重视文化产业的发展，并把文化产业的发展作为新的经济增长点，政府不断出台新的政策性文件，主要是从财税政策的支持和援助方面为文化产业发展提供良好宽松的外部环境，利于其快速发展。表 8-12 给出 2009 年以来财政对文化产业的政策总结。

表 8-12 2009—2013 年支持文化产业发展的财政政策

2009 年，国务院颁布《文化产业振兴规划》	加大对文化产业的投入，增加中央财政“扶持文化产业发展专项基金”和文化体制改革专项资金规模。运用多种财政手段支持国家级文化产业基地建设，设立中国文化产业投资基金
2009 年，国务院颁布《关于进一步繁荣发展少数民族文化事业的若干意见》	中央和省级财政在安排促进民族地区发展和宣传文化发展相关经费时，逐步加大对少数民族文化事业的支持力度
2010 年，保监会、文化部颁布《关于保险支持文化产业发展有关工作的通知》	有重点地推动当前文化产业保险市场发展，公布了第一批文化产业保险试点险种及公司
2010 年，中宣部、财政部、文化部、新闻出版总署以及保监会等颁布《关于金融支持文化产业发展有关工作的通知》	推动多元化和多层次的信贷产品开发和创新，发放融资租赁贷款，完善授信模式，加强和改进对文化产业的金融服务
2011 年财政部颁布《关于进一步加强中央文化部门预算执行管理的通知》	切实做好中央文化部门预算执行工作，严格控制预算调整，下年预算安排与上年预算执行须挂钩，提高财政资金的使用效率
2011 年中宣部、文化部颁布《关于加快国有文艺院团体制改革的通知》	中央和地方财政通过安排文化产业发展专项资金，宣传文化发展专项资金渠道，对专制文艺院团重点产业发展项目予以支持
2012 年，中共中央办公厅、国务院颁布《国家“十二五”时期文化改革发展规划纲要》	把主要公共文化产品和服务项目、公益性文化活动纳入公共财政经常性支出预算，采取政府采购、项目补贴、定向资助、贷款贴息、税收减免等政策措施鼓励各类文化企业参与公共文化服务，保证公共财政对文化建设投入的增长幅度高于财政经常性收入增长幅度。中央、省、市三级设立农村文化建设专项资金，设立国家文化发展基金，继续征收文化事业建设费和国家电影发展专项资金

以上政策表明，促进文化产业的发展的财政政策主要体现在两方面，分别是推动文化体制改革和加大财政资金的支持力度。具体说来，第一就是推动文化体制改革，重点推动文化企业转制改革。第二就是加强专项基金的建立，通过财政扶持文化产品和项目专项基金的发展，如宣传文化发展专项基金、文化产业发展专项基金、国家出版基金、民族文字出版专项基金、农家书屋工程专项基金等。财政政策的制定和出台对于文化产业的发展起到了促进作用，但还存在一些缺陷。

（二）我国财政政策支持文化产业发展存在的关键性问题

自“十一五”时期以来，我国文化产业的发展取得了卓有成效的成绩，我国政府也制定了许多文件促进和保护文化产业的发展，为文化产业的健康发展提供了有效和谐的外部环境。但是仍存在一些问题，在一定程度上阻碍了文化产业的发展。

对于文化产品的分类，主要有公益性、准公益性和营利性文化产品。通常看来，非营利性的文化产品的发展主要是依靠于政府财政对于文化产业的资金支持。尤其是对于一些公益性文化产品的发展，它们不具有竞争性和排他性，资源较难得到有效配置，因此更需要政府的财政支持。然而我国政府现阶段对于文化产业的资金投入不足，阻碍了文化产业的发展。财政对于文化产业的投入主要由两部分组成，首先是文化事业费的财政投入，这也是财政资金需求最多、投入较少的部分；其次是财政转移支付的资金投入，主要是为了更好地控制资金的合理利用，将部分资金转移到文化产业需要的部门中。在我国的第十一个五年规划期间，政府投入的文化事业费在总体上呈上升趋势。从增长幅度分析来看，财政对于文化产业的支出比重持续在0.5%以下（见表8-13、表8-14）。由于财政对于文化产业的投入比重太小，我国政府制定的短期目标是争取在2015年，文化事业费的支出占国家财政支出比例翻1倍。

表8-13　　我国文化事业费占国家财政支出比重　　单位：%

时　期	六五	七五	八五	九五	十五	十一五	十二五
文化事业费总支出占国家财政比重	0.48	0.49	0.50	0.45	0.39	0.38	0.10

表8-14　　2006—2013年我国文化产业公共财政投入情况①　　单位：亿元、%

年份	国家财政支出	文化事业费总支出	文化事业费支出占国家财政支出比例
2006	40422.73	158.03	0.391
2007	49781.35	198.96	0.400
2008	62592.66	248.04	0.396
2009	76299.93	292.32	0.383
2010	89874.16	323.06	0.359
2011	109247.79	392.62	0.359
2012	125952.97	480.10	0.381
2013	140212.10	530.49	0.378

资料来源：中国统计年鉴网。

① 文化部．中华人民共和国文化部2013年文化发展统计公报［EB/OL］．http://zwgk.mcprc.gov.cn/auto255/201405/t20140516_30294.html，2014-05-01/2015-04-03.

从图 8-7 所示数据可以看出，我国对于文化事业费的投入明显不足，这与我国财政对于科技教育、卫生等方面的支出相差甚远。尽管文化事业费支出总量在逐年增加，但是与国家财政支出增幅不成比例，文化事业费的支出占国家财政支出比重始终维持在 0.5%以下。同时，文化产业占 GDP 的比重持续在 3%左右，远远达不到我国 5%的预期发展目标。财政投入对文化产业的不足，使得文化人才不能更好地从事文化创作，为群众提供更优质的文化服务。由于政府财政支持力度不够，导致文化产业的基础设施不完善，机器设备落后，因此为了更好地发展文化产业，我国必须加大财政投入力度。

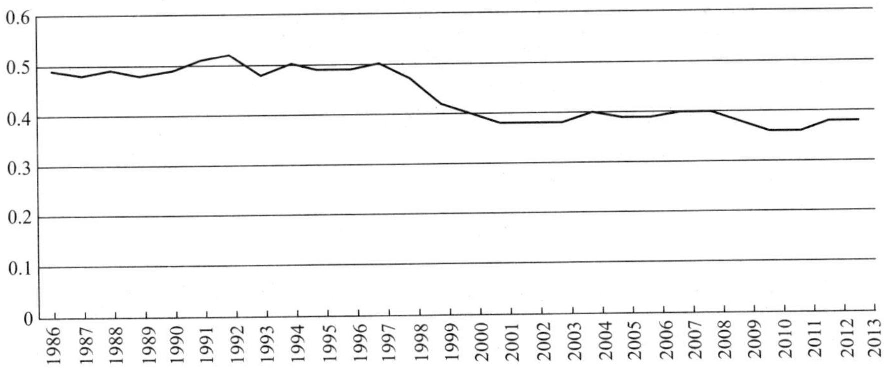

图 8-7 全国文化事业费占财政支出比重①

1. 财政投入不均，支出结构不合理

财政对于文化产业的投入不均主要表现在对公益性文化产品、准公益性文化产品和营利性费文化产品投入不均。由前文可知，为了更好地优化资源配置，财政资金的支持应该更倾向于公益性文化产品和准公益性文化产品，而经营性文化产品则应由市场来调控，这样才能促进文化产业良性健康发展。但，从图 8-8 可以看出，财政对于图书馆、表演艺术业以及群众文化事业的公益性文化产品和准公益性文化产品的支出比例较小，财政投入资金不足，这些公益性和准公益性的文化产品行业的

① 文化部．中华人民共和国文化部 2013 年文化发展统计公报［EB/OL］．http://zwgk.mcprc.gov.cn/auto255/201405/t20140516_30294.html，2014-05-01/2015-04-03.

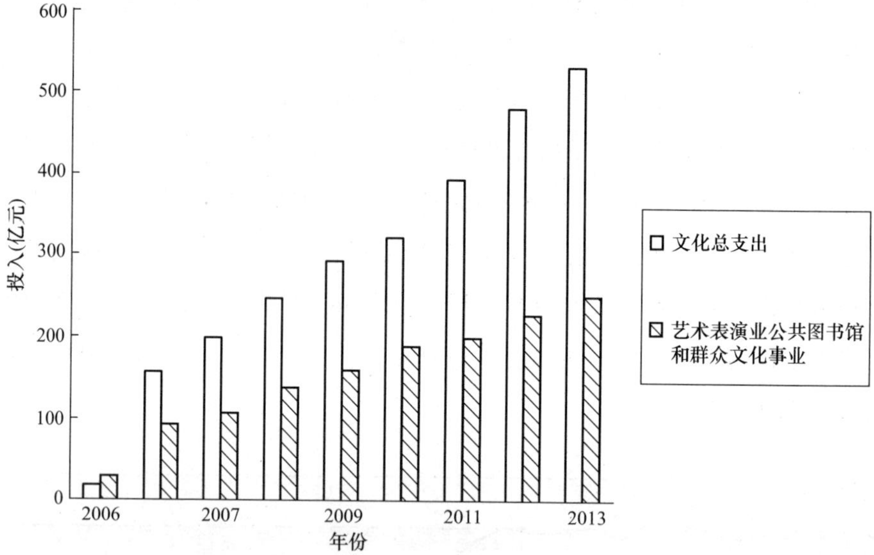

图 8-8　2006—2013 年我国文化总投入与行业投入情况

资料来源：中国文化文物统计年鉴。

增加值所占比重也较小。

从图 8-8 所示可以看出，财政对于具有公益性和准公益性的艺术表演业、公共体育馆和群众文化事业等领域的资金投入在总量上是逐年增加的，但是资金投入比重占国家财政支出比重呈下降趋势；从图 8-9 可以看出，文化产业增加值逐年增加，但是非营利性文化产业的增长基本上是微乎其微，总体说来即是总量小、增幅慢。以上两方面都充分表明了财政对文化产业的投入不均以及行业间财政支出结构不合理。

财政支出结构是指财政支出应用于文化产业的建设的数量、比例、范围之间的关系。我国对文化产业的财政支出结构不合理，主要表现在文化产业行业间的投入不合理，城乡之间文化产业财政投入不合理以及地域之间文化产业财政投入不合理。以上对于具有公益性、准公益性文化产业的分析强有力地说明了文化产业在行业间投入不均。

2. 财政在城乡之间的资金分配不合理

主要表现在对城市投入较多，对农村基层文化产业的建设投入较少，这与财政公平性的目标相背离。2006 年我国农村人均文化事业费为 1.48 元，城市人均文化事业费为 9.82 元，相差 6.64 倍。2009 年，

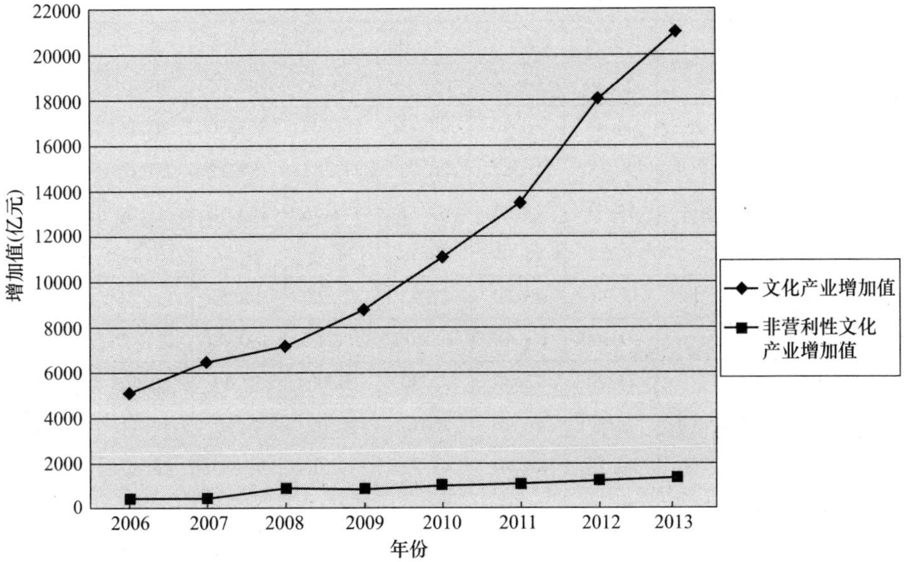

图 8-9　2006—2013 年我国文化产业总增加值与行业增加值情况

资料来源：中国文化文物统计年鉴。

我国农村人均文化事业费达到 12.1 元，城市人均文化事业费为 33.27 元，相差 2.75 倍，差距逐渐缩小，但并不是基于财政对于城乡之间文化事业费分配比例有所改善，而是由于城乡人口大幅度流动，城市人口扩张。

从表 8-15 可以看出，在城乡的财政支出结构中，对于县以上文化事业费的财政支出远远高于县及县以下地区，同时城市和农村文化事业费所占比重由以前的七三分成转变为六四分成，还未达到相对公平。这也就导致了城乡间差异，使得农村基本文化设施建设欠缺，不能满足人们基本的物质文化需求。从横向的区域财政分布来看，对东部地区的文化事业费投入最多，西部其次，中部最少。且投入总量的增幅也大不相同，东部增长最快，其次西部，最后是中部。相应的文化事业费所占比重也是东部最多，西部其次，中部最少。这也充分说明了中部地区的文化产业发展相较于东部和西部地区是滞后的，地区间的发展失衡也严重阻碍了文化产业的市场化发展，政府财政政策的导向和倾向有所侧重。

表 8-15　　全国文化事业费按城乡和区域分布情况①

项　目		1995 年	2000 年	2005 年	2010 年	2011 年	2012 年	2013 年
总量（亿元）	全国	33.39	63.16	133.82	323.06	392.62	480.10	530.49
	县以上	24.44	46.33	98.12	206.65	205.50	243.08	272.67
	县及县以下	8.95	16.87	35.70	116.41	187.12	237.02	257.82
	东部地区	13.43	28.85	64.37	143.35	174.18	211.56	231.41
	中部地区	9.54	15.05	30.58	78.65	91.36	107.78	120.01
	西部地区	8.30	13.70	27.56	85.78	108.59	139.53	152.16
所占比重（%）	全国	100.00	100.00	100.00	100.00	100.00	100.00	100.00
	县以上	73.20	73.30	73.30	64.00	52.30	50.60	51.40
	县及县以下	26.80	26.70	26.70	36.00	47.70	49.40	48.60
	东部地区	40.20	45.70	48.10	44.40	44.40	44.10	43.60
	中部地区	28.60	23.80	22.90	24.30	23.30	22.40	22.60
	西部地区	24.90	21.70	20.60	26.60	27.70	29.10	28.70

3. 财政对社会资本吸收不足

我国文化产业发展主要依赖于政府的财政资金投入，尤其是具有公益性和准公益性文化产业的行业基本上都是由政府主导的一些国家高度垄断的行业。由于国家对于公益性文化产品、准公益性文化产品以及经营性文化产品定义的不确定性，从根本上造成了公益性文化产品和准公益性文化产品的“缺位”，同时也形成了对经营性文化产品的“越位”。这种分类的不确定性直接导致财政资金分配不公、去向不明、使用效率低下等。用以支持文化产业发展的财政资金的浪费阻碍了文化产业的发展，同时财政对文化产业的投入主体单一，文化产业的市场准入门槛较高以及政府垄断包办的情况普遍存在，使得社会资本不能有效进入文化产业，导致文化产业资金链需求紧张，严重阻碍了文化产业的发展。此外，因为对文化产业的市场定位不确定，未能充分发挥文化产业市场调节资源配置的功能。以上几点原因表明我国财政对于文化产业所吸收的社会资金不足，未能充分利用社会闲置资金投入。

此外，财政对社会资本吸收不足还体现在相关财税政策的滞后导致融

① 文化部．中华人民共和国文化部 2013 年文化发展统计公报［EB/OL］．http：//zwgk.mcprc.gov.cn/auto255/201405/t20140516_30294.html，2014-05-01/2015-04-03.

资环境的缺失。我国文化产业的准入门槛较高，文化市场主要针对一些特定的企业部门开放。同时，文化产业的准入制度不健全，缺乏法律制度的保障。一些政策规定非公有制企业与国有企业的地位一样，在文化产业市场中可以公平竞争。这些在文化市场中公平竞争的领域，通常是市场已经饱和和社会资本充足的领域，或者是市场风险高、投入期限较长的领域，这些社会资本可以投资的文化产业并不多。与此同时，政府制定的相关财税政策优惠力度不够，对于社会资本的吸引力较小，文化产业的发展还是不能有效吸收社会资本，进行文化产业的投融资活动。

4. 财政政策缺乏持续的激励机制

自“十五”时期以来，国家制定的大多数文化产业政策文件执行期间是五年，属于临时性、应对性的政策文件。譬如，财税〔2009〕31 号文和财税〔2009〕34 号文规定了财政政策的执行期间为 2009 年 1 月至 2013 年 12 月 31 日；财关税〔2011〕27 号文规定执行期间是 2011 年 1 月 1 日至 2015 年 12 月 31 日；财税〔2014〕84 号文和财税〔2014〕85 号文规定财政政策执行期间是 2014 年 1 月 1 日至 2018 年 12 月 31 日。从以上文件可以看出，财政政策对于文化产业的发展执行期间一般为 5 年，这些政策通常都是临时性的，扶持激励期限较短，不能长久有效地促进文化产业的发展；而且一旦财政政策执行期限结束，又会紧接着制定下一个临时性政府文件，但对于文化产业所采取的财政政策应该是长期性的稳定的财政政策。我国的财政政策表现出很强的临时性和相机抉择的特点，缺乏长期性和稳定性，这样不利于文化产业的持久发展和有效循环，使得财政投入资金不能全面应用到财政扶持政策的框架体系中，最终会削减财政政策对于文化产业支持的力度。

二、我国文化产业税收政策概况及存在的问题

（一）我国文化产业的税收政策概况

我国现行文化产业的税收政策主要有两类：一类是国务院、相关部委发布的用于支持文化产业发展的税收法律以及行政法规；另一类是相关部

门制定的税收规范性文件，主要是一些优惠政策。

我国相关部门制定的优惠政策，对于我国的文化产业是普遍实施优惠的，涉及范围较广，主要涉及新闻出版业，广播、电影、电视、动漫，经营性文化企业的文化转制企业等。税收政策优惠手段分为直接优惠和间接优惠。税收优惠涉及的税种较多，其中涉及增值税①、营业税②、企业所得税③、个人所得税④等相关税种⑤。

第二类则是制定的相关法律法规文件，多是以发文形式出台的针对文化产业的税收优惠政策。截至 2014 年 12 月底，近 10 年来国务院及相关部门发布的文化产业的税收政策主要有以下几项，见表 8-16。

表 8-16　国务院及相关部门发布的文化产业税收优惠政策文件

文　号	标　题
国办发〔2006〕32 号	关于推动我国动漫产业发展若干意见的通知
财税〔2007〕17 号	关于广播电视村村通税收政策的通知
财税〔2007〕24 号	关于宣传文化所得税优惠政策的通知

① 图书、报纸、杂志的销售适用 13%的税率。经广播电影行政主管部门批准的从事电影制片、发行、放映的电影集团公司、电影制片厂及其他电影企业取得的销售电影拷贝收入免征增值税。党报、党刊将其发行、印刷业务及相应的经营性资产剥离组建的文化企业，自注册之日起所取得的党报、党刊发行收入和印刷收入免征增值税。支持文化产品和服务出口，出口图书、报纸、期刊、音像制品、电子出版物、电影和电视完成片按规定享受增值税出口退税政策。

② 对纪念馆、文化馆、博物馆文物保护单位、美术馆、展览馆等举办文化活动的门票收入，宗教场所举办文化、宗教活动的门票收入等免征营业税，对电影制片厂及其他电影企业转让电影版权收入、电影发行收入以及在农村取得的电影放映收入免征营业税。对科普单位的门票收入以及县及县以上党政部门和科协开展的科普活动的门票收入免征营业税，对其进口自用科普影视作品播映权应代扣代缴的营业税予以免征。

③ 对政府鼓励的 2008 年 12 月 31 日前改制试点新办文化企业，自工商注册登记之日起，免征 3 年企业所得税；试点文化集团的核心企业对其成员企业 100%投资控股的，经国家税务总局批准后可合并缴纳企业所得税；经营性文化事业单位转制为企业后，免征企业所得税。对出版、发行企业库存呆滞出版物，根据不同年限、不同介质，可以作为财产损失在税前据实扣除。对文化企事业单位按照有关规定取得的增值税先征后退收入及免征增值税、营业税收入，可实行专款专用，不计入应税所得额中。

④ 对个人的稿酬所得，按应纳个人所得税的 70%征收；对个人获得省级人民政府、国务院部委和中国人民解放军军以上单位，以及外国组织、国际组织颁发的文化等方面的奖金，免征个人所得税。

⑤ 各类图书、报纸、杂志发行单位之间，以及发行单位与订阅单位或个人之间书立的征订凭证，暂免征缴印花税。由财政部门拨付事业经费的文化单位转制为企业，自转制注册之日起对其自用房产、土地和车船免征房产税、城镇土地使用税和车船税。为生产重点文化产品而进口国内不能生产的自用设备及配套件、备件等，按现行税收政策有关规定，免征进口关税。

续表

文　号	标　题
财税〔2009〕34号	关于文化体制改革中经营性文化事业单位转制为企业的若干税收优惠政策的通知
财税〔2009〕31号	关于支持文化企业发展若干税收政策问题的通知
财税〔2009〕38号	关于免征部分省市有线数字电视收入营业税的通知
财税〔2009〕65号	关于扶持动漫产业发展有关税收政策问题的通知
	《文化产业振兴规划》
财税〔2009〕105号	关于转制文化企业名单及认定问题的通知
财税〔2009〕147号	关于继续实行宣传文化增值税和营业税优惠政策的通知
财关税〔2011〕27号	关于印发《动漫企业进口动漫开发生产用品免征进口税收的暂行规定》的通知
财税〔2013〕37号	关于在全国开通交通运输业和部分现代服务业营业税改征增值税试点税收政策的通知（据财税〔2013〕106号自2014年1月1日起全文废止）
财税〔2014〕84号	关于继续实施文化体制改革中经营性文化事业单位转制为企业若干税收政策的通知
财税〔2014〕85号	关于继续实施支持文化企业发展若干税收政策的通知

（二）现阶段对文化产业采取的税收政策存在的问题

针对文化产业发展所制定的税收政策尚不完善，还存在许多问题和缺陷。主要表现在文化产业税收体系缺乏系统性；文化产业的税负较高，税负水平不均；对文化产业还存在许多重复征税的现象；税收优惠政策涉及的文化产业领域狭窄；税收优惠政策及优惠手段单一等问题。

1. 税收体系缺乏系统性

我国政府针对文化产业发展现状出台了一系列税收政策，其中多数政策以税收优惠的方式出台文件。经发达国家的文化产业实践证明，一套系统性的税收文化产业政策对于文化产业的发展至关重要。如今，我国并没有建立起一套系统性的税收政策，主要表现在部分分化产业行业的税收政策的空白，税收政策的立法层次低，税收政策缺乏系统性和连贯性。我国政府一般都是针对文化产业发展特点在支持力度、支持方式等方面不断做出调整，但是政府出台的税收政策性文件缺乏连贯性，出现“各自为政”的情况，针对文化产业发展的税种分布分散，各部门之间缺少沟通与合作，使得税收优惠政策的协调性较差，不能达到预期效果，这就导致税收政策的实际效用大打折扣。同样，税收缺乏系统性和连贯性也会带来许多问题，如地区之间的税收差异、税负水平不均、行业发展失衡等问题。

同时，许多税收优惠政策是临时性质的文件，具有期限性，不能够长时间引导企业长期的投资与经营。文化产业的发展历程漫长，需要税收政策的长期支持，而不是现在的 3 年或是 5 年的阶段性优惠政策，这样不利于文化产业的持久发展。同时，税收优惠政策对不同的行业优惠时间也不同，譬如税收优惠政策针对大多数行业的优惠期限是 3 年或者是 5 年，如果效果明显，会继续出台优惠性政策，目前仅针对高新技术产业、农业等的税收优惠政策尚未注明优惠期限，促进了高新技术产业和农业持续发展。

2. 文化产业税负较重，税负水平不均

中国文化产业的增值税税率比较高，而国外对文化产业的报纸、书籍、电影和其他征收的增值税税率很低。通常情况下税率相当于一般适用税率的一半左右，有的甚至是免税，而我国增值税税率偏高，导致文化产业税负较重。文化产业是比较特殊的行业，成本中占比重较多的是人力成本。文化人才的脑力创新活动是文化产业发展的关键因素。文化产品大多数是以无形资产形式存在，文化人才的培养和投入是核心问题。但是，在增值税征收过程中，人力的智力成本是不允许抵扣的，凡是商标、品牌等形式的文化产品在销售时进项税额不予抵扣，这也就加大了文化产业的生产成本，造成文化产业税负较重的现状。

同时我国文化产业由于发展的区域性，导致税负不均，地区负担差别较大，北京市的文化产业税负较高，因为北京地区文化产业发展相对发达，文化产品的生产数量较多，因此北京市的文化产业税负在全国处于最高水平。而在中部和西部地区由于自然条件、交通条件、文化产业发展相对薄弱，再加上税收优惠政策的倾斜，税收负担水平较低。例如陕西、内蒙古等地的文化产业税负水平最低。此外，税负水平不均还表现在文化产业内部行业之间。譬如，新兴的文化产业的税负高。图 8-10 所示为北京市调查的文化产业中几个代表性行业的税负水平。

从图 8-10 可以看出，新兴文化产业的整体税负水平较高。其中前三位

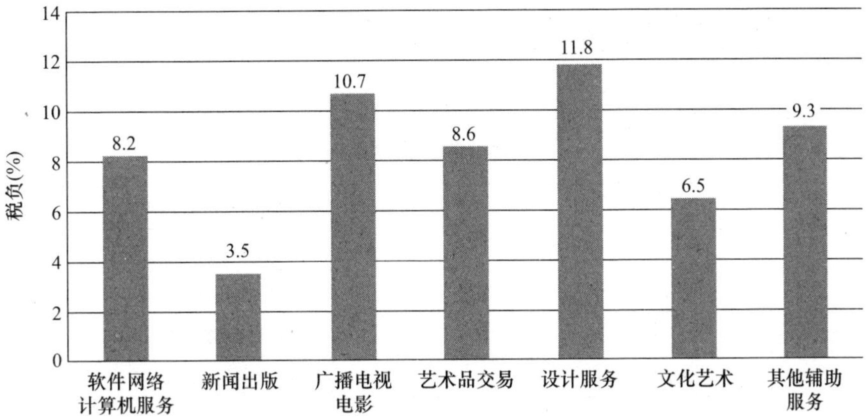

图 8-10 调查企业行业构成及税负情况①

分别是设计服务、广播电视电影和其他辅助服务。造成新兴文化产业税负偏高的原因是我国在某些文化产业领域的税收政策存在缺位，虽然已经出台了支持高新技术企业、动漫业的政策，但是符合政策条件的企业很少，说明税收政策不具有针对性。在广播、电视电影业等领域，我国政府出台了 3 年免征营业税的政策，但至今政策执行阶段已经过期，为了出台后续持续激励政策，造成税收优惠政策的中断。文化艺术税负较低，是由于多数税目享受营业税的 3%税率，总体拉低了文化艺术的税负。新闻出版业是处于文化企业转制阶段，并且大多数的新闻出版单位已经完成了文化企业转制，享受一定的优惠政策，因此税负较低。文化产业作为新时代文化产业新的增长点，高税负水平将不利于文化产业的发展，因此改革税收政策刻不容缓。

3. 存在重复征税现象

在我国，国内文化产品的统一税，与文化产业的表现形式主要是知识产权和品牌效应等无形资产形式。对于文化产业的投入成本大多数存在于知识创新和文化创意方面，但是这些成本不能抵扣进项税，这就意味着要全额缴纳增值税，导致文化产业的生产和经营过程存在重复征税现象。文化产业重复征税问题的普遍发生扭曲了税收导向政策，影响税收调节效果。

---

① 李琨．促进文化产业发展的财税政策研究［M］．北京：中国税务出版社，2013.

重复征税的普遍发生导致文化产业相关企业生产积极性下降。表 8-17 列举了一些未能抵扣进项税的项目。

表 8-17 文化产业重复征税举例①

行业名称	未能抵扣进项税的项目
出版业	稿费及版税
影视制作业	剧本创作、支出成本
广告业	广告创意成本
艺术品业	购买艺术品支出成本
演艺业	剧目创作成本
动漫产业	产品创作、购买支出成本
报刊业	稿费

4. 税收优惠政策涉及面窄

由于税收优惠政策缺乏系统性，导致税收优惠政策涉及面比较窄，很少能惠及到相关的文化企业。并且税收优惠政策与文化产业发展不对接，对于文化产业的优惠政策规定过于宽泛，使得文化企业的受益面较窄。我国的税收优惠政策没有制定一个统一的标准，税收优惠政策文件的立法等级低，只是针对不同的行业进行临时性政策出台，未统一考虑文化产业的整体性。2009 年，财政部、海关总署和国家税务局联合发布了《关于支持文化企业发展若干税收政策问题的通知》，明确规定了文化产业的范围和种类，共计 18 项，只有这 18 项才可以享受税收优惠政策。但是我国文化产业发展日新月异，新兴的文化产业形态不断出现，并且新兴的文化产业发展较弱，市场竞争力不强，同时较传统文化产业来讲，新兴的文化产业更需要政策性支持，税收政策对于新兴的文化产业存在政策性空白现象，没有制定与之相应的税收政策，说明我国的税收优惠政策涉及面窄，没有从整体上制定税收政策，客观上不利于文化产业的协调发展。

5. 税收优惠政策单一，缺乏地域性优惠政策

现阶段，我国对于文化产业的优惠政策是以减免税、税率优惠、先征

① 李季．我国文化产业财税政策研究［D］．大连：东北财经大学博士学位论文，2013.

后退、期限优惠为主要措施，通常是节税优惠，未能综合运用税收手段达到减轻企业税负、促进文化产业发展的目的。建议我国可以采用加速折旧以弥补损失，投资税收抵免、税前抵免，和其他间接效益增加的税收优惠政策，加大优惠力度，确保文化产业企业享受税收优惠政策。此外，我国文化产业的优惠政策都是普遍性的，未能突出地域性。如前文所述，文化产业的税负在地域上存在不均衡的问题，如果税收政策在区域方面有所侧重，将会更好地促进文化产业的发展。

综上所述，由于税收政策体系自身缺乏系统性和连贯性，及税收对于文化产业的优惠力度不足，使得税负较高，不利于文化产业发展。税法没有调整好税种之间的关系，也没有考虑文化产业的特殊性，因此文化产业存在重复征税现象，也是增加税负的一个重要原因。同时，税收政策未能从战略高度整体上看待文化产业，税收优惠政策忽视了新兴的文化产业领域，造成部分文化行业的优惠政策缺位。文化产业的税收优惠手段单一，主要是以直接优惠为止，进行减免税政策以及税率优惠，而缺少间接性税收优惠手段。因此，我国还需要在这些方面加以改进，更好地促进文化产业的发展。

第九章

国外税收支持文化产业发展的政策及借鉴

中国是闻名于世的文化古国，其文化资源极其丰富，然而作为综合国力重要组成部分的文化“软实力”却位居多数发达国家乃至发展中国家之后，文化影响力明显不足。因此，我国有必要借鉴其他先进国家的文化发展经验，并结合我国国情制定出适合我国文化产业发展的财税政策，提升本国的文化软实力。

第一节　国外税收支持文化产业发展的政策

一、美国：文化自由政策

文化产业是美国支柱产业之一，并且发展态势良好，一直处于国际领先水平。美国政府一贯实施自由移民政策，鼓励多元文化发展，将亚、非、拉及土著文化融入城镇化，创造了繁荣的文化产业，2012 年美国文化产业产值高达 748766000 万美元，文化产业对美国经济的贡献率居高不下（如图

9-1 所示)，尤其是在经济萧条时期，文化产业对经济复苏具有突出贡献，美国版权产业 2007—2010 年间各年度的产值占 GDP 比重均达 11%以上，相较于同期国民经济仅为 0.05%的年平均增长率，文化产业的年均增长率达到了 1.47%。因此，文化建设一直备受联邦政府关注，在文化建设上美国执行自由主义，主要由市场机制进行调节，不直接对文化产业进行干预，为文化的发展营造良好市场环境。

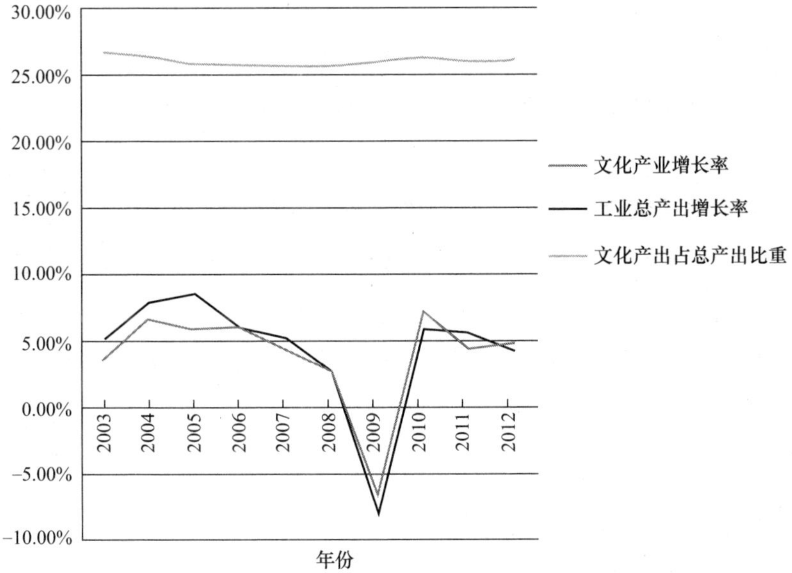

图 9-1　2003—2012 年美国文化产业、工业产出增长率及文化产出所占比重

数据来源：www. usa. gov/.

美国是世界上为数不多未设立文化部的国家，但却拥有高效的文化管理体制。美国各级政府都设立城市规划机构，形成完整的城市规划机制，促成各地区独特的城市建筑文化，各级政府对保护文化遗产的行为都有一定的减免税收权力。美国对文化产业的直接财政资金投入较少，一般不超过项目所需资金的 20%。美国政府注重通过政策手段以建立良好的政策环境鼓励引导社会资金流入文化企业，并形成了国债投资、建立基金及民间投资等多元化融资渠道。例如，由于美国遗产税率高，但家庭和企业部门向指定文化组织捐赠可享受免税，这项税收政策在一定程度上促使更多的富人向文化组织捐赠。

此外，美国政府制定文化产业优惠政策具有针对性，这对促进产业发展有重要作用。对电影产业，制作费用可按比例在税前扣除以及抵扣，营利性文化企业在特定情况下可以享受政府税收减免的政策。

美国重视社区文化建设，并注重与文化产业的融合。美国政府在社区文化建设中发挥主导协调作用，地方政府将社区房产税、公共停车场税收收入、社区管理费等部分划归社区使用，对社区门票收入免税，所有公共文化设施一律免费，这些具体的措施为城镇文化产业的发展奠定基础。政府在此基础上通过提供支持经费、引进民间资本投资及建立基金会等方式，完善城市文化产业链。如洛杉矶完整的影视产业链条，每年提供几十万个就业机会。通过城镇化与文化产业的有机结合，美国城市的文化产业推动了经济发展。

培养高科技人才。知识经济时代，人才方能强国，文化保护、文化传承、文化延续等皆与人相关，人才是文化发展当之无愧的核心。自建国伊始，美国就大打文化外交牌，通过宣传美国文化理念、设立宽松的文化政策、提供优越的文化教育等手段吸引世界各地的文化人才。另外，对相关个人也制定了税收优惠政策，美国夏威夷州规定，对个人源于版权以及特许权使用费的收入（如商业电视、音像制品和其他电脑娱乐产品的许可销售所取得的）免征所得税。这吸引了大量人才涌向美国并带来了智慧的碰撞和交融，带来了层出不穷的文化创新。美国自 1990 年启动“美国记忆”计划以来，就非常重视文化数字化发展，“下一代互联网”计划、虚拟图书馆等进一步推动文化数字化、提高科研水平。

积极推进文化创意园区的发展。在马里兰州、罗得岛州、肯塔基州都规定文化产业区域内的特定优惠政策，如对特定历史建筑的修复费用可以进行所得税税收抵扣以及文化企业免税政策，以促进开发者和财产所有者对历史建筑进行修复和综合利用，吸引文化企业和艺术工作者，进而对文化产业的繁荣与社区的复兴起到积极作用。人才、科学与社区基础文化建设结合推动了文化创意产业园区的形成和发展，辅之以政府投资、社会资本及发展基金吸引了更多人才加盟、资金流入，政府、企业、个人全面协作引导园区全方位发展，为世界各地区文化创意产业提供了有益的借鉴经验。

区别对待营利性和非营利性文化企业。政策明显倾向于对非营利性文化机构，而对营利性文化产业则根据各地区的发展重点，单独制定相关优惠政策。如加利福尼亚州针对电视剧和电影产业，根据一定标准，实施25%或20%的税收减免。

二、英国：引用公共政策促进创意产业发展

“创意产业”的概念是由英国最早提出的，其中引用公共政策促进创意产业的发展效果良好，值得国际借鉴。英国自20世纪90年代开始发展文化产业起就强调用政策来打造“创意”，成立文化媒体体育部，制定宏观文化政策，相关政策宏观统筹了创意产业发展的宏观规划、政策扶持、组织管理、人才培养等各方面，被认为是目前国际上产业架构最完整的产业政策。形成了“一臂间距”特色管理模式，在支持大众的艺术教育、打造创意城市等实践中取得了卓越的管理成效。

自1997年以来，英国文化创意产业一直保持着较快的发展速度，除对国家GDP和出口都有一定的贡献外，也已成为容纳就业的第一大产业。1997—2013年，英国文化创意产业产值年均增长5.8%，高于同期4.2%的经济增速。2013年英国文化创意产业产值约769.09亿英镑，占GDP的5.04%。其中，信息技术、软件和计算机服务业成为各类文化创意产业中产值和出口中占比最大的部门。

英国政府对文化创意产业的投入力度较大，2003—2006年年经费预算超过10亿英镑，并将彩票每年收入的28%用于资助文化创意产业项目。英国政府文化投资明显倾向于公益性文化，重点主要在严肃艺术、国家级的重点文艺团体和事业单位、高质量的艺术节目三个领域。政府主张市场的主体作用，不直接对文化创意产业提供资金支持或参与企业活动。英国政府负责财政拨款，但具体事务由非政府公共机构，如英格兰艺术委员会、工艺美术委员会、博物馆和美术馆委员会等机构对各文化单位进行评估和拨款。

政府通过财政拨款拉动文化企业和个体主动在市场中寻找发展机遇，挖掘资源，开拓市场。财政拨款的额度遵循“三三制”原则，在文化创意企业整体发展资金中，政府拨款占比仅为1/3。并且，英国政府通过签订资

助协议规定指标、年度评审、持续评审等方式对享受政府长期资助的文化团体进行监督和评估，以此作为政府未来提供资助的依据。对艺术团体来说，政府资助不是固定的，需要以每年的业绩和下一年的规划来确定，并只占其总支出的一部分，因此这些艺术团体还必须努力争取自主创收。

制定相关税收优惠政策，重点扶持数字内容产业。数字内容产业（电影、高端电视节目、卡通节目和游戏等）是英国文化创意产业的核心内容，占整个文化创意产业份额的85%。政府对数字内容产业非常重视，通过加计扣除生产费用以及现金返还（类似与财政补贴）的税收优惠方式给予扶持。只要通过文化认定和满足相关的要求，可享受的优惠幅度也较大。以电影产业为例，有限预算电影的费用按100%加计扣除，其他电影的费用按80%加计扣除；对于加计扣除后仍亏损的电影，可以享受现金返还，有限预算电影的现金返还额为加计扣除费用的25%，其他电影为20%。高端电视节目、卡通节目和游戏的税收优惠政策①与电影类似。

三、法国：政府主导型文化产业政策

法国在文化产业方面的国际竞争力仅次于美国，我国与法国在文化资源丰富、文化产业管理模式等特征上颇为相似。均采用保护“文化遗产”，斥资修建文化基础设施，大力发展旅游业、电影产业、时尚产业、艺术品交易产业等，有效利用文化资源发展文化经济等政策。得益于法国“文化政治”战略以及对城市文化软实力的着力塑造，图书出版、艺术行业发展势头强劲，众多城市文化产业发展独具特色，享誉世界。

法国文化创意产业发展思路主要突出政府的调控作用，实行国家集中管理，通过制定政策和直接投入等手段扶持本国的文化事业和文化产业。对内形成了文化保护和管理机制，对外形成“文化例外”原则。

政府文化经费支出一直是法国文化发展的物质基础，中央和地方政府

---

① 就这些优惠政策的效果而言，其促进了英国数字内容产业进而推动了英国经济的发展。英国经济研究机构牛津经济（Oxford Economics）研究数据表明，如果没有电影减税政策，英国电影生产总额将下降75%，每年将为GDP少贡献14亿英镑，为英国贡献的税收将减少400万英镑，英国电影产业将失去6亿英镑的外来投资，总产值将降低75%，相关产业将减少24.5亿英镑，将直接减少25000个就业机会以及50000个相关就业机会。

均给予了充足的资金保障，通过财政拨款、财政补贴以及建立各种基金等手段，制定针对发展城市传统文化产业、农村传统文化产业、新兴业态文化产业、文化外交与国际交流的政策。法国政府通过巨额预算支出，修建艺术学校、文物古迹、图书馆、剧院等文化设施，预算额随着经济的发展不断增加，在国家经费预算中所占比例也稳定在1%左右。即使在2008—2011年欧洲“债务危机”期间，文化投入也增长了20%，预算资金运用也由以文化设施为主转变为多方向发展。2015年，法国文化产业总的预算支出为70.8亿欧元，较2014年增长0.33%。其中媒体、文化产业、公共视听领域等拨款43亿欧元，文化研究领域27欧元。文化重心集中在青少年文化教育、文化国际影响力及发展文化创意产业三个方面。

法国强调充分应用信息技术进行文化创新，这种智慧型的增长模式推动法国文化朝数字化的纵深方向发展。早在1998年法国就启动了“文化精品数字化”，每年对图书馆、文献中心等文化资源数字化投入8100万法郎，2010年法国文化部启动预算高达7.5亿欧元（25%用于科研）的“文化、科学和教育内容数字化”的工程，并不断推出三维数字化产品。

政府在增加拨款的同时，还通过征税、建立基金补给制度扩充资金来源。法国政府根据2010年9月颁布的《数字影院改造投资法》对电影发行商的经营利润开征数字电影发行税，专门对影院数字化改造提供资助，法国影院数字化覆盖率已超过80%，仅次于美国和中国。此外，法国政府为提供文化产业发展所需资金，成立了以税收为基础的基金会，给予财力上的大力支持。

通过税收优惠，文化产业税收减免，降低企业税负，鼓励本国文化产品和服务出口。出版类企业获取的销售额和新闻出版物享受5.5%和2.1%的优惠税率，电视税税率为2%；电影院、非综艺性演出（新创演出的前140场税率为2.1%）及所有人出售艺术品等按照5.5%的税率缴纳增值税，文化演出团体享受2%的优惠税率。这些均大大低于一般商品增值税19.6%的税率。国家规定范围内用于出口的艺术品及高技术数字游戏软件等享受免税政策、全部出口数额全额退税待遇。

法国拥有规范化、系统化的文化产业赞助税制，使赞助企业不仅可享有良好名誉，还可享有减免税两方面的回报，进一步推动了纳税人资助文化艺术产业的积极性和主动性。譬如，一些企业无偿捐赠非营利组织及文化社会团体等，可免征公司所得税；资助教育、文化艺术等文化类服务享受免征增值税的优惠政策；此外企业可用“文化捐赠”部门的税收抵免企业所得税。法国政府以文化赞助税收政策为杠杆引导社会资金对文化产业的赞助有相当大的意义，2009年，法国已经有1200多家企业出资3.98亿欧元用于文化产业发展。

四、日本：以政府为主导的多元供给模式

日本几千年的传统文化来源于汉文化，“明治维新”后日本大量引进西方文明，中西文化结合为日本文化发展注入新鲜血液，1995年日本政府提出“文化立国”和“知识立国”的国家战略，将文化产业等新兴产业放到重点发展的高度。并逐步由政府型文化产业模式转变为以政府为主导的多元发展模式，2014年，“东亚文化之都”项目再次提升了文化产业的重要地位。

其中内容产业（含广播、电影、报纸、出版、因特网、移动通信等）是日本文化产业的支柱。目前，日本是世界上最大的动漫生产和输出国，在全球动漫产业中占据绝对优势，有“动漫王国”之称，蜡笔小新、柯南、奥特曼、樱桃小丸子等卡通人物形象早已深入人心，其文化产业已成为日本支柱产业。

日本政府采取财政补助、综合援助、财政基金、财政投资与政府财政采购等途径，着力推动民间文化与各类文化遗产与传统文化工艺、文化基础设施建设和公益性的文化项目，举办文化节，设立文化奖项，发展动画产业，以及与非营利的民间团体共同出资建立文化基金会，此外，在提升文化产业国际竞争力方面，日本政府力求文化产业的持久发展。20世纪后期至今，以图书馆、博物馆等为主体的基础文化设施在日本如雨后春笋般出现，加之“e-Japan”“U-Japan”的战略目标，日本业已形成文化资源共享的环境。2013年日本文化厅预算达到103342亿日元，主要用于文化财产保护和文化设施建设上，2014年这一数字达到1216.44亿日元，文化保护、建设、创新等仍是主要投资方向，同时更加注重文化推广。

同时，制定鼓励民间和海外资金投入文化产业的政策，使企业和个人也成为文化产业发展的重要融资渠道，包括社会赞助、信托融资、及海外机构在内的各层组织机构设立的一系列基金，如朝日啤酒艺术基金会，准予提供慈善赞助的企业申请减免税或税收抵免。

税收优惠政策涉及多个税种，对促进文化产业特别是其中文化中小企业发展、文化产品出口起到关键作用。

降低文化产品税负，鼓励文化产品和服务的生产和出口。对出口的某些特殊文化商品（艺术商品、邮票等）可享受免征消费税，文化服务经营收入按照1.2%的优惠税率计算纳税，都低于普通商品3%的税率。日本对出口的文化产品和文化服务的关税为零税率，进口的高科技文化产品和服务免征进口税；居民自然人境外销售文化产品或提供文化服务的收入，在境外已缴纳的个人所得税款在日本国内缴税时允许税收抵免。行为税类中旅行税、固定资产税等税种对涉及文化产业中的文化产品（游乐商品、文化概念汽车）、文化服务（游乐、教育、文化传播等）以及文化游乐行为均给予优惠。

通过降低企业税负，鼓励文化产业，尤其注重文化中小企业的发展。日本政府采取简易征税方法促进中小企业的发展。中小企业的范围主要涵盖应纳税销售额或文化服务金额低于4亿日元的企业。对其批发文化商品的销售额按照0.3%的优惠税率，同时，对其购进的文化商品或劳务的进项税额准许据实抵扣，极大地减轻了文化小企业的税负；同族企业中部分符合条件的中小文化企业法人无须缴纳利润所得税收，只需要缴纳应纳法人税。对文化中介、文化经纪人等机构的所得收入，免征事业所得税。文化产业在土地、房屋、办公场所、展览场所、公益类文化场地使用所涉及的财产税享受免税政策。激励社会捐赠，扩宽资金来源。①

着重培育高层次文化产业人才。对于急需型文化创意人才的自然所得，允许其根据配偶扣除情况、基础扣除情况等进行税前扣除，最高允许38万

---

① 一是对于企业、个人、民间机构和社会团体捐赠、赞助文化业的，分别给予减免居民法人税、个人所得税等优惠待遇。对于法人企业和自然人境外捐款赞助文化业的，在计算应纳税额时允许分别获得企业和个人的税收抵免。二是对于居民自然人和非居民自然人捐款文化业的金额可享10%的税前扣除。

日元进行税前扣除。这样调动了文化创意人才的工作积极性，也降低了文化人才的纳税成本。

注重产权保护，形成产业链。日本对知识产权保护十分注重，不仅出台了《著作权管理法》《知识财产基本法》等具体法律法规，设立行业协会参与文化政策的制定与审查，设计高科技含量的“日本文化”专利商标，还设立专门的海外维权机构，为文化产业的发展和海外扩张提供法律支撑。日本为文化产业的保驾护航也催生了绵长的产业链。日本不仅重视文化产品的创作，对文化产品的二次开发也颇为注重，不断推出衍生品，提升附加值，形成集游戏、卡通玩具、服装、家用品、主体公园、旅游等一体的产业链，如《名侦探柯南》，柯南形象、影视及主题曲、道具等都拥有相应的产品市场，这种产业链的延伸作用加上日本政府专款向海外推广文化产品的措施不仅进一步提高了影视形象的知名度，还产生了巨大的后续经济效益，达到了一箭双雕的效果。

五、韩国：灿烂新星

中韩两国一衣带水、隔海相望，秦汉时期韩国就与中国有往来，可谓文化交流史源远流长，因此，无论从地缘上还是历史上，中韩之间都易于相互沟通。韩国继日本后提出“文化立国”的国家基本发展战略，其基本目标是集中力量开发具有国际竞争力的高质量文化产品和重点培育战略性文化产业。19 世纪末 20 世纪初，韩国的文化产业不断发展壮大，增速迅猛。2004 年，韩国文化产业对 GDP 的贡献就已超 6%。“韩流”冲击中国年轻人的视野并走向世界，韩国泡菜、韩服、韩星、韩剧、整形等时尚产品及韩国旅游等都成为人们热衷的对象；韩国网络游戏产业发展快速，一直处于国际领先地位，是韩国“数字计划”的重要组成部分。韩国文化产业是韩国第二大出口产业，有力地促进了经济增长，并且向国际化快速蔓延，已荣升为世界第五大文化产业强国。

政府是文化产业发展的可靠保障，韩国政府主要通过两种方式对文化产业进行支持。其一，国家财政预算资金，政府每年都会制定文化产业支出预算经费，基本维持在文化经费占预算支出的 1%左右。并实行“选择与集中”政策，重点支持艺术文化教育、民族服装等重要产业。2014 年韩国文化观光部总预算金额高达 4 兆 3384 亿韩元，同比增长 5.7%，其中，游戏产业达 248 亿韩元，增长 26.8%，文化创作及文化设施在总预算中也占有较大比重。其二，与民间机构共同出资建立文化产业发展基金，增加文化产业的融资渠道。现已存在十余项文化产业专项基金，如广播发展基金、出版基金、体育振兴基金等，不同基金有针对性地对不同产业进行重点扶持。此外，政府还重点将财政资金用于建立文化产业群、扶持中小企业发展、培养人才和构建文化产业奖励机制。

善于打造精品模式，推动网游产业向纵深方向发展。例如，韩国影视产品拥有清楚的市场定位，以爱情、善良为主的选材主题总能引起观众的共鸣，精美的编剧超越了人们对如出一辙结局的审美疲劳，灵活的拍摄及精美的后期制作攫取了大众眼球，符合人们心理追求，得到观众的认可。韩国文化产品的精致当数其网游产品，包括《地下城与勇士》《穿越火线》《剑灵》等著名网络游戏，电子游戏已经发展为韩国的国家战略产业。2015 年韩国文化观光部游戏产业预算增加到 279 亿韩元，政府集中对“次世代游戏”“功能性游戏”和“体验型街机游戏”三大领域的产品开发投入 54 亿韩元，其中，自 2008 年逐渐兴起的“功能性游戏”持续受到韩国政府重视，并且电子游戏的实质性内容不断丰富和壮大，已涉及教育、文化知识、健康等领域。韩国政府非常重视新兴电子游戏业的发展，2015 年，政府决定出资 13 亿韩元，并规定不论规模大小相关产业都可以申请支援资金，韩国政府还划拨 77 亿韩元支持手机游戏、建设游戏全球服务平台等项目。韩国政府于 2015 年首次提出发展地方游戏产业的计划，并制定了发展方案，如釜山庆尚南道圈发展“融合型游戏产业”。

为扶植文化产业，韩国政府先后颁布了《税收减免管理法》《外国投资促进法》《特别税收待遇管理法》等税收法律，通过一系列税收优惠政策鼓励与扶持包括文化产业在内的各种产业的规范、快速发展。

降低企业税负，扶持文化企业发展。韩国税法在企业准备金扣除中规定，文化企业的退休准备金、坏账准备金、《保险企业法》规定允许提取的负债准备金和应急准备金、保险公司支付给保险人的利息准备金等允许在规定限额内税前扣除；新建文化企业可享受长达 6 年减免税优惠政策；销售或提供的部分文化生活必需品（图书、电视、网吧等）、文化教育服务（文化培训、文化训练、各种文化教育等）免征增值税。

为促进文化产业各领域协调发展，韩国政府采取地区性差异化征税的税收政策。《大韩民国法人所得税法》针对位于首尔首都圈内外投资的文化企业，在创业期间可享受不等的税额式减免（50%或30%）法人所得税优惠政策。

另外，韩国实施专门扶持文化企业“走出去”竞争和保护本土文化的税收优惠政策。企业出口优秀的文化产品或服务，不仅能够得到政府奖励，还可以获取出口退税、税收饶让、税收抵免、进出口关税免征等多项优惠的税收政策。①

六、澳大利亚：发展文化创意产业的财税政策

对于文化创意产业，澳大利亚采用“版权产业”的概念。虽然澳政府将文化作为一种产业来进行管理的历史并不长，1994年，澳大利亚政府颁布名为“创造国家”的文化战略，将文化产业尤其是艺术产业正式定义为一种经济性质的产业，澳大利亚的文化产业由此起步，同时，澳大利亚的文化贸易也步入了高速发展的轨道，其在国民经济中的地位日趋提高，1980年以来，澳大利亚文化创意产业占GDP比重一直处于上升阶段，现已成为澳大利亚第三产业中的支柱产业和主要出口行业。但是，从文化产品进出口的角度来看，仍然是贸易逆差。

澳大利亚政府通过直接拨款或建立各种基金、奖项等方式，不断支持文化创意产业的发展，财政政策的支持重点包括提升创新能力、加强基础设施建设、促进创意人才就业、加强研究成果利用、推动中小企业发展、鼓励本土文化产品创作几个方面。

另外，澳大利亚政府强调文化产业与其他领域的融合发展。推出“文

① 例如，本土文化制作企业每年生产1000部以上的出口影像制品，除政府提供财政资助外，还可按照国内征收税率的100%全额给予出口退税优惠；对于文化产品或服务的国外所得来源，若在国外享受减免税的，在税收协定允许的范围内，实行税收饶让抵免的优惠待遇；本国文化企业在境外缴纳的公司所得税准予在韩国全额税收抵免；文化产品和文化劳务出口适用零关税优惠税率。为了抵制欧美大片的入侵，韩国对本国影视产品提供税收减免。

化+旅游”的概念，凭借原有的发达旅游业，融合新型的文化创意产业，并且带动文化产业的发展，进而达到国内文化产业的转型与升级。同时，澳大利亚政府注重文化产业的市场化水平，鼓励进行文化贸易交往，提高本国文化产品及服务的综合竞争力，扩大出口，带动整体经济发展。

澳大利亚政府为文化产业发展提供了良好的税收环境，主要采取制定税收优惠政策的方法推动文化产业发展，将文化产业放在战略发展主导地位，使其成为国家经济新的制高点。澳大利亚具体的税收优惠政策包括以下几方面：

对电影产业税收优惠。针对投资人投资额、制作方费用的税收扣除和可退还的税收抵免优惠，推动了澳影视制作业的繁荣。

对文化产业纳税人税收优惠。在个人所得税法中，澳大利亚从事文化产业发展的纳税人在税法中有明确的征纳细则，因此没有必要再提收入边际所得税率。为便利小型文化企业纳税，凡属年毛收入不足 7.5 万澳元的小型文化企业，不再要求进行商品与服务税的注册，对非营利文化机构商品与服务税注册的起点提高到 15 万澳元。同时允许这些小型文化企业按照年度分期支付其工薪税。

对赞助文艺团体实行税收优惠。文化活动拉取商业性赞助已经成为文化产业筹集发展资金的重要途径。政府放宽文化产业融资途径在一定程度上调动了企业及个人对文化产业发展赞助的积极性。因为这样企业和个人能够减免缴纳相应的收入所得税。同时，为进一步鼓励企业和个人对文化产业的赞助，成立了隶属于澳通讯艺术部的文化团体注册局，专门审批各类文化团体是否可享受捐赠减免税待遇。注册局成立以来，文化团体通过此类方式获得的私人赞助达数千万澳元，成为澳文化产业资金的一个重要补充渠道。

对研究开发实行税收优惠。澳大利亚政府对企业的研发投入，尤其是以中小企业居多的文化创意产业，给予更大力度的税收优惠。如营业额在 2000 万澳元以下的企业，在研发上的投入总额的 45% 可用于抵消企业应缴税款，超出应缴税部分，还可获现金返还；2000 万澳元以上企业的研发总额 40% 可用于抵消企业应缴税款，超出应缴税部分，无现金返还，但可用于第二年抵税。

第二节　基于经验研究和国际比较的结论

中国拥有全球数量最多的世界文化遗产、全球第二大电影市场，然而中国的皮影戏、秦腔等传统文化正在消失，电影业90%以上都在亏损，且影片制作处理技术跟国际相比差距很大，文化产业规模小、盈利模式单一，我国有必要在立足本国国情的基础上吸取国际经验，推动文化产业的发展，形成“新常态”下新经济增长点。

一、政府要提高对文化产业的重视程度

纵观前文，无论是政府主导，还是市场主导，抑或是以政府为主的多元化模式，政府在文化产业中都发挥重要的作用，我国政府也应发挥其对文化产业的引导作用，弥补国内市场不足并开展文化外交。

发挥政府在文化领域的推动、引导作用，首先政府需要从政治上高度重视文化及文化产业的发展。党的十七届六中全会最大的亮点是提出“文化强国”战略，这个战略主要包括中国形象的国际亲和力、文化的国际影响力以及文化产业的国际竞争力三个方面。目前，我国政府外交软实力大增，2013年我国成为世界第一大进出口贸易国，2014年国家主席习近平出访了亚、欧、拉美和大洋洲的18个国家，李克强总理出访主推“中国高铁”并签下上千亿美元的大单，这些都彰显了大国形象，提高了我国的国际形象，推动了“高铁经济”的发展，此外，能源、基建、金融和民生领域也是我国经济国际化的重点。然而我国文化仅仅依靠提升孔子的世界知名度是无法形成有力的国际竞争的，就国内经济发展状况来看，文化产业在第三产业中的贡献比重很低，与欧美及其他发达国家相比竞争力不足。因此，我国政府要鼓励竞争，实行文化单位的公司制改造，建立完善的市场进入机制，为文化资源的自由流动扫清障碍，致力于建立完善的国内文化市场体系，同时，要坚持“走出去”战略，用外交手段促进我国文化形象的多元化，主动植入中国元素，为我国文化产业全面向世界扩张做好准

备工作，坚决推行“文化强国”战略。

其次，立法机关应严格把握立法权，规范文化市场运行机制。我国文化产业发展存在不规范行为，法律约束力度不够，就出版、影视、网络相关产业来看，目前仅有《中华人民共和国著作权法》一部法律，其他均为行政法规及部门规章，导致地方政府各行其是；就税收行为来看，文化产业涉及所得税、增值税、营业税、消费税等多税种，而目前仅有所得税法以法律的形式约束征纳双方的行为，法规、部门文件占据主导地位，给地方政府巧立名目以可乘之机，文化单位也利用税收漏洞逃避税收，不利于文化产业合理有序的发展。立法机关不仅要加紧文化立法，还应加快税收等的立法工作，把文化产业的发展纳入依法治国的轨道上来。

此外，我国财税政策散见于多项文件之中，尚未形成一个针对文化创意产业方面的完整体系。就财政政策为例，除多项文化产业专项资金、政府补贴、对特定地区的资金投入等手段以外，也还制定了推动保险市场、金融市场发展的各项政策来引导社会资金的投入。支持手段看似繁多，大部分却未规定资金的具体数额与用途安排，有一定的随意性。政府应当对此予以重视，将此类政策举措规范化、系统化、具体化。

二、引导社会资金投入，扩宽融资渠道

文化产业发展同其他产业的发展一样需要大量资金予以支持，而政府在提供文化产品尤其是公共文化品时负有较多义务，除了美国对营利性文化市场实施自由政策之外，世界上大多数政府不仅对非营利性文化市场给予大力资金扶持，对营利性文化市场也投入大量资金。我国文化创意产业中主要的直接资金来源为财政拨款，从2001—2012年，我国全国文化事业费的绝对数在稳步上升，但是其占财政支出比重一直处于不足0.4%的低水平，从这一数字来看，财政对文化的支持力度不足，仍存在较大缺口，难以满足文化创意产业的发展需要。

首先，有限的财政资源应当向非营利性文化创意企业及公共文化基础设施建设倾斜。截至2014年年底，我国有世界遗产共47项，仅次于意大利，这些著作权、文物古迹的保护及开发等都需要国家支持，中国人口是

美国的4倍，公共图书馆却不及美国一半，政府应负担起文化基础设施建设的重任，政府直接支出加上税收减免和其他补贴，财政需要对文化产业大力支持。另外，参照国外成功经验，建立专项资金，主要支持该产业领域内优质项目、企业和应重点发展和支撑的传统文化产业；鉴于各地文化创意产业发展不平衡，可以从中央和地方两方面安排特定用途的专项资金，地方专项资金根据地方特点，弥补本地缺陷，支撑和推动文化产业发展。

对营利性企业则不应完全以财政投入为主体，财税政策应当起引导作用，吸引社会各渠道资金流入。第一，建立基金是一种重要的融资方式。我国可以改善“收支两条线”的预算管理方式，建立文化创意产业专项基金，在建立政府主导基金的同时引导社会资本建立具有公益性质的基金，增加文化产业发展的资金来源，实现“政府搭台，企业唱戏”的效果。第二，鼓励社会捐赠。可以采用税收优惠等手段，制定个人和企业对指定文化机构和需要重点发展的产业（如电影、动漫等）的捐赠，可以准予在所得税税前扣除或税收抵免的优惠政策。第三，可以考虑通过财政奖励和税收优惠等方式，引导并支持金融机构（保险、债券、信托等）和风险投资公司更多参与文化创意产业融资活动。例如，对保险公司提供文化创意企业的融资保险可以提供适当奖励。以鼓励开发各种与文化创意产业相关的金融产品和服务机制，为文化创意企业融资。

三、培养专业人才，提高文化产品科技含量

文化产业的发展壮大离不开政府扶持，但更需要人才和科技创新，社会发展追根究底是人才的竞争，人才是推动文化产业创新、发展的决定性因素。但是，根据统计数据，2013年年底，我国从事文化产业的人才还不到30万人，2006—2011年文化产业从业人员占社会就业人员比从1.51%上升至1.69%，仅增长了0.18%，同期我国第二产业、第三产业相应比重分别增长了4.2%和3.5%。这个数字与发达国家相比相形见绌。美国在2010年，文化创意产业就业人数就达1073万人左右，约占总就业人数的4%；英国2013年文化创意产业就业人数就达到170.8万人。我国文化创意产业人才缺口较大，培养和吸引专业人才已成燃眉之急。

日本注重教育，设置了包括艺术家的培养、文化艺术教育机构的建立、充实对国民的日语教育以及加强海外日语教育的基金。韩国设置多项基金，如出版基金、体育振兴基金用于培养文化产业的专业人才；设置了针对院校和专业资格培训的补贴和优惠，加强产学研联手；斥资开设网游专业，为网游产品开发提供人才储备。培养人才意义重要，我国5000年历史文化，留存了丰厚且优秀的文化资源和文化遗产。然而，由于种种原因，传承断层现象颇为严重，迫切需要培养继承这些文化资源的高素质专业化人才。我国有必要斥资建立文化院校或开设并设置相关专业和研究场所，除电影、动漫等新兴产业之外，重点培养对我国传统文化继承发扬的人才。此外，开设文化产业专业人才的后续培训，政府可以投入资金或予以优惠支持。对企业鼓励职工再教育，提高职工教育经费的扣除标准；对文化创意从业人员可以采用准予税前扣除教育培训支出等方法。

培养人才重要，吸引并留住专业人才更重要。科研条件差、收入低、才能无法充分发挥等因素造成我国文化专业人才外流，这不仅导致国家经济利益流失，也导致我国特有文化资源流失。吸引专业人才为国家文化产业效力，需要改善人才就业、生存环境。国家要开发并引进先进的科研设备，给已充足的科研经费支持，给已进入文化产业的企业和个人提供税收优惠，保证从业人员最基本生活水平。我国文化创意产业从人员能够享受到的税收优惠只有稿酬的个人所得税减征30%，而对其他文化创意产业的从业者并无相应优惠，由于他们的收入波动性大，在个人所得税缴纳时容易适用高边际税率。所以可以考虑对其收入在年度内分摊进行计算个人所得税。应提高民间手工艺者等传统文化继承者予以较高的个人所得税费用扣除额，吸引更多年轻人成为传承者。

人才带来创新。提升文化产品科技含量，提高我国文化产业的核心竞争力，普及数字化。目前，我国输出的文化产品档次不高，更偏向于初级产品和资源型产品，科技含量不高，例如，3D华语片《智取威虎山》票房近9亿元，而同期稍早的《星际穿越》票房超过6亿美元，从拍摄到后期制作，这部高科技含量的影片都得到如潮好评，国内专业园区仅有“中国3D影视产业基地”比较有竞争力，因此，我国要提高本国文化产品的科技含量，就需要建立创新奖励机制，培养创新新风，引进国际先进技术，鼓励发明创造，切实保护专利权、著作权等知识产权，为公众提供更多的免费知识和信息来源渠道，紧跟时代前沿，推动数字化生产，转变“中国制造”为“中国创造”，打造高产量高水准的“世界工厂”。

四、进行专业化生产并形成产业链，发展文化创意产业园

不同于美国的全面发展，部分国家在发展文化产业时选择了比较优势，日本被誉为“动漫王国”，动漫市场可与美国分庭抗礼，韩国网络游戏、韩剧风靡全球，抵制了美国影视等文化产品的入侵。美国成熟的文化市场机制无疑为世界其他国家发展文化产业提供经验，而日韩不仅地理位置上毗邻中国，历史上文化渊源绵长，对中国文化产业的发展更具有经验借鉴价值。就中国基本国情来看，文化资源优势优于其他方面，更适合发展民俗文化产业、旅游业及相关文化产业等资源型文化产业，进行专业化生产，在不断提高文化创新、大力开发文化资源的同时应务必注重保护文化资源，逐步转变粗放的发展模式，调整文化产业内部结构，拓展产业发展链条。例如，国产动漫《喜羊羊与灰太狼》不仅以其独特的创意理念获得较高票房，还以开发玩具、服装、日用品、手机屏保、网络表情等衍生品的形式，辅之网络推广、广告推销等营销策略，打入社会生活的方方面面，形成了完善的动漫产业链条。但与美国国有独资的迪斯尼公司相比，这一成功案例明显不具备优势，迪斯尼涉及娱乐节目、图书玩具、网络游戏、品牌服装、主题公园、矿产资源等多项经营活动，我国政府应主动引导具有专业优势的文化单位多渠道发展，形成一举多赢得效果。

单个的文化产品需要社会调剂才能扩围，文化产业链条需要有文化园区做载体才能产生集聚效应。文化创意产业决定一个城市未来发展潜力，它不仅能提升居民的生活质量，还形成城市新的经济增长点。早在 20 世纪 90 年代初期，我国台湾地区就提出“振兴社区发展”“社区总体营造”等方案，通过注入资金、引导产业研发、规范市场流通机制及培育大批人才等策略推动社区文化产业发展，最终形成了文化产业聚集效应。应降低园区内企业运营成本，强化企业竞争力。我国文化产业园区以 798 艺术区为典型代表，包括文化艺术、文化产地、文化旅游及具有国际特质的文化产业

集聚园区，后者表现出的国际范使其不同于前三者，这种具有核心竞争力产品的链条产业，从最简单的文化产品开始逐渐渗透其他社会服务领域，形成庞大的产业群体，上海张江文化创意园区即是建立在这种模式基础上发展起来的，它带来了“凤引百鸟”的趋势。然而相比其他先进国家，我国仍需付出更多努力。我国要以资源优势为基点，充分挖掘文化资源的价值，形成分工明确的不同文化区，紧密结合高校，注重城市内部的集群效应，不断发展完善我国文化创意园区，提高整体竞争力。政府应为文化创意产业园区提供区内的环境整治、基础设施等公共工程所需的资金，搭建公共平台（包括：交易推广平台、创意研发的交流平台、融资推介等等），吸引企业进入，为企业营造良好的发展环境。应加强推动产业基地建设，形成产业规模效应。对区域内企业可以给予减免所得税、房产税等多方面税收优惠，对重点发展的企业予以财政补贴或奖励，吸引企业入驻。同时，对园区内文化创意产业从业人员减免个人所得税。

五、加大优惠力度，降低企业税负

我国文化创意产业的税负仍然较高，根据一项实证分析，虽然我国文化产业税负 2008—2011 年在逐年下降，然而仍存在新兴产业和中小企业税负偏高的问题。首先，目前税收优惠力度较为不足，可以考虑继续降低文化产品、服务和所得税税负。英国政府对图书、期刊、报纸等出版物实行零增值税，对其他商品则征收 17.5%的增值税。法国政府把出版业和娱乐业的增值税率由原来的 7%下调至 5.5%，甚至还设有 2%的特别优惠税率，不到一般商品增值税税率 19.6%的 1/3。我国目前对图书报纸按 13%的低税率，可以考虑降低税率，参照动漫和软件产业的优惠政策，对实际税负超过 3%的部分实行即征即退；另外，文化创意产业高风险高收益，对新成立的文化创意企业可以采用“两免三减半”等政策扶持企业在初创期的发展。其次，鼓励文化创意产品和服务“走出去”。我国 2002—2008 年均出口增长率为 7.6%，但是单看每年出口额在世界总出口额中占比仅在 1%上下浮动，较发达国家差距较大。各国采用多种优惠政策鼓励出口，除对出口产品免征增值税、关税外，法国选择对出口所得免征所得税，韩国对出口企业进行奖励，这些手段都值得考虑借鉴。

六、其他配套管理措施

加强管理扶持中小文化企业。文化产业的活力来自中小文化企业，每年大量新增的就业岗位来自中小文化企业，中小文化企业的发展在整个行业具有举足轻重的地位。目前世界各国文化创意产业企业规模普遍不大，以中小企业为主，且利润率较高：2010年，法国19人以下规模的文化企业占比达23.8%；西班牙2012年广告企业中无雇员的企业占比达58.9%。在文化企业中德国2008年大企业销售额的销售总额占比仅为40.2%。我国文化创意产业中小型企业占比很高且营业收入占比也堪比大型企业。当前，我国中小文化企业发展面临融资困难、发展不规范等困境，导致每年都有相当数量的中小文化企业倒闭。中小企业难以得到财政资金的大量投入，金融借贷也相当困难，资本不足必然拖住中小文化企业扩大规模、提高产品质量的步伐，我国政府需要加强对中小企业的扶持，规范中小文化企业向金融机构的信贷制度，扩大对中小企业减免增值税、营业税及所得税的范围，保证中小文化企业基本运作。中小企业发展不规范也制约着其发展壮大，政府应加强管理并制定社会监督机制，避免违法违规行为，规范中小文化企业市场，为中小文化企业良好运营创造条件，推动社会经济不断发展。

第十章

支持文化产业发展的财税政策选择

第一节　国外文化创意产业财税政策及借鉴

政府干预是任何一个国家的文化创意产业都避免不了的，关键是每个国家运用这只“看得见的手”的程度大小有所不同。

一、国外文化创意产业财税政策

（一）美国支持文化创意产业的财税政策

美国是以市场为主导发展文化创意产业的典型国家。政府为文化产业发展提供了宽松的外部环境、健全的法律保障及补助制度，对文化产业的财税政策支持体现在对非营利机构和文化基础设施提供必要的资助，通过建立分权化、多样性的文化产业资助体系，融合联邦、州和地方政府的补助以及个人、企业和基金会的私人资助，以及售票收入，美国政府主要采取税收、奖励、补助、信托基金等措施促进文化创意产业发展，提供间接的优惠政策，引导和鼓励私人企业对文化产业的投资，而不是采用直接的优惠政策直接干预文化市场的运作。

1. 财政支持政策

（1）重视对非营利文化机构的财政资金支持

美国联邦中央政府和州地方政府两级财政政策对于文化创意产业的支持主要侧重于公共文化建设和文化基础设施的投入，同时也都非常重视对于非营利文化机构的支持。如目前美国政府对于文化产业的财政支持资金占产业发展的50%（联邦政府和地方财政资金比为15%：35%）。首先，中央财政资金主要通过国家艺术基金会、国家人文基金会、博物馆学会以及中央政府的一些国家艺术部门，对非营利的官方和半官方文化艺术机构给予资助。1965年颁布实施的《国家艺术及人文事业基金法》（美国），法定确保美国政府每年将一定的财政资金投入到文化艺术产业发展领域。以此法律为依据，创设了众多的国家基金会。对于非营利文化艺术团体，通过各种基金会对文化组织或项目提供拨款，并且不参与行政管理。例如，国家艺术人文基金会以奖励及补助形式，协助并指导各州通过州立法在美国50个州及6个管辖区成立州立艺术委员会或人文委员会，各市镇也多依此模式成立地方性艺术人文委员会，共同推展文化艺术活动。除此之外，还有国家艺术委员会作为NEA的指导单位，从1968年起担任起指导并监督NEA政策方针及各项活动顺利运作的职责，同时对基金会资助申请进行评议和推荐工作。其次，州地方政府主要资助规模较小但是发展潜力明显的地方文化组织，采用资金匹配方式实行有限拨款。美国50个州和6个行政区都有专门负责给文化艺术组织分配财政拨款的州级文化艺术机构，具体见表10-1。

表10-1　　美国财政支持非营利性文化机构的情况

政府级别	文化团体或者组织	财政资金（亿美元/年）
联邦中央政府	国家艺术基金会	2.5
联邦中央政府	国家人文基金会	2.5
州政府	斯密斯学会、肯尼迪中心、公共广播有限公司等	10
州政府	国家博物馆图书馆学会	2.5

资料来源：杨京钟．中国文化产业财税政策研究［M］．厦门：厦门大学出版社，2012.

（2）注重财政转移支付支持地方文化产业发展

长期以来，美国主要通过实施财政转移支付扶持公益性文化产业发展。美国联邦政府的财政总收入一般占全国的85%以上，采取政府转移支付手段给地方政府教育、文化、卫生等方面的财政资金约为40%，其中专用于文化产业发展的转移支付比例占1/3以上。转移支付资金途径是从联邦政府转移支付到州级政府再到郡县地方政府，其中对地方文化产业的财政转移支付资金较高的当数联邦和州政府。如果文化企业的研发投入费用超过1亿美元，各州郡县政府须按一定的比例拨出相应的地方财政资金，配套联邦政府的文化研发资金，资助这些小文化企业的科技研发与成果转化。① 美国联邦和州政府负责对公益性文化产业专项财政转移支付资金的核定，两级议会负责审查审批，各级法院负责监管，通过这样“三权分立”的模式以保障财政转移支付资金的使用效率。

（3）重视对中小文化企业的财政扶持

由于中小文化企业在全美文化企业总数中占比较大，所以这些中小文化企业理所当然地成为各级政府重点扶持的主要对象。各级政府都非常重视运用财政政策工具扶持企业的成长。一是政府对中小文化企业实施定向财政采购。各级政府对于所需的公共文化产品或者文化服务采取招投标方式，同时赋予许多有利于中小文化企业的优惠条件，以支持和引导中小文化企业的生产经营行为。二是激励中小文化企业技术创新和研发，政府通过向中小文化企业提供财政科研经费，允许企业按照一定比例从应交税款中扣除当年的研发经费。三是为中小文化企业提供贷款便利。美国政府成立小企业管理局，为广大的中小企业（不仅包括小文化企业）提供政策性低息贷款和贴息贷款。政府按照小文化企业的规模、创新和效益等条件给予最高15万美元的优惠贷款，贷款利率远低于同期市场利率。

2. 税收支持政策

美国政府的税收政策主要集中在非营利性文化机构方面，对于营利性的产业一般没有特殊的税收优惠政策，不干预营利性文化企业和机构的市场化运作。支持非营利性文化产业的税收优惠政策主要集中在联邦税的所

---

① 美国国会．中小企业创新研究计划［R］，1982.

得税类、州税的商品税类和财产税类，其中公司所得税是支持非营利性文化产业发展力度最大的税种。

（1）支持非营利性文化产业的税收优惠政策

从税收优惠内容看，联邦税法对非营利性文化产业的投资开发、高新技术应用、技术研发、文化公益捐赠等方面均有税收优惠。1917 年，美国颁布实施的《美国联邦税法》中明文规定，对从事文化产业开发的非营利机构免征各项税收。非营利性、公益性的文化机构必须是不以营利为目的，且营利收入全部用于该组织或机构使用的，其收入免征公司所得税。但对非营利性文化机构从事非相关营利活动取得的利润则必须全额缴纳公司所得税，不过其税收负担较轻，一般在缴税前免除利息、股息、租金和版税所得后，减免非营利文化机构资助者的税额；又如境外机构投资于公益性文化产业资本不低于 25%的，联邦税法允许税前投资抵免；文化公益事业机构或群体一律享受免税待遇；用于非营利的公益性教育、文化、宗教、慈善机构的土地、车辆、用地、住房等不动产免征财产税。

（2）鼓励文化产业研发创新的税收优惠政策

美国政府采取间接税收优惠与直接税收优惠相结合的方式激励文化产业加强研发创新，既有税率优惠、期限优惠、税额优惠等的直接税收优惠措施，又有税收抵免、投资抵免、加速折旧、税收抵扣、税项扣除等的间接税收优惠措施。美国联邦税制体系把科研机构定为“非营利机构”，免除其纳税义务，因此，科技研发机构以及从事数字媒体、动漫技术、文化创意的产业部门，利用自身的科技研发优势依法享有各种税收减免。间接税收优惠政策主要通过对纳税人税基的调整，起到激励纳税人调整生产、经营活动的作用。美国利用其遍布全国的完善的税收征管网络，采取间接税收优惠政策引导、激励文化产业往高端方向发展。总而言之，美国实施以间接优惠政策为主、直接税收优惠政策为辅、间接税收优惠政策与直接税收优惠政策有机结合的税收优惠体制，鼓励技术研发，极大地促进了美国高端文化产业的快速发展。

（二）日本支持文化创意产业财税政策

日本的文化产业，其英文名为 Contents Business，若按英文字面译为中文应是"内容产业"，是指兼具文化性、娱乐性的音乐、影像制品、游戏、漫画、动画等作品经生产、营销、贩卖等环节流通的营利性行业①。文化产业是日本国民经济赖以持续发展的重要产业之一，2011 年规模为 7000 亿日元，在全球范围内也居于领先地位。日本从国家战略高度看待文化产业发展，依靠中央政府推动、地方政府和民间一起投入的机制大力发展文化产业。虽然文化产业的发展主要依靠市场机制，但政府主导的特点也同样很明显。日本政府除了引导资金投入文化产业，通过系列产业政策实现管理职能的转变以及融资渠道的多元化和宣传渠道的特色化，主要采取较为完善的税收政策进行支持。

1. 引导建立文化产业发展的融资机制

日本政府特意修改《信托业法》，目的是为了解决文化产业振兴和发展中的资金筹措问题，该法中还允许以电影、动画等文化产品为内容的知识产权持有人可通过资产证券化的手段和途径进行社会融资活动。自新《信托业法》颁布之后，为了扶持文化产业，日本国内首个以电影和动画等文化产业为对象的知识产权信托融资案例也随即建立，该案例是由住友信托银行与某家在东证二板市场上市的电影制作和发行公司签订的信托协议，该信托协议规定将电影软件的销售权作为信托财产进行信托，由住友信托银行作为受托人，将信托财产进一步划到单位以后，再转让给投资者，投资者可以从电影软件的销售中获得相应的受益权。如此一来，拥有知识产权的企业可以将影像资产提前资金化。为激励"创新型文化企业"的建立与发展，政府对高新技术文化企业的产品研发，提供综合扶持政策（包括税收优惠、财政援助和折旧扣除等），尤其对特定且重大的文化产业项目给予高达 55% 比例的"特别加提折旧扣除"。

除了信托方式以外，文化产业投资基金的建立受到日本政府的大力支持，各种鼓励政策频频出现，此基金拥有广泛的投资领域，包括动画、音乐、电影、游戏等各个方面。NTT 数码和伊藤忠商事等行业外的大型企业为该基金的出资者，其目的是通过文化产业基金的投资，来吸收文化产品的技术诀窍，服务于将来本企业的事业发展。由于其投资存在一定的内在

① 河岛伸子．内容产业总论——文化创造的经济・法・经营［M］．密涅瓦书房，2009：3.

积极性，所以从某种意义上说扩大了文化产业的资金来源渠道。这其中比较典型的企业要数日本数码信息内容公司（JDC），早在1998年，该公司就设立了当时总额达7亿日元的东京多媒体基金（TMF），后又追加设立了价值8亿日元的第2号基金。每年举办4次公募活动决定TMF的投资对象，因而在每次公募活动中，要从全国的制作公司所选送的30~50件作品中进行挑选，挑选标准除了有关艺术的固有要求以外，还必须要对投资回报率进行充分的考虑。

2. 完备的文化产业税收优惠政策

日本从中央到地方三级层次税制中，实行以间接优惠政策为主、直接优惠政策为辅的税收优惠政策体系。日本的文化产业税收优惠政策很少采用直接税收优惠手段（包括定期减免、降低税率、以税还贷以及税额扣除等），更多地采用加速折旧、亏损结转弥补、投资抵免、年度结转、费用扣除、税收抵免、特别准备金和延迟纳税等间接税收优惠方式。消费税、旅行税、法人税、个人所得税、关税、固定资产税、事业所得税等是支持文化产业发展的主要税种。如在流转税类中，日本的消费税、增值税型的间接税，对一切货物、劳务的提供及进口商品按照标准税率的3%课税，却对出口的某些（艺术商品、邮票、文化产品运输、文化教育类等）特殊文化商品给予免征消费税的优惠待遇；另外，对提供文化商品的应纳税销售额或文化服务额低于4亿日元的文化小企业纳税人，允许采取简易课税方法，在征税内容上允许以纳税人的总销售额减去总进货额的抵扣差额为计税依据，这些都是为了更好地扶持小企业发展。

3. 税收优惠政策旨在支持中小文化企业发展

日本为支持中小文化企业发展，规定资本金在1亿日元以下的中小文化企业的合理亏损可以实施“退税”制度，退还上一年度缴纳的部分所得税，这极大地减轻了中小文化企业的经营成本和纳税负担。除此之外，为激励中小文化企业重视文化产品（服务）的研发并增加投入，日本税法规定中小文化企业的试验费减收6%的法人税或地方所得税；对试验研究费用超出销售额3%和创业未满5年的中小文化企业，允许实行设备投资减税，且在征税时中小文化企业提取的改善产业结构的准备金可不计入当年的企业应税所得额。与此同时还规定，中小文化企业的合理亏损可抵消前3年的利润，同时把冲销掉的那部分利润对应于以前年度所缴纳的税款退还给该企业，也可向后5年结转亏损弥补。

（三）韩国支持文化创意产业的财税政策

韩国采取的发展模式为政府强烈干预的“政府主导文化产业”。韩国正式确立“文化立国”发展战略是在1998年，距今已有17年的发展史，该国的文化产业在这将近20年的岁月里已推陈出新，得到了很好的发展，政府各方面的政策也较为完善、较为成熟，顾名思义韩国视为21世纪国家经济发展的战略性支柱产业非文化产业莫属。韩国是以政府行政指导文化创意产业发展模式的典型国家之一。韩国政府实施预算、基金和投资相结合，引导建立企业、市场和产业相结合的政策支持体系。以公共基金为启动资金，创业型风险投资公司为主力，集中支援电子、软件、音像等需求量大、处于创业初期阶段的风险企业，大大促进了韩国文化创意产业的发展。

1. 文化产业财政扶持机制的建立

韩国政府对文化产业的财政投资方式有三种：其一，通过年度国家公共财政预算，政府公共基金100%投资于文化产业部门。如设立文化产业振兴院，其运作资金由国家财政预算拨款全额资助。韩国文化产业部于2010年9月30日发布了2011年全年度财政预算方案具体内容。2011年，韩国文化产业部计划要求3兆3.709亿韩元预算，相较于2010全年度预算的金额还要高出6.2%，这也是韩国政府历年财政预算中，文化产业资金投入占比“破天荒”最高的一年。据相关资料显示，2011年韩国文化产业部的各项预算资金分别如下：建设文化交流空间和文化体育基础设施的预算是2.382亿韩元；福利事业的扩充和边缘文化建设的强化预算是1.719亿韩元；3D文化产业品牌项目的投资建设，MICE/医疗/生态旅游等其他基础建设预算是1.986亿韩元；举办电子竞技比赛和提高改善竞技体育职业选手的训练环境预算是2.411亿韩元。特别地，高达168亿韩元的预算将会下拨到韩国游戏产业部，这对游戏产业来说可谓是一个“大大的惊喜”。[①] 迄今为止，全世

---

① 中国文化创意产业网．国际动向：韩国文化产业部公布2011年预算方案[EB/0L]. http://www.ccitimes.com/yejie/caijing/2010-10-07/211991286421757.html.

界文化财政拨款达到国家总预算 1%的国家仅有法国和韩国。[①] 其二，由官方机构（财政资金）和民间机构（非营利性资金）共同出资，经由韩国文化振兴院进行研判与评定后，给予金额不等的支援。国家文化产业预算以动员社会资金为主，并且建立了许多文化产业园区，投入了大量的财力和物力，吸引了大量的民间资本和其他市场资本进入文化创意产业领域。政府出资在各个市县建立“文化产业支援中心”，政府和民间共同投融资于文化产业。如 2000—2001 年间，文化产业振兴院成功融资 2073 亿韩元。特别是近年来，韩国政府每年拨出政府预置金 100 亿~500 亿韩元不等，将其交由政府招投标的中标银行和产业孵化机构，完全按照市场运作方式向文化产业相关企业提供低息贷款。

设立文化产业专项基金。为落实 1999 年颁布实施的《文化产业促进法》，韩国政府官方设立或由政府与民间机构、企业共同出资设立官方或半官方的文化产业专项发展基金。韩国先后设立了信息化促进基金、文化产业发展基金、电影产业发展基金、文艺振兴基金、文化产业振兴基金、广播发展基金、体育振兴基金、出版基金以及文化产业专门投资组合等 10 多个文化产业类的专项基金。这些基金根据文化产业门类及其发展境况的不同，确定相关文化产业发展对象，有针对性地给予其重点扶持发展。

文化产业财政奖励机制逐步构建完成。韩国自 1999 年以来一直致力于建立一套适合自身文化产业发展的体系建设，目前一套完整的文化产业奖励激励机制已逐步构建成功，尤其对本国需要重点支持的文化产业门类，如数字游戏、动漫、影视、音乐、娱乐、信息技术、移动网络等，政府加大了财政奖励支持力度。

2. 支持文化企业参与国际竞争的税收优惠政策

在企业优惠政策方面，对各种与税收和资金有关的文化企业给予全面支持。另外，对政府重点支持的游戏、动画等企业及各类创新企业和产业园区建设等，给予其长期低息贷款，在规定期限内免除各种税务调查，如财产税、部分不动产所得税、综合土地税等，免除山林、农田、草场转让

---

① 复旦大学韩国研究中心．韩国研究论丛（第二十辑）［M］．北京：世界知识出版社，2009.

费和再造费以及交通设施补偿费等。在开拓国际市场方面，采取国内市场回收成本、海外市场赢利的战略；打造国际名牌产品树立韩国形象，进行有针对性地大力开发与亚洲、美洲等地适销对路产品；将资金集中于支持重点出口项目，设立出口奖励制度，激励本国竞争优势显著、久负盛名的影视产业、高端文化服务产业和游戏产业参与国际文化市场竞争，使其走向世界。2002 年 4 月，韩国首次设立“大韩民国文化产业出口奖”，奖励包括游戏、文化创意、动画、移动网络和卡通等文化产品的出口，这标志着文化产业发展将迎来新的契机。①

韩国对于某些优秀的文化产品（服务）出口，除获得政府奖励外，还可享受税收抵免、出口退税、进出口关税免征等形式多样直接和间接的税收优惠政策待遇。例如，一家本土文化制作企业要是每年可生产 1000 部以上的出口影像制品，那么除政府提供财政资助外，该企业还可按照国内征收税率的 100%全额给予出口退税优惠；本国文化企业在境外缴纳的公司所得税准予在韩国全额税收抵免；对于文化产品（服务）的国外所得来源，若在国外享受减免税的，在税收协定允许的范围内，实行税收饶让抵免的优惠待遇；文化产品和文化劳务出口适用零关税优惠税率；进口国内缺乏且不能生产并用于文化、教育方面的仪器设备，可免征进口关税等。总的来说，韩国文化产业的跨越式发展，使得近年来“韩流”盛行于国外，一部《来自星星的你》，博得了多少中国少女观众的芳心，韩国“欧巴”从此为韩国的文化产业间接带来正效应，再加上政府相关税收优惠政策的倾力扶持，轻而易举地将整个国家的文化产业带向世界的每个角落，被世人所熟知。事实证明，韩国为发展文化产业采取的一整套的体制策略是行之有效的，值得我们学习和借鉴。

二、国外文化创意产业财税政策的借鉴

国外典型的文化创意产业已具相当规模的国家包括美国、韩国、日本，等等，这些国家的文化创意产业发展在理论研究上不仅达到一定的深度，

① 刘婷．风险投资支持文化创意产业发展研究［D］．宁波：宁波大学硕士学位论文，2012.

而且也在实践中赢得了较为显著的成效。这些国家在遵循市场经济规律基础上，支持文化产业发展，大多采取以市场为导向的文化产业运作模式，而不是仅仅依靠财政拨款投资。系统分析总结国外促进文化创意产业的财政税收政策，对于作为将要从制造业大国向文化创意型发展的中国来说，具有重要的意义。北京作为中国文化创意产业先导城市更应该深入了解和借鉴，并从中吸取经验。

（一）财政政策借鉴

1. 非营利文化产业获得政府财政的大力支持

目前，各国支持文化产业发展的财税支持政策既有共同之处，又存在较大差异，其共同之处就是财政性资金集中支持非营利性的文化企业。如美国政府将大量资金用于展览艺术和表演艺术等具有公益性的文化领域，以支持文化产业发展。英国组织了创意产业特别小组专门帮助文化创意产业筹集资金，并通过直接财政拨款的方式给予文化创意产业一定的资金补助，英国的直接财政拨款包括各级政府拨款以及其他各部门拨款。此外，通过文化媒体体育部来实施拨款是中央政府一贯的做法，主要的针对对象是以戏剧演出为代表的与公众文化生活息息相关的重点文化单位，政府每年都投入固定数额的指导性拨款；另外，其他非文化部门同样也会向文化艺术事业拨款。据相关资料表明：英国财政拨款的主要来源包括中央地方政府的拨款、欧盟拨款、重振地方经济资金和国家彩票收入，等等，该国1995—1999年五年期间国内1000多个艺术项目仅从“彩票基金”中获得的资助就高达10亿英镑以上。①

法国政府保持每年把从电影产业链中征收的4亿~5亿欧元税收直接返回给本行业，可见法国政府对本国电影行业和出版行业实行的强力扶持政策。② 根据国内知名人士调研得知，法国政府2004年对作者、出版商书商分别给予307万欧元和250万欧元的直接资助。③ 加拿大政府对文化产业的

① 江蓝生，谢绳武．2001—2002年：中国文化产业发展报告［M］．北京：社会科学文献出版社，2002.

② 沈中文．法国重视发展电影产业［J］．北京观察，2005（5）．

③ 张书卿．法国政府对出版产业以及文化产业发展的作用与作为［J］．出版发行研究，2006（1）．

发展同样也是相当重视的，该国不仅对文化基础设施建设的力度加足马力，不断地增加文化经费投入，而且对于提升文化机构开展文化经贸活动的能力方面也十分关注。据统计，在2002—2003年期间，加拿大联邦、省、市级政府将高达71亿加元的资金全部投入，作为国家的文化经费支出，在此之后的每一年，该国对文化创意产业的投入呈现不断增加的趋势，尽管联邦政府的预算值有所削减，但仍无法阻止国家对文化产业发展的强烈扶持动机。而韩国文化产业的发展又是另一番兴盛的光景，2005年，韩国对文化创意的财政预算总额为15856亿韩元，已达到了国家总预算的1.18%。韩国政府和民间共同出资，建立了“文化产业专门投资组合”，并于2001年设立了“韩国设计中心”，其总共投资100亿韩元，据资料获悉，该国在2001—2010年10年间，分别投入200亿韩元、50亿韩元和300亿韩元，在全国各地建有10余个文化创意产业园区，10个传统文化产业园区，2个综合文化创意产业园区，所有的这些为打造全国成熟的文化创意产业链打好了坚实的基础。[①]

2. 设立引导社会文化资本的文化产业专项基金

为文化产业设立专项基金支持是那些文化产业发展较发达的国家首选的方案，也是不得不采取的一种方式。比如美国联邦政府运用大约20亿美元的资金（保守情况下）对国家艺术基金会、博物馆学会、国家人文基金会、肯尼迪中心、史密斯学会，以及公共广播有限公司等实行直接资助和间接开支，与此同时，各州政府和市政府也会对这些基金协会提供必要的资助。另外，美国政府依据颁布的《艺术及人文事业基金法》成立了国家人文基金会、国际艺术基金会，确保了所设专项基金能够固定而有效地顺利实施，还保证了创意产业每年都能从财政那块大奶酪中分得满意的部分，即保证占比相当可观的大量资金能够被创意产业所吸纳。

韩国作为另外一个文化产业发展较快的国家，其所设立的专项基金数量颇多，其中包括文艺振兴基金、电影振兴基金、出版基金、文化产业阵型基金、广播发展基金、信息化提取公积金，等等，这些都在很大程度上为文化创意产业的发展积累和保证了其所需要的大量发展资金；事实上，

① 中宣部文化体制改革和发展办公室．国际文化发展报告［M］．北京：商务印书馆，2005.

韩国政府这种积极的做法，即短期大量资金的投入与为其提供长期稳定的资金来源的专项基金相结合的先进思想，为文化创意产业的持续发展奠定了良好的基石。1990 年，日本的艺术文化振兴企业基金也如期成功设立，该基金以大约 642 亿日元作为开始运营资金，此后增加了 530 亿日元的国家出资以及其他民间捐赠所得，据查证，以后每年该基金大约可筹集资金 14 亿日元左右。

3. 建成文化产业融资体系

众所周知，发达国家一向都是比较注重地方政府在政策支持体系中的作用的，在整个国家财政预算和政府职能中，中央和地方扮演着不同的角色，有着明显的分工。其中，中央政府作为财政的“总指挥官”，履行制定总体的政策方针并执行协调引导等政府职能，而地方政府则负责进行具体的操作和管理，将各项政策落实到实处，更加贴近广大群众，也能更及时地收到相关政策的反馈意见，等等。除此之外，随着市场化经济的到来，充分发挥社会各界的力量是政府理应倡导的，这股力量的集聚是不容小觑的，例如税收引导民间投资和彩票收入等，在保证文化创意产业发展资金充足性的同时，还使得税收政策更大程度地引导文化产业健康协调发展。所以说，集中央、地方政府与市场三方共同的力量打造文化产业优良的融资平台是国外发达国家的大势所趋。

4. 专项财政资金支持文化产业进行国际合作

法国是一个独特的国度，那里的人们普遍都钟情于当地独有的文化和艺术的情结，该国的经济体制以政府为导向，政府对于文化创意产业的发展采取较强的干预手段，当然与此相伴的财政扶持方式对于其发展发挥着不可估量的作用。法国政府还会对各种促进文化创意产业发展的活动给予资金支持。例如，政府为了提升和扩大本国电影在国际上的知名度和影响力，每年都会举办各种各样的国际性电影节，如著名的戛纳国际电影节、法国青年电影节和法国恺撒电影节等，以促进和加强与国外其他电影业的合作和交流，其中所有的承办费用由法国文化部、外交部以及各省合力进行出资赞助。另外，法国为了鼓励与加强法国文学走向国际并与国际上其他国家的先进文学建立愉快的交流机制，该国给予译者（指一些将法文著作翻译成其他文字或是把外文著作翻译成法文文字的工作者）几千甚至是几万元不等的奖金。

美国为给本国创意产品的出口排除障碍，赢得更有利的出口条件，长期以来都在积极推动所谓的贸易和投资自由化，其中文化创意产业也包括在内。英国政府则通过成立创意产业输出推广顾问团（CIEPAG）来对创意产业出口给予特别的强化性援助，政府当局极其重视文化创意产业的发展。日本经产省与文部省联手于2002年8月促成建立了民间的“内容产品海外流通促进机构”，并为该机构在海外市场能够顺利开展文化贸易与维权活动而下拨专款，给予资金上的大力支持。2002年韩国政府为支持本国企业参加在美、法、中、日、德、芬兰等国举办的12项有关动画、音乐、游戏、漫画、数字化文化产品的展销活动，慷慨解囊，拿出17.1亿韩元。

（二）税收政策借鉴

1. 间接税收优惠为主的文化产业税收政策

与发展中国家不同的是发达国家的文化产业税收优惠政策不仅仅是针对单纯的某个环节，而是涵盖了整个文化产业链条的所有环节。通过分析各国的税种及其性质我们发现，多数国家的税收优惠政策一般都会倾向于电影业和文化遗产保护方面，并且倾斜于文化产业从业者方向，因此往往会疏忽了对那些文化产业的投资者的政策优惠，这在某种程度上限制文化产业的发展。正如上文所提及的，发达国家促进文化产业发展的方式不仅发挥了市场的作用机制，与此同时还可获得政府给予的必要税收优惠政策支持，即以间接优惠政策为主、直接优惠政策为辅，二者相结合的税收优惠政策方式，这是因为间接税收优惠政策方式在扶持文化产业方面具有其目标明确性、持久性和有效性的特点，这种方式属于产业的税前优惠方式，主要表现为延迟纳税行为，即所谓的在一定时期内让渡资金的使用权，这种形式税收主权没有放弃，它允许企业分期缴纳或延迟缴纳税款，当然这种放权是在合乎规定的年限内实行的，其对公平竞争的体现有利而无害，可维护市场经济的平稳发展，降低产业发展风险，有效避免产业短期投机行为，保障税收收入。

间接税收优惠政策与直接优惠政策二者的侧重点不同。对文化产业的间接税收优惠政策侧重于税前优惠，它主要是通过调整对文化企业的征税税基，使得纳税人积极调整生产经营活动的自信心得到较好的激励，最终使得政府对文化产业采取政策调控和财税政策扶持达到预想的目标。而对文化产业的直接税收优惠政策是一种事后的政府利益让渡，它的侧重点在于税后优惠。主要给予文化企业的经营结果以减免税优惠，其特征是具有确定性；扶持作用主要体现在政策性倾斜、补偿企业损失方面。缺陷是会造成文化企业税收收入大量流失，而且易造成纳税人有意钻国家税收优惠政策的空子而逃避税收。日本、美国等国多运用间接税收优惠方式，包括亏损结转弥补、投资抵免、加速折旧、税收抵免、年度结转、费用扣除、税项扣除、特别准备金和延迟纳税等，而较少采取直接税收优惠手段，如税率优惠、期限优惠、以税还贷、税额扣除优惠等。

2. 具有明显的导向性的税收优惠政策

发达国家大多实行具有明显倾斜性的文化产业税收优惠政策。首先，对于人力资本投入与积累的税收优惠政策作用显著。由于文化产业属于智力密集型行业，所以对于产业的发展人力资本的投入与积累至关重要。多数国家对文学作品、音乐作曲等从业人员的收入给予一定的税收优惠，采取减免征收的办法。相应地，发达国家为降低税收不公平（各年度收入不均衡所引起的），许多国家甚至允许文化从业人员按照年平均收入缴纳所得税。设计文化产业园区，采取特定的税收优惠措施激励文化产业的发展。在特定文化产业园区内的从业人员，由于从事某些特定文化经营活动或是销售自己创作的作品时从中获得的一定收益，国外一般对个人所得税、销售税等税收进行减免征收。韩国政府规定：提供长期低息贷款给那些进驻文化创意产业园区的企业，减少税务负担甚至将其免除。此外，免除文化产业园区建设中农田、草场、山林等的转让费和再造费等，交通设施补偿款也同样在该免除的项目中。韩国于1999年做了两件有利于文化产业发展的事情，不仅免除了游戏机的特殊所得税，而且对电子出版物免收增值税。在此基础上，韩国政府还依靠税收优惠政策等鼓励企业向文化产业投资。

其次，税收优惠政策倾向于非营利的文化产业领域。该观点早在美国联邦税法中就有提及，该法规定，非营利性文化团体、机构从事非营利活动取得收入享受财产税和营业税免税优惠政策，且免征全部所得税。对于那些影视、报刊图书产业等参与文化领域进行市场自由竞争的，一些地方政府为其制定了一系列优惠政策。例如，纽约市政府规定文化企业可以通过市经济发展公司获得低息、无息贷款，等等。

3. 实施差别税率调节文化产业的资源配置

税收扶持文化产业发展的做法形式多样，实施差别税率是各国政府普遍采用的做法之一。美国是实施差别税率的典型国家，该国为调节出版资源配置，引导出版业向符合国家利益的方向发展而对不同出版单位、不同出版物实行不同的税率。联邦政府对出版行业的营利性单位并没有制定特殊优惠政策，其企业所得税的征收完全是以利润的多少为计税基础的，税率则在规定的一定区间内波动。有些州政府对营利性出版单位征收不高于25%的企业所得税，而联邦政府对出版物不征收商品销售税；但有些州对出版物征收销售税，实施差别税率。对非营利性出版机构，联邦政府则不仅不征税，还给予某些资助。美国还对进口图书免征进口税，对出口图书的增值税和营业税实行先征后退。此外，美国还对出版物邮寄费用采取优惠政策，其中书刊邮寄费用要优惠于其他邮品。

英国运用差别税率的情形如下：该国对图书、期刊、报纸、音乐出版物的增值税不仅一直设为零税负，而且还可享受免税进口的优惠；英国对于如牛津大学出版社和剑桥大学一些影响较大或者非营利的机构给予免征营业税优惠；英国公司进口图书具有特殊的税收优惠政策，可就向他国已交的增值税向有关部门申请补贴；英国为了促进本国游戏业的全球化发展，规定了如果游戏企业能和其他国家展开海外合作，那么该企业将获得最高税率50%退税优惠的政策；同时英国政府规定成本2000万英镑以上的电影都能享受减税优惠，以促进电影业的快速发展，从上文可知，韩国在1999年就对电子出版物免征收增值税，另规定凡是投资影视等文化项目的企业，皆可享受3%的税收优惠。

4. 注重引导社会资金

美国是一个非常重视引导社会资金的国家。美国采用相关的税收政策鼓励和保护文化捐赠，针对文化创意产业，美国一直以来鼓励私人的赞助和投资，在美国几乎90%的文化捐赠都来自个人。根据美国法律，个人向非营利机构捐赠1美元可获得28%~40%的减免，向私人基金会捐赠可减免30%，向企业捐赠最多可获得10%的减免；遗产在70万美元以内不需要交税，70万~300万美元的征收37%的遗产税，超过300万美元的税率高达55%，对慈善事业的财产遗赠则完全免税，以上所有的政策都在一定程度上促进了个人向非营利文化机构的捐赠积极性。1947年，英国开始大力推行"抵换所得方案"，该方案规定：若是某人将艺术品或者别的有价值的物品捐赠给国内收入局理事会成为公有的情况下，那么他所缴纳的资本转移税、遗产税或者房产税可以获得部分或者全额免税。

（三）其他政策借鉴

1. 投融资政策

投资银行对文化创意行业拥有较低的投资热情，这是由创意产业自身具有的投资收益高、风险大的特点决定的。针对创意企业面临的融资贷款困境这一问题，英国政府设立专门的小型公司贷款保证计划，主要负责该计划顺利实施的管理机构是公营机构，其主要的针对对象是那些具有发展潜力的小型创意公司，政府为其从银行或其他金融家机构获得贷款提供担保证明，这样便在一定程度上解决了小型文化创意产业融资难的问题，为文化产业的发展提供了先决条件。

与英国政府相比而言，韩国政府向文化企业提供的贷款优惠不是通过小型公司贷款保证计划而主要是靠孵化器来实现。在过去的几年里，韩国政府每年都会划拨一定的政府预置金（大约是500亿~1000亿韩元），将其交由中标银行和产业孵化机构，通过这些机构间接向符合要求的文创企业提供低息贷款，当然其中的运作方式完全是围绕着市场来展开的。这里低息贷款的利率是由政府、银行以及孵化机构三方进行协商后达成的结果，约为同期贷款利率的1/3，理所当然本金应按照该协商好的利率每年交还给政府，银行和孵化机构的资金运作收益乃利息的剩余部分。

法国政府很重视为文化创意企业提供融资便利条件。为了帮助出版商和书商能从银行获得贷款，政府建立了特殊担保基金会。法国早在1993年就成立了电影及文化产业投资委员会，对此投资委员会的建立该政府不遗余力，耗费了大量的人力和物力，总共投入保证金2800万法郎，为本国出版业能更稳定地从银行获得贷款提供基本的保障，与此同时，还可以享受到各种优惠条件，比如：放松贷款期限、优先贷款以及低利率，等等。同样地，日本政府也不甘落后，该国对文化创意企业研发高新技术提供相应的金融支持，如果受政府支持的高新技术研发成功，那么可按低息还本付息，如果企业开发失败，一样也会享受到免除利息的政府优惠。

2. 注重人才的引进与培养

近些年来，美国在吸纳人才和其培养方面下足了功夫。众所周知，美国的文化创意产业一直以来是其他各国可望而不可即的，作为全世界的经济领头羊，美国在拥有一大批优秀杰出的创意人才的基础上，不仅在全球范围内广纳贤士，而且在国内30多所大学里开设艺术管理专业，致力于培养高素质的创意管理经营人才，并且通过增加签证名额、放宽移民限制、提供诱人的薪资待遇等优越条件吸引大量的精英来美就业。韩国则建立了人才培养机制。首先，从高等院校着手加强人才培养，新建专门针对培养文化创意人才的院校。其次，韩国近些年开展文化创意产业网络教学，培养了一大批教授级专业精英。再次，选派相关人员公费去文化创意产业发达的国家（如美国、日本等）留学，加强国际间的交流与合作。最后，政府给予资金支持，鼓励在校学生举办有关于创意产业的活动。①

3. 保护、继承和发扬传统文化

保护传统文化是韩国政府历年所大力提倡的。比如，政府积极出资保护历史遗迹；文化管理部门经常举办各种体现和宣传韩国民族丰富习惯和日常生活的展览；国家对那些掌握传统工艺的人提供专项补贴，以避免传统工艺失传；政府还通过举办“文化旅游年”“文化遗产年”等活动来大力向世界宣传和介绍韩国悠久的传统文化。法国历来对文化艺术十分重视，政府对公共文化单位实施直接拨款的方式给予支持，如音乐、舞蹈、戏剧、文化遗产、造型艺术等。另外，法国政府极其重视文化设施的建设，每年用于兴建剧场、图书馆、博物馆等文化设施的费用都会高达十几亿法郎。

① 张介岭．国外实施人才战略面面观［J］．经济日报（观察与借鉴），2010（7）．

法国政府为文化设施做出的所有完善措施，毋庸置疑都为法国文化创意产业的发展提供了坚实的基础。

第二节 构建支持文化产业发展财税政策的原则和总体思路

一、总体思路[①]

在我国现有体制框架下，着眼于未来文化体制改革和财税体制改革的趋势，在借鉴美国、法国、韩国等文化产业发达国家的国际经验以及国内文化产业发达省份运用财税政策促进文化产业发展的有益探索基础上，遵循文化产业发展规律，适应市场经济内在要求，坚持社会效益和经济效益相统一，以促进经济发展、传播先进文化、建立核心价值体系、提升国家文化软实力为目标，通过多种财税支持方式引导和扶持文化产业，完善公共文化服务体系，加快推进传统文化产业结构调整和转型升级，进一步推动新业态文化产业做大、做优、做强，提高我国文化产业的国际竞争力，以满足人民群众多样化的文化需求和维护国家文化安全。

在中央和地方制定政策时，要按照双方事权划分，合理确定各层级的支出责任。一般来说，中央政府支持的领域应该覆盖有助于提高国家整体形象和国民整体文化素质、弘扬中国优秀传统文化、有利于推动国民经济的文化项目、文化产品和公共技术（信息）服务平台以及制约国家整体文化产业发展的薄弱环节和地区。而地方政府对那些有利于地方经济发展、有利于地方优秀传统文化传承和传播、能充分体现本地特色的文化项目和文化产品承担支出责任。

---

① 刘元发．促进我国文化产业发展的财税政策研究［D］．北京：财政部财政科学研究所博士学位论文，2014.

二、财税政策引导、扶持文化产业的原则①

（一）合理界定政府介入文化产业的边界

对于我国而言，长期以来文化产业与文化事业边界模糊，因此在制定税收政策时，必须明晰文化事业与文化产业的边界。一般来说，文化事业单位提供公共文化产品和服务，满足人们的基本文化需求，属于公共产品领域，政府应发挥主导作用；文化产业则主要是满足人们多样化、多层次的文化需求，应以市场力量来主导，充分发挥市场在文化资源配置中的基础性作用。但政府主导文化事业并非意味着大包大揽，按照公共产品理论、政府提供公共产品并不是说政府必须要生产公共产品，因此在提供公共文化产品和服务时，可以引入市场力量，采取市场生产、政府提供的形式，既能实现政府目标，又可以提高财政资金使用效率。同样地，由市场主导文化产业的发展，并不意味政府可以放手不管，鉴于我国文化产业的特殊性和幼稚产业属性，政府也应适时、适度运用相关政策加以引导和扶持。

（二）财税政策应注重产业内企业享受公平待遇

从我国所有制结构看，国有经济、私营经济、混合所有制经济都是国民经济的重要组成部分。文化企业，无论是国有、民营还是混合所有制企业，无论是大、中、小微型企业，在文化的传承与传播、对文化产业的振兴和对国民经济的贡献等方面都具有相同的效应，提供的文化产品或服务在满足人民文化需求方面都具有等同的效果，因此在制定财税政策时，应主要针对“文化产品和服务”，而不是考虑提供这些“文化产品和服务”的所有制形式，即只要能提供相应的文化产品和服务，无论是国有、民营还是混合所有制文化企业，都应该加以支持，都应享受同等的税收扶持政策待遇，从而给行业内企业提供一个公平的竞争环境。

---

① 刘元发．促进我国文化产业发展的财税政策研究［D］．北京：财政部财政科学研究所博士学位论文，2014.

（三）财税政策应体现文化产业发展的地域性特征

我国地大物博，人口众多，地区间经济发展、社会环境和文化等方面差异较大，这也决定了我国文化产业发展的差异性，具体表现在东部与中西部之间、城市与农村之间在文化产业类型、产业发展水平等方面都存在较大差异。因此在制定财税扶持政策时，应适当考虑这种区域间的差异性，在确保产业内政策统一的前提下针对不同的地区给予不同的扶持政策，政策重心应向中西部地区、民族地区、农村地区倾斜，实现政策整体统一与部分差异的有机结合。

（四）财税政策应体现文化产业发展的阶段性特征

财税政策促进文化产业发展主要基于文化产品和服务具有公共产品属性、文化产业尚属幼稚产业发展阶段、国有文化企业转企改制还没有最终完成等原因，其主要目的就是在这些特殊领域保证政府职能的实现和在特殊时期支持产业渡过难关以获得进一步发展，真正体现“扶上马、送一程”的理念。这些不同的理念决定了财税政策差异性的扶持内容和不同的扶持周期。针对特殊领域的文化产品和服务，因其具有公共产品属性，属于文化事业，政府应长期扶持；对于处于转企改制期间的国有传统文化企业，扶持周期应适度，可在通过扶持政策助其渡过改革难关后适时终止扶持政策，将其推向市场；对于尚属幼稚期的文化产业，特别是新兴业态文化产业，待其脱离幼稚期，做强做大后，相应的扶持政策也应逐步退出。这样就可以营造公平的竞争环境，推动不同行业之间的公平竞争，激发市场活力。

（五）财税扶持政策应保持相对稳定性

由于我国文化产业尚属朝阳产业，又属于战略新兴产业，其发展对于我国经济结构调整和经济发展方式转变具有积极的推动作用，因此在较长的时期内需要运用财税政策促进其发展壮大，为此就需要顺应财税改革的趋势，建立财政保障长效机制，给予文化产业发展一个较为稳定的政策预期，更好地引导各路资金进入文化领域，促进其发展。

三、财税政策促进文化产业发展的着力点①

从财税政策实施特点看，财政支出政策一般侧重于局部引导和扶持，而税收政策则在促进行业竞争，培育市场主体方面有所作为，因此在政策实践中，应充分发挥两类政策的优势，确立支持的领域和环节，更大程度地提升政策效果。

财政支出政策支持重点。在财政支持方式上，我国应侧重于财政奖励（或以奖代补）和政府购买，从实施的着力点看，应主要针对影响文化产业发展的重要环节和重点文化项目或工程、重点文化企业、公共文化服务体系、文化产品的创作、文化产品的出口等方面进行支持。

税收政策支持重点。与财政支出政策相比，税收政策侧重于对“线”的支持，其支持的着力点在于促进传统文化产业转企改制、转型升级，促进新兴业态文化产业的研发和投资，鼓励社会资本进入文化产业，鼓励社会资金对文化领域的捐赠以及鼓励文化产品“走出去”等。

第三节　支持文化产业发展的税收政策的现实选择

一、稳定现行税收优惠政策，强化税收优惠政策导向

（一）延续和明确现行有关文化产业的增值税政策②

由于我国目前的文化产业还处于培育发展阶段，很多政策机制都不能与文化产业发展较成熟的发达国家相媲美，像新闻出版、文艺院团、广播电视等传统文化企业的改制正在紧锣密鼓地进行着，而新兴业态文化产业

①② 刘元发．促进我国文化产业发展的财税政策研究［D］．北京：财政部财政科学研究所博士学位论文，2014.

等方面也恰巧处于起步阶段。因此，通过税收优惠政策继续给予文化产业支持依旧是有必要的。为了使文化产业发展有关政策的预期较为稳定，建议在增值税进行全面改革和完善之前，可对文化产业的增值税优惠政策设定相对较长的优惠期限，尽可能使相关优惠政策长期化和稳定化。

（二）延续和完善现行事业单位转企改制税收优惠政策

这里的转制包括两层含义，一是文化事业单位整体转为企业；二是文化事业单位中经营部分剥离转为企业。为了促进文化产业转企改制的顺利进行，我国曾出台了包括免征增值税、企业所得税和房产税等方面的税收优惠，这些税收优惠对于传统文化产业市场化进程起到了积极的促进作用。我国传统文化产业的重要组成部分和较早进行转企改制的传统文化产业领域是广播电视和演艺业。但由于现实情况和转制难度的截然不同，转制单位进程快慢不一，所以应继续延续现行有关文化产业改制的税收优惠政策，不能过早退出对转制企业的税收优惠，以更好地培育市场主体，给予传统文化企业更多的资金积累，以免造成改革不彻底，留下改革后遗症。

（三）强化税收优惠的政策导向

第一，新兴文化创意产业应得到更加突出的支持。实际上，传统文化与现代高新技术相结合的产物便是新兴文化创意产业，它具有不可限量的发展前景，与此同时它占有产业总体发展中越来越重要的位置。所以说，我们应对此做好调查研究，弄清楚弄明白网游、动漫以及新媒体等新兴行业的特点和发展需求，尽快填补税收优惠支持新兴文化创意产业的政策空白，围绕促进新兴文化创意产业发展制定全面系统的税收优惠政策体系，为其引领产业发展潮流营造良好税收支持环境。

第二，政府对文化创意产业平台建设也应大力支持。围绕推动文化中心、艺术区、产业基地等各类文化创意产业发展平台的创新能力、产业孵化能力和产业集群聚合效应，为增强文化产业自身发展服务的能力创造较为宽松的税收优惠政策和税收环境，是当前政府部门应不遗余力要做的事情。

第三，文化服务贸易“走出去”需政府给予财政的支持。采取税收优惠政策支持出口型文化创意企业尤其是龙头企业发展，推动品牌建设，加强技术创新、管理创新、产品创新，增强其产业竞争力、自主创新能力和“走出去”的能力，继续对进口文化创意产品实行减免税优惠。

第四，文化创意产业平衡发展需积极引导。要促进文化创意产业形成以外资为重要补充、以国有资本为统领、以社会资本为主导的投资格局，就必须调动各类资本的积极性，采取适当的税收优惠政策，并且增加对文化创意产业的多渠道投入。同时也要为文化资源产业开发薄弱的地方引导文化创意产业资本流入，这样才能给区域文化创意经济的平衡发展以最大的推动力。除此之外，给予那些具有较强正外部性的文化创意产品更多的税收优惠。

二、调整和完善主要税种税收优惠政策

（一）增值税

一是增值税退税方式的具体改变。主要建议将先征后退改为即征即退方式，这是因为我国一般采用的增值税优惠方式为先征后退，这种方式的缺陷就是在退税程序和管理上都比较严格，整体具有一定的时滞性，非常容易导致政策落实不到位，造成不可避免的资源浪费和产业阻力。

二是制定和实施留抵税额的退税政策。我国在制定文化产业增值税政策时，一定不能忽略“营改增”这一改革的大背景，不仅要充分考虑文化产业目前还处于幼稚产业阶段和其本身就自带外部性的属性；还要考虑到文化产业在增值税抵扣方面与一般经济产业的差异性，即可能出现进项税留抵、销项税与进项税倒挂等相关问题，因此在制定和实施文化产业税收政策时，应对文化产业某些领域实行留抵税额的退税政策。

（二）营业税

一是注册权集体管理组织接受权利人的委托，代收的权利人版权使用

费（稿酬等），只对其收取管理费的部分征收营业税。

二是鼓励社会资金举办或与高等学校合办专业人才培训中心，对其取得的培训收入免征营业税；对经过资质认证的专业培训机构的相关人才培训费免征营业税。

（三）企业所得税

第一，改革减免税起算年限。在对企业所得税进行减免时，为适应文化产业投资在初级阶段利润微薄且易发生亏损的特点，可以考虑改变起算日期，将原先的从资金投入口起算改为从获利年度起算。同时增加对文化企业在资产评估、债务重组和不良资产处置中所涉及的税收减免。

第二，实行再投资退税。为鼓励文化企业不断加大自身的资本投入，可以推行再投资退税政策：将文化企业已经缴纳的税款全部或部分退还，把文化企业的税后利润用于生产规模的扩大或再投资其他文化项目开发。对于发生亏损的文化企业，可允许其把损失按一定规则抵减近年度的投资收益，或向后延长年限，以弥补企业亏损，增强市场抗风险能力。

第三，修订企业所得税有关购置环境保护等专用设备抵免政策的目录。为了鼓励文化企业设备升级改造，对其使用的有利于节能节水、有利于环境保护的专用设备，如印刷企业购买绿色印刷设备等，能够享受设备投资额的10%从企业当年的应纳税额中抵免的优惠政策。

第四，进一步扩大文化产业的捐赠扣除范围和扣除标准。借鉴世界各国的普遍做法，建议将我国文化产业捐赠的扣除比例由现行的企业年利润总额12%提高为30%，同时简化捐赠的减免税审批手续，这样比较符合我国税收政策扶持文化产业发展的目标。此外，法人和自然人捐赠给国内其他合法注册的非营利性民间公益、救助性团体的文化业捐赠款项，按照平等原则，应该享受同等捐赠扣除比例的优惠税收待遇。

（四）个人所得税

第一，扩大减征范围，可采用更高比例的费用扣除法。我国现行《中华人民共和国个人所得税法》只对稿酬所得这一项做了减征30%的规定。建议扩大文化产业从业人员个税减征的范围，对特许权使用费所得，在20%比例税率的基础上进行减征，减征应纳税所得额的30%。这里的“特许权使用费所得”包括个人对其知识产权、非专利技术、技术专利使用权、版权等对外提供授权使用所取得的收入。

第二，扩大免税范围，对文化产业从业人员的特定收入免于计入应纳税所得。我国现行《中华人民共和国个人所得税法》罗列了免纳个人所得税的一些情况，从颁发单位的级别来看，文化领域奖金个人所得税免税的条件是相当高的，省级以下单位颁发的奖金均不可享受这一待遇。此外，为鼓励科技人员从事文化研发工作，应适当扩大免税范围。将科研人员获得的省级人民政府下属各部、办、委、厅、局，市级人民政府及企业所颁发的各类奖励和特殊津贴都予以免税。

第三，对文化企业的个人投资者给予一定优惠。现行文化企业投资的优惠政策只体现在对企业所得税的优惠上，对个人投资文化产业获取的个人所得却没有规定。可以参照美国的经验，对投资者的个人所得税采用年度抵扣方法，即允许投资者将某一年度内发生的投资损失进行结转，可以向之前的年度结转，也可以向之后的年度结转，这样可以抵减一部分所得税，降低个人投资者的所得税负担。此外，由于文化产业具有偶然性特点，可以考虑将数年平均所得作为个人所得税的计量方法，参照欧美发达国家的经验做法，可以采用中、长周期，最长为5年一周期。

三、相关配套措施

（一）加强各部门之间的协调配合

一项税收优惠措施的出台往往涉及供、产、销的各个环节，环节较多，牵涉的部门也多，要想使税收优惠的作用发挥到最大，各相关部门在各司其职的基础上，还要有机地结合起来，共同为税收优惠政策的实施提供有利条件，但是目前我国各地文化产业的管理和监管部门正处于这种状况，比较混乱。以文化企业提出免征企业所得税的申请为例，我们发现企业须提交与项目相关的预算清单、可行性研究报告等各种材料，还需要待税务机关批准立项之后，给税务机关提供购置硬件设备的发票票据以供审核，仅上述这一系列的操作就涉及诸多的部门和单位，这其中无论哪一个部门或哪一个环节出了问题，都可能会使得该项税收优惠政策无法落实到实处。综上所述，建议采取各部门联合办公的方式，即考虑在当地的政务服务大厅集中设立办事窗口，以给前来申请税收优惠的企业、个人提供一条龙的统一服务，如此一来既可以方便当事人，也可以使各部门的工作效率提高。

（二）税收优惠的事后监控有待完善

国家一旦制定税收优惠法律，就必定带有一定的经济目的性或政治性，这代表着国家对一定时期税收利益的让渡。税收收入和税收支出具有此消彼长的关系，假设一项税收优惠失去政府的控制，其后果不堪设想，它可在一定程度上减少国家的财政收入，使国家的财政总体状况和宏观调控能力受到影响。因此，必须加强对税收优惠的实施效果的跟踪力度。对于税务部门来说，应组织人员跟踪调查那些享受税收优惠的文化企业，具体跟踪调查的方法必须是科学有效的。首先，应由基层税务机关进行即时统计分析和定期评价该项税收优惠的所有相关数据；其次，省级税务机关应根据这些资料，以此为基础，以年度为单位，评价和分析该税收优惠的实施效果，并定期报送给上级机关；最后，在实施以上方法的同时加强组织队伍的稽查力度，绝不姑息放过那些对减免税款用途不当、鱼目混珠挖税收的文化企业，对其采取严厉惩戒措施，并及时终止其享受税收优惠政策等，以避免国家税款的过度流失。

（三）税务人员素质有待提高

当下，我国税务人员的综合素质相对税收征管的发展而言是严重滞后的。一是部分税务机关工作人员缺乏自我学习的意识，综合素质相对于发达国家的税务工作者来说解决问题的能力较低，这就是执法过程中出现错误的罪魁祸首，易造成执法的各种不当；二是由于法律法规的不健全，执法中易出现随意性。特别地，在信息化征管软件投入使用后，这种执法随意性很大程度上造成数据统计的严重不规范性，这更使得一部分纳税人萌生了故意欠税的邪恶念头，进而对社会造成不良的影响。

对于上述情况，税收执法队伍整体素质的提高可谓是重中之重，我们必须对此采取行之有效的措施。一是提高税收执法人员的依法执政意识。通过强化责任意识和风险意识，使税收执法人员自觉依照法律规定规范自身执法行为，用好国家和人民赋予的权力，坚持依法治税，避免税收优惠法律在执行中的随意性；二是在税务机关内部普及法律知识，尤其是《税收征管法》等相关程序法，加强税收执法人员业务知识培训，从整体上提升税务机关工作人员的综合业务素质；三是对于利用税收优惠进行偷税漏税的违法行为，一定要严厉惩处，这样才能实现税收优惠的真正目的，营造公平合法的竞争环境。

第四节　使用财政、金融等政策工具合力推进文化产业的发展

一、支持文化产业发展的财政政策

政府应按照“财政资金引导、产业资金主导、社会资本参与”的模式，高度重视发挥财政对文化创意产业发展的助推作用，从“全国一盘棋”的高度，谋划部署对文化创意产业发展的支持，树立“既重投入又重管理和效益”的财政投入理念，使文化产业财政投入政策发挥出最大效益。

（一）综合利用财政投入资金

综合利用财政投入资金，运用各种财政投入方式，进行宽领域、全方位、多层次支持文化创意产业发展，将划拨的财政资金发挥其最大效益是我国政府一直奋斗的目标所在，如表 10-2 所示。

表 10-2 文化创意产业财政投入资金的统筹利用

政策名称	主要方式	支 持 方 向
财政补贴	价格补贴、投资补贴、消费者补贴、出口补贴	纯公共文化创意产品、俱乐部型和公共资源型产品；处于初创期和成长期的文化创意企业；支持核心创意层的文化创意企业为主，外围创业层的企业为辅
文化创意产业发展专项资金	项目补贴	重点支持文艺演出业，新闻出版业，广播、电影、电视业，研发设计业，广告会展、动漫和游戏业，艺术品业，文化旅游业中具有发展前景和导向意义，自主创新的、拥有自主知识产权的项目
文化创意产业园区支持专项资金	工程补助和项目补贴	重点支持园区的环境整治、基础设施、产业服务平台和共性技术平台建设
后期奖励	企业奖励、人才奖励、活动奖励	对成功获取专利、获得知名品牌和驰名商标称号的文化创意企业，或做出突出贡献的文化创意人才，或对已形成规模、具有品牌影响力的文化创意产业活动，进行奖励
文化创意产业分行业专项发展资金	直接补贴	支持文化演出业，新闻出版业，广播、电影、电视业，研发设计业，广告会展、动漫和游戏业，艺术品业，文化旅游业的基础设施、重大项目和公共平台

（二）熟练运用财政贴息政策

首先，财政贴息政策的主要支持方向应该明确：一是重点支持文化创意新兴产业和亚成熟产业的贷款项目；二是重点支持处于初创期和成长期的中小文化创意企业；三是重点支持处于核心创意层和外围创意层领域的贷款项目；四是重点支持具有正外部性和准公共物品属性的贷款项目。

其次，财政贴息的制度安排和工作机制必须要健全，应事先制定好年度项目贷款贴息支持方案、财政贴息资金年度使用计划，以及编制项目预算。

最后，确定贴息原则、期限、标准和额度限定，组织对文化创意企业贷款贴息项目的评审和拨付，对项目贷款贴息资金使用情况开展绩效考评，对违规行为予以处理。

（三）用好文化创意产业投资基金

第一，要加强运作和管理。一要制定相关配套政策。制定引导基金投向和扶持基金发展的税收优惠、豁免及财政贴息等政策，完善文化产业投资基金监督管理办法和基金投资绩效评估体系；制定鼓励投资文化产业目录及融资申报标准等配套政策和措施。二要大力培养文化产业投资基金复合型专业人才。要突出产业基金“行家投资、专家理财”的特点，大力培养一批既熟悉文化产业发展规律又具备基金投资和管理专业知识的复合型人才①，加强文化企业与金融机构的人才互动与岗位交流，促进文化人才与金融人才的融合与培育。

第二，要平衡好收益性和公益性的关系。文化产业或文化创意产业投资基金尽管也有收益性要求，但这是第二位的，其第一位的要求应是公益性。因此，政府应积极引导基金投往以下方向：一是重点支持处于创业期的中小文化创意企业；二是支持国家级或地方文化创意产业基地建设；三是支持国家数字电影制作基地建设工程、国产动漫振兴工程、“中华字库”工程、国家“知识资源数据库”出版工程等重大文化项目；四是支持文化创意企业的股份制改造及跨区域整合；五是支持文化创意领域新产品、新技术的研发，支持大宗文化创意产品和服务的出口。②

第三，在使用方式上，投资基金对处于种子期、创业期的文化创意企业，采取“只求稳定，不参加管理”的长期股权投资方式。灵活运用“孵化加创投”“风投加跟投”等投资组合手段，促进文化创意产业发展。“孵化加创投”，即投资基金对文化创意产业园区内享受孵化政策的文化创意企业进行创业投资，产业投资基金资金比例可比照园内文化创意企业享受的孵化资助资金数额。“风投加跟投”是为鼓

---

① 文化产业投资基金已达 11 只弥补专项资金的不足－广西新闻网［EB/OL］. http://www.gxnews.com.cn/staticpages/20110330/newgx4d92df8c-3782609-1.shtml.

② 关于印发《北京市文化创意产业创业投资引导基金管理暂行办法》的通知（京文创办法〔2009〕7 号）。

励国内外风投资金投向文化创意产业，对合格的文化创意企业，投资基金以同等条件，按风险投资机构投资额的一定比例提供股权配套投资。

第四，投资基金应发挥好导向作用，鼓励、支持、引导社会资本在国家政策许可范围内，以股份制、股份合作制、合伙制和独资等多种形式，参与或兴办影视制作、放映、演艺、娱乐等文化创意企业，并让其享受国有文化创意企业同等待遇。

（四）完善文化产业的财政转移支付制度

以一般性转移支付和专项性转移支付相结合的形式资助，转移支付的对象以中西部贫困地区和落后的农村地区为主。一方面，要开发优秀的、有区域特色的民族文化产业，挖掘丰富的民族文化资源，创新文化资源开发利用的方式和途径，促进民族文化资源优势向经济优势和产业优势转化；加大中央财政对我国中西部民族地区文化产业的转移支付规模，尤其加大对困难地区、少数民族地区和边疆地区的基层文化设施建设的专项补助。另一方面，要建立以抑制横向不平衡为主的财政转移支付制度。从这个意义上讲，中央财政要从文化产业的整体利益出发，采取纵向与横向相结合的转移支付方式，在地区间实现财政预算调剂，增加财政资金的边际效用，实现文化服务的均衡目标。

二、积极探索政府购买服务模式

通过实行政府采购制度，以政府编制采购预算的形式，由财政资金购买优质精神文化产品和文化服务，进而满足人民群众日益增长的精神文化需求。具体来讲，有以下三个方面。

（一）政府购买重点领域

一是采购集思想性、艺术性、观赏性为一体，群众喜闻乐见、寓教于乐的大众文化产品和服务。二是购买公益性特征明显、具有普及推广价值的文化服务、公益性文化娱乐、文化体育休闲、文化旅游和文化教育培训等服务。三是采购适合社区、农村等基层群众文化需求的文化产品和服务，如地方戏曲、民间非物质文化遗产等。

（二）建立健全政府购买公共文化服务机制

一是建立健全公共文化服务需求偏好表达和调查机制。必须建立能让公众充分表达自身文化需求的通道，并通过科学合理的调查机制了解公众普遍、真实的文化需求。

二是健全公共文化服务购买目录筛选机制。需要建立公共服务购买目录筛选机制，通过排序将那些优选文化项目遴选出来。

三是建立项目并且承担社会组织末位淘汰机制。一方面要建立电子诚信档案并纳入社会信用管理系统，将其表现作为提供政府购买服务、享受优惠政策和社会组织等级评定的依据；另一方面通过实行末位淘汰制度，将无诚信或诚信度低、提供公共文化服务质量差的社会组织淘汰出局，从而规范公共文化服务提供者的行为，提高政府购买服务的绩效。

四是健全购买公共文化服务项目的绩效评价机制。公共文化服务项目的绩效评价应至少包括三方面，首先是受益人，即公众对该项目进行评价；其次是政府部门，要组织专家或通过第三方评估机构进行评估；最后就是项目承担者对自身在提供公共文化服务过程中的工作进行自我评价，并建立科学的指标体系对此进行科学评价。

五是扩大政府购买公共文化服务中的公众参与机制。公众的参与有利于提高公共文化服务项目的质量和满意度，这就要求在政府购买公共服务政策的制定、执行、评估等阶段建立相应的公众参与制度，使公众的需求得以充分表达，使公众成为项目运行的监控力量。

（三）制定政府文化创意产品采购目录

一方面应尽快建立文化创意产品政府采购目录。在采购目录中单独列出需要政府采购支持的文化创意产品、服务或项目目录。各级政府机关、事业单位和团体组织在编制部门预算时，将文化创意产品的需求列出。采购人在采购文化创意产品时，在能满足实际需求的条件下，原则上要采购本国的文化创意产品，要优先采购具有自主创新品牌和高层创意和技术的产品，要优先采购具有外部正效应和准公共性的文化创意产品，要优先采购处于核心创意层的文化创意产品。

另一方面，支持中小文化创意企业获得政府采购合同。全面、及时、准确地发布采购信息，为中小文化创意企业提供得到政府采购的机会，扶持其生存和发展。限制设置准入资格歧视行为，以保证中小文化创意企业进入并参与政府采购活动的门槛不会太高。细分采购项目、降低标的规模、设定优先条件，为中小企业进入政府采购市场提供更大的空间。

（四）支持文化创意企业获得国外政府采购订单

进一步研究制定鼓励文化创意产品出口的政策，加强对文化创意企业参加国际招投标等方面的培训，为文化创意企业出口提供资金支持、信息支撑、经验借鉴和绿色通道，扩展文化创意企业在海外的生存发展空间。

三、健全完善文化创意产业投融资政策

（一）重新架构文化创意产业投融资体制

确立投融资主体之间的在法律上的平等地位。长期以来，政府对于不少文化创意行业控制较为严格，主要采取垄断经营的模式，对于民间资本的进入范围和条件设置了诸多的限制，这种现象在一定程度上挫伤了民间资本进入文化创意产业的积极性。要实现投融资主体的多元化，就应该出台相关的法律法规，进一步扩大民间资本的进入范围，特别在一些经营性项目的运营过程中，应赋予国有资本和民间资本等同的法律地位，以激发民间资本投资的动力。

（二）设立文化创意产业财政担保资金

探索在中央层面和有条件的地方政府设立文化创意产业财政担保资金，中央财政担保资金和地方担保资金规模应依托产业发展实际需要，在综合考察、评估、测算的基础上设定。担保资金的运作方式应主要通过公开招

标选择优秀担保机构，对合作担保机构开展的文化创意企业担保业务进行补助，对再担保费进行补贴，引导担保机构为文化创意产业提供广泛有效的担保服务。为发挥财政资金的杠杆引导作用，对再担保费补贴和担保业务补助的总额原则上不超过担保公司文化创意产业项目担保总额的1%。担保资金支持方向应是新兴产业和亚成熟产业的贷款、处于初创期和成长期的中小文化创意企业的贷款、具有正外部性和准公共物品属性的贷款以及重大产业和工程项目贷款的担保。

（三）构建多元化、多层次的融资渠道

充分发挥财政资金的引导作用，推动形成文化创意产业多元化、多层次的融资渠道。

一是信贷产品的开发和创新。鼓励金融资本对于处于成熟期、经营模式稳定、经济效益较好的文化企业给予信贷支持。积极开展对上下游企业的供应链融资，支持企业开展并购融资，促进产业链整合。对于具有稳定物流和现金流的企业，可发放应收账款质押、仓单质押贷款。对于一些资金需求量较大、资金使用周期较长的融资，可寻求银行间的合作，采取银团贷款的模式。对处于产业集群或产业链中的中小文化创意企业，鼓励商业银行探索联保联贷等方式提供金融支持。探索在国家开发银行成立面向中小型文化创意企业的贷款部门，建立相应的法规制度，确保对中小文化创意企业的贷款比例，扶持其创新与发展。

二是推动符合条件的文化创意企业上市融资。支持处于成熟期、经营较为稳定的文化创意企业在主板市场上市。鼓励已上市的文化创意企业通过公开增发、定向增发等再融资方式进行并购和重组。探索建立宣传文化部门与证券监管部门的项目信息合作机制，加强对适合于创业板市场的中小文化企业项目的筛选和储备，支持其中符合条件的企业上市。创业板市场是证券市场的重要组成部分，是在主板市场发展到一定阶段产生的股票市场，是为中小文化创意企业融资的有效途径。

三是支持融资租赁。在文化创意企业资金紧张，或有更高收益的投资机会时，完全可以通过租赁公司的融资租赁方式，通过表面融物实际融资的方式满足资金的需要。比如，动漫设计制作要有专业的图形工作站、动

作捕捉仪和配套的专业软件，这些设备都需要动辄几百万元的资金，动漫企业特别是中小企业没实力购置这些设备。同银行贷款比较起来，融资租赁主要看租赁项目自身的效益（租金来源），对企业的信用状况的审查也仅限于项目本身，一般不需要第三方担保。总体上，出租方对承租方企业的资信和担保的要求低于银行贷款要求。因此，应积极鼓励开展文化创意产业融资租赁业务，同时也可关注和支持租赁基金和风险租赁等新型租赁方式，为其提供补贴、贴息和税收优惠等财政支持。

四是鼓励债券融资。支持符合条件的文化创意企业通过发行企业债、集合债和公司债等方式融资。积极发挥中债信用增进投资股份有限公司等专业机构的作用，为中小文化创意企业通过发行短期融资券、中期票据、集合票据等方式融资提供便利。对符合国家政策规定的中小文化创意企业发行直接债务融资工具的，鼓励中介机构适当降低收费，减轻文化创意企业的融资成本负担。对于运作比较成熟、未来现金流比较稳定的文化创意产业项目，可以以优质文化资产的未来现金流、收益权等为基础，探索开展文化创意产业项目的资产证券化试点。探索以政府财政作为引导资金，以信托为平台，动员财政、信贷、信托、担保、社会资金、风险投资等资源，采用“统一冠名、统一担保、分别负债、捆绑发行”的模式，解决中小企业所面临的资产规模、融资规模与企业债发行指标存在差距的问题。

五是鼓励“天使投资”对文化创意产业投资。“天使投资”是指具有一定资本金的个人或家庭，对于所选择的有巨大发展潜力的初创企业进行早期的、直接的权益资本投资的一种民间投资方式。天使投资是文化创意企业初创时期的重要融资渠道。政府应运用补贴和税收优惠等政策，积极鼓励“天使投资”投向文化创意产业。

第十一章

促进北京市文化产业发展的财税政策建议

第一节　明确界定财政政策支持的范围

合理界定文化创意产业目录，明确财政政策支持的范围与重点，用新思维新角度将财税政策融入到文化创意产业中具有重要的意义。首先需要明确文化创意产业范围，如果范围过宽，则财税政策对文化创意产业的引导作用效果不会很明显；范围太窄会影响财税政策的覆盖面，无法使文化创意产业内部均衡发展。因此，我们需要合理界定文创产业的范围，达到财税政策与文化创意产业发展的政策性对接，使一定范围内的企业能够享受到财税政策。

文化创意产业的特征主要有三个。首先是具有文化性。众所周知，文化产业包含文化创意产业，文化创意产品是具有附加价值的一类文化产品。因此文化创意产业是附属于文化基础之上的。其次是具有创新性。从文化创意产业的表层含义就可以得知，文化创意产业是附有创新意义的，这个特征也是文化创意产业与传统的文化产业最大的不同点。再次是具有产业性。文化创意产业的范围比较明确，一些不属于文化产业但是在文化事业范围内的不属于文化创意产业。如一些公益性的文化基础设施及文化保护是由财政拨付管理的，理应不享受产业性政策。文化创意产业的范围虽然需要判断文化产品的三性，但是也不是完全地抛弃这类文化产品，只是不需要用文化创意的产业性政策扶持此类文化产品。此外，类似于“文化艺术类”中的玩具、文具等文化产品的制造也是不属于文化创意产业范围之内的。

文化创意产业的发展需要遵循社会主义市场经济下的商品供求机制。文化创意产业是一种集文化、思想、创意和知识要素的高端产业形态，应把文化产业中所有的研发、策划、设计等创意部门提炼出来，强调文化创意产业的高端性，将附加值低的环节剔出。如“软件、网络及计算机服务”中计算机服务应明确是软件、程序和系统解决方案方面的服务，而计算机硬件服务不属于文化创意产业。

发展文化创意产业的财税政策需要集中扶持一类文化与创新相结合且具有发展潜力的文化产业。这也是文化创意产业的产业性所要求的。文化创意产业的产业性特征明确要求合理界定文化创意产业的范围。必须区分文化创意产品与公益性文化产品。在北京市文化创意产业目录中，有些是属于公益性或半公益性文化产品而不适合文化创意产业扶持的，如博物馆、纪念馆及一些卫星与电视传输的社会文化团体等。此外，还存在一些文化创意产业范围规定过宽的类型，例如新闻业，因为新闻业本身涉及面就比较宽泛，包括电视、广播、报刊等，应明确哪部分属于文化产业范围内。

第二节　规划文化创意产业的财税政策体系

财税政策促进文化创意产业发展是需要遵循一定目的，树立明确目标的体系性方案政策。首先明确定位创新意识，着力扶持创意产业及创意产业的孵化方面，对文化创意发展具有创新力的企业进行重点扶持。政府可以通过制定财政政策引导企业投入更多的文化资本用于文化创新，这样有利于提升企业的自主创新能力和发展竞争力。此外，创造相对宽松的财税政策环境，积极鼓励文化创意产业搭建服务平台，促使文化创意产业不断地孵化扩展，不断提高文化创意产业的集聚力、创新能力和孵化能力，实现文化创意产业的可持续发展。譬如，政策可以拓宽到文化创意产业的研发及市场化阶段，可以适当地提高研发加计扣除的比例；对于文化创意企业所需的进口设备，可以给予其相应税收优惠；在市场销售阶段，可以适当允许企业提取部分文化创意产品的销售收入作为企业的创意研发基金。需要解决文化创意企业的投融资问题，尤其是缓解中小型企业投融资困难的现状、基础设施相对薄弱、没有市场竞争力等问题。政府需要出台财政资金支持政策，增大中小企业的发展资金。此外，政府还可以有针对性推出消费信贷政策以及投融资政策等。政府需要根据中小型企业的发展阶段、发展特征及发展潜力，对北京市的文化创意企业制定针对性、具体性的财税政策，使其成为因时制宜、因业制宜的政策体系，具体见表 11-1 和表 11-2。

表 11-1　　财税政策定位与文化创意产业发展程度的匹配情况

产业成熟度	具体产业	相关政策	具体财税措施
初始期产业	动漫、网络游戏、数字艺术等	直接支持为主	直接补贴、贷款优惠、政府采购等
发展期产业	广告会展、设计服务、艺术品交易、传媒业	直接和间接相结合	贷款贴息、税收优惠、政府采购等
成熟期产业	文化艺术、新闻出版、电影电视、娱乐休闲等	间接支持为主	税收优惠、政府采购、后期奖励

表 11-2　　财税政策定位与文化创意产业特征的匹配情况

产业经济特征	主要行业类型	政　策	政策持续性	目　标
文化产品与服务的意识形态、精神性、公共性、准公共性	新闻出版行业：新闻服务、出版服务、发行服务等	直接财政拨款、政府基金资助	长期	扶持弘扬共产主义信念、传承传统伦理价值、支持艺术原创性行业的生存和发展
具有明显的外部性、其产品或服务兼具典型私人物品性质	广播电视电影、文化艺术服务等	税收优惠、施行区别对待的财税政策：对高新技术文化创意产业给予特殊补贴和激励	针对具有领头作用的产业、“走出去”的产业、中小企业及发展初期的产业给予政策的支持	鼓励采用新技术、具有高附加值的文化产品的生产

续表

产业经济特征	主要行业类型	政　　策	政策持续性	目　　标
具有明显的私人物品特性，同时还具有很强的产业相关性	文化休闲娱乐服务、工艺美术品的生产、文化用品的生产、文化专用设备的生产	税收优惠	待该产业发展成熟，可逐步放手	扩大此类行业对其他产业及地区经济的辐射与带动作用

第三节　完善北京市支持文化创意产业的财政政策

一、综合利用财政投入方式

目前，北京市文化创意产业还处在初步发展阶段，规模以上的企业所占比例很低，政府有必要考虑进一步加大“文化创意产业发展专项资金”投入力度，尤其要增加对创业初期中小型文化创意企业的投入，并形成稳定的经费保证机制，确保对文化创意产业支持的财政投入逐年上升。需要结合北京市文化创意产业发展实际情况，并且选择在文化创意产业的范围内，采取重点发展和全面发展相结合的方法，力求将北京市的文化创意产业做大做强。

首先，按企业成长阶段进行针对性扶持。在企业发展的初期阶段，企业发展规模较小且资金量较少，银行等金融机构一般不会贷款给此类中小企业。因此，政府需要重点支持此类企业。在企业发展中期阶段，企业发展规模不断壮大，资本规模有所增长，可以通过自身信用等条件向金融机构申请贷款等，政府需出台加强企业与银行金融机构合作的优惠政策。发展阶段处于成长期的企业主要是银过行信贷等途径间接融资，当企业规模发展到一定程度后，即可在国内外市场上市融资，实现企业质的飞跃。直接补贴的方式可以灵活多样，针对文化创意企业的项目、产品、价格、出口等方面展开，例如对某类具有较强社会效益或具有文化传承意义的文化创意产品的出口，政府可以适当给予价格补贴；同时对北京市的动漫产业、网络游戏、文艺演出等产品或服务的出口给与价格补贴，并全力支持文化创意产业“走出去”的政策。需要开拓文化创意产业的国际市场，提高我国文化产业的综合竞争力；对于消费者在新闻、文化旅游、观看文艺演出等领域给与价格补贴，鼓励消费者进行文化创意产业的消费，这样可以扩大内需，促进文化创意产业的供给平衡。

其次，按产业发展的成熟程度进行针对性扶持。随着产业发展的不断成熟，应综合考虑使用财政支持的各种手段和措施。如表 11-3 所示，对一些较为成熟的文化创意产业，如广播、新闻出版业、文艺演出等行业，要降低财政直接补贴的使用频率，主要采用后期奖励、政府采购、贴息贷款等间接财政投入方式，以减少直接补贴对市场的扭曲以及较高的财政风险，提高财政资金的使用效益，加强财政资金对产业的引导作用。如积极推进知识产权保护，对取得专利、著名商标、国际知名品牌的文化创意企业给予税收优惠及政策性补贴，鼓励文化创意企业的发展；针对具有突出贡献的文化创意人才，制定相应的奖励政策和培育方案，实现文化创意人才的大融合和大发展。还可以考虑设置不同产业类别的专项资金，用于扶持特定产业的快速发展。

表 11-3　　根据文化创意产业周期财政支持政策的调整规划

产业周期	发展特点	市场的作用	政府的作用	财政税收政策	代表产业
初创期	企业数量少、竞争度弱、技术研发少，企业的风险大、需要资金量大	市场调节作用很弱	强力支持，鼓励技术研发，加强文化体制改革，为企业发展提供强有力的支持，培养创意人才	以财政补贴、设立专项资金等直接财政投入政策为主，以税收优惠、投融资、政府重点采购等措施为辅	动漫、新媒体、数字出版、移动多媒体等
成长期	大量厂商进入、有了价格竞争，技术研发增多	开始发挥资源配置和价格调节的作用	加强立法，保护知识产权，制定引导企业发展的目标规划，健全政策体系，优化投资的结构，培养有竞争力的龙头企业国际化发展	以投资引导基金方式为主，继续税收优惠、金融支持等政策支持产业发展，但应适当减少财政补贴等直接投入	广告会展、设计服务、网络及计算机、文化艺术、旅游休闲娱乐

续表

产业周期	发展特点	市场的作用	政府的作用	财政税收政策	代表产业
成熟期	技术比较成熟，进入壁垒变高	能发挥资源配置的基础作用，但面临个别企业垄断的问题	加强对企业规范化竞争的管理，加强垄断监督，鼓励企业员工再教育，提高创意人才的技能和综合素质	基本撤除财政投入，税额式优惠政策向税基式优惠政策转变，保持产业稳定发展	广播电影电视、新闻出版
持续期	厂商数量稳定，技术成熟，竞争充分	市场调节作用充分发挥	负责维护市场秩序，保护企业的正当权益	停止财政投入和税收优惠	无

二、建立多元化的资金筹集渠道

促进北京市文化创意产业的加速发展，离不开政府财政的大力支持，还应吸引民间资本加入，实现资金来源的多元化，提高资金的支持规模。目前除了财政补贴和文化产业投资专项资金两个主要渠道，首先，政府应建立社会个人捐赠、企业捐赠等公益渠道，为保护社会各界对文化创意产业的捐助热情，市政府还可以借鉴国外的成熟做法，对企业和个人的捐赠部分享受所得税免税等优惠政策；其次，针对处于创业期的中小企业银行贷款难的现象，考虑财政担保、财政贴息帮助企业解决资金短缺问题；再次，政府可以鼓励那些处于发展成熟的文化创意产业引入风险投资基金，这样可以缓解企业内部资金压力。政府可以从另一角度支持更多的产业投融资基金投入到文化创意产业。例如私募股权基金，这种基金是要求高回报率的，可以考虑投入到发展较为成熟的文化产业中，实现企业和资金的双赢。但是不适合引入处于发展初期的文化创意产业中。最后，积极开拓其他的融资渠道，比如开发文化创意产业发展彩票、特定税收、国债、城市债等，丰富产业发展的资金来源。

三、强化后期的监督管理机制

为提高财政资金的支持效果，有关部门应加强对产业专项资金的监管，建立监管责任制和审计制度，对于项目资金的使用与项目进展的匹配程度全过程监督，严格查处资金闲置、浪费、挪至他用等问题。政府在文化创意产业的发展中扮演着重要角色，政府不仅要对文化创意产业提供资金支持，此外对于文化创业产业的市场应该加强监管，但是不应该过多地干涉市场运营，而应起到保障发展环境的作用。此外，要严格把控文化创意企业的发展进程，定期考核企业发展状况，建立一套严格的综合考评制度，为政府是否继续扶持文化创意企业的发展提供决策依据。同时，还需要继续深化文化体制改革，完善文化市场机制和制度机制，强化政府职能范围，创建各部门之间的沟通协调机制。

四、科学设置和使用文化发展专项资金

目前，北京市文化创意产业仍处于起步和发展阶段，尚未形成产业规模，对社会投资的吸引力不足，因此北京市政府应加大文化创意产业资金支持力度，对100亿元文化发展专项资金应该科学设置和使用，结合各文化部门实际资金需求情况，在“量力而行、精打细算”的方针指导下有保有压，合理配置资金，增大资金投入力度。具体政策如下。

（一）加大对非营利文化企业和公共文化的财政资金支持

文化是文化创意产业发展的基础，只有打好北京市的文化基础，才可以促进文化创意产业长久健康的发展。针对公共文化的非营利性，政府应该采取直接拨款的方式进行支持。一方面，设立文物保护专项资金，加大促进北京市优秀民族传统文化继承和保护的资金投入。北京历史悠久，文化遗产众多，如万里长城、故宫、天坛、潭柘寺等，这些古建筑的存在带动了北京市旅游业的发展。但是这些历史建筑多有缺失，修复措施严重滞后，例如：位于北京市昌平区的明十三陵，历史上长达120余里的外

围陵墙以及十余座“陵监”建筑，很多都已经残缺不全；一些文物古建筑被长期占用，周边环境与遗产风貌存在严重失调。这些都需要政府投入资金进行修缮和完善，使北京市传统文化遗产焕发新的光彩。另一方面，需要投入资金支持北京市公共文化的建设，满足北京市民不断提高的精神文化需求。在具体的资金安排上，要充分考虑北京市郊县公共文化基础建设与城市之间的差异，加大对郊区的投入，缩小城乡文化的差距。

（二）按行业设立专项资金，有针对性地促进文化创意产业均衡发展

政府需要为文化创意产业发展设立专项发展基金，并且对专项基金的使用达到效用最大化，其使用的基本原则是专款专用。在专项资金的分配上也要分清主次，重点支持动漫、网游等新兴产业及影视、图书、文化艺术等行业。例如：设立动漫产业专项资金、网络游戏发展专项资金等。动漫游戏产业属于新兴产业，具有回收期短、风险大的特点，因此很难吸引民间和银行的投资；影视行业在我国已经发展了一段时间，但是与美国、韩国等国家相比，在画面制作、内容等方面都还相差甚远，而且影视行业的发展，可以产生国际化的效果，推动中国文化走向世界；图书和文化艺术也具备公共文化的特征，可以满足市民的精神文化需求，影响力也可以辐射到世界各国。此外，专项基金应该更多地投入到发展具有民族特色的文化艺术领域中，因为这样才可以拯救那些濒临消失的传统文化。专项基金可以用于这些传统文化的重大节日或者文化活动中。今后还应进一步加大对这些需重点支持产业和行业专项资金的安排，通过贷款贴息、奖励、项目补贴等方式促进其发展。

（三）科学设置“文化创意产业聚集区基础设施专项资金”

北京市文化创意产业的发展主要是依托于文化创意集聚区的发展。文化创意集聚区可以将文化创意企业积聚在一起，优化整合文化创意资源，减少文化创意企业的投资运营成本，扩大文化创意产业的发展规模，提高产品的国际竞争力。北京市“十二五”规划中明确提出：要加快建设以奥林匹克公园为中心的现代演艺功能区，发展以孔庙、国子监为中心的

国学文化展示区，抓好以颐和园和天坛公园为代表的皇家园林文化展示区，构建以天桥为中心的北京传统特色演艺区，形成以什刹海、南锣鼓巷为中心的四合院休闲文化区，积极推进国家音乐产业园区、首都剧院区等规划建设，大力发展绘画、艺术品、时尚艺术等多种类型的文化体验功能区。北京市应该依托现有30个文化创意产业集聚区，因此，政府不仅需要建立文化创意产业专项，还需要根据财政情况在文化创意产业聚集区建立专项基金，用于集聚区的园区基础设施建设等。主要是保护园区发展环境，提高公共基础设施建设，搭建公共服务平台等，同时北京市政府需要制定文化创意产业集聚区的判定标准及认定管理办法。此外，政府也可以对集聚区内的企业生产、经营及资金融资等环节进行定期考核，建立奖惩制度，赏罚分明。最后，对于租用楼宇厂房用于发展文化创意产业的企业，可连续两年按照其财政贡献额给予20%法人财政奖励。

为充分发挥专项资金以及集聚区专项资金的效用，应将资金投入到重点发展的项目中，实现资金效用的最大化。北京市政府需要制定公正公平的评价考核制度。具体见表11-4。此外，政府需要针对企业向银行贷款方面做信用担保，这样可以保证企业能够解决融资问题。

表11-4　　政府选择资金投放项目的具体评审标准

考量因素	详细内容（共100分）
国家政策	1. 符合国家支持的文化创意产业政策（5分）
	2. 符合时代的发展（5分）
创新性	3. 具有自主知识产权的核心技术（5分）
	4. 行业带动性大，拥有自主品牌（5分）
	5. 有较强的盈利能力和管理水平（5分）
	6. 具有持续创新的能力（5分）
经济效益	7. 资产情况、组织结构以及经营状况（5分）
	8. 投资收益情况良好（5分）
	9. 对财政税收的贡献大（5分）
	10. 产品的市场（及国际市场）占有率好（5分）
	11. 对产业发展有带动和支撑的作用（5分）

续表

考量因素	详细内容（共100分）
社会效益	12. 有弘扬和传承民族文化的作用（5分）
	13. 引领和推动本行业的发展（5分）
	14. 促进社会城市就业（5分）
	15. 对本行业（文化创意产业）人才培养有积极的作用（5分）
	16. 企业盈利的模式符合生态环保、资源节约（5分）
其他	17. 行业的市场化程度高低（市场化程度低的支持力度应该大）（5分）
	18. 项目风险及企业风险规避能力（5分）
	19. 知识产权的保护工作（5分）
	20. 申请及审批手续办理（5分）

五、适当使用财政补贴和奖励政策

政府需要对文化创意产业发展有突出贡献的人才给予奖励政策，并且根据其贡献程度给予不同级别的奖励以激发其创作的积极性。首先，完善北京市当前的奖励评选方法，建立针对文化创意产业特点的奖励机制，加大对原创性作品奖励、鼓励力度。例如：针对动漫、影视、游戏缺乏原创力这一特点，在设置奖励机制时，要注重对其质量的要求，通过收视率、票房、游戏发行量等指标设置奖励。同时，对于进行文化产业创意的个人，也要给予不同程度、多种方式的奖励，特别是作品中蕴含北京文化，反映北京生活的影视、图书、文艺表演等的作者，要每年进行评选，给予奖励，这样在促进北京市文化创意产品发展的同时，也有利于吸引更多人才创作关于北京文化的作品。其次，需要采取“引进才人+培养人才”的模式，构建多层次的文化创意人才体系。对引进的海内外人才在户籍、住宿及子女入学方面给予相应优惠政策。

财政补贴涉及的文化创意产业主要是公共产品和准公共产品类，其补贴对象集中针对中小型文化创意企业或者是正处于发展初期尚不成熟的文化创意企业。财政补贴的详细措施如下：首先是对一些能够产生较强社会效益并且历史悠久的文化创意产品给予价格补贴；其次是对一些出口的产品给予价格补贴，如动漫产业、电子游戏产业、影视制作等。执行国家“文化产业走出去”的方针政策，大力扶持文化创意产业的出口；再次，从消费者的角度出发，对于消费者在新闻出版业、广播电视业、艺术品交易等领域的消费给予价格补贴，这样可以调动消费者的积极性，实现文化市场的供给平衡。此外，专门针对一些知名品牌或者专利商品给予价格补贴或者是政策上的奖励。最后，实现文化创意产业的大发展，离不开文化创意人才的培育和发展，政府可以给予具有文化贡献的人才以奖励和补贴。

六、积极利用政府采购扶持文化创意产业

政府采购的过程大体上分为采购政策、采购过程及采购管理，这是一种公共采购的管理制度。一套严格有效的公共管理制度有利于合理分配使用资源，实现资源的优化配置。积极利用政府采购扶持文化创意产业，可在一定程度上缩小文化产业的风险市场风险，节省文化创意产品的研发时间。凡是纳入北京市预算管理的机关事业单位，准确界定文化创意产品的采购需求，合理编定采购计划，规范科学的安排编制预算工作，在采购过程中尽量优先选择具有创新特征及自主研发的文化创意产品。市政府要制定政府文化创意产品采购目录，全面、及时、准确地发布采购信息，降低企业的参与的门槛条件，使广大的文化创意产业尤其是中小型的企业能够及时把握市场机会。同时为北京市文化创意企业“走出去”积极参与国际政府采购提供信息、资金审批等方面的支持，并建立激励机制，推动文化创意产业的国际化进程。政府可以制定奖励政策用于鼓励那些文化创意产业出口业绩突出的企业。对于其他属于公益性的文化产品，政府可通过特许经营、项目外包、委托生产等方式，在树立文化创意品牌战略、加快文化创意企业体制改革、健全文化创意产品市场体系、提高文化创意产品贸易水平方面加强扶持。

第四节 完善北京市支持文化创意产业的税收政策

一、强化税收政策的导向作用

税收的导向作用体现在，政府根据当地的实际情况出发，结合当地经济

发展水平，考虑文化创意产业的发展阶段，将税收优惠政策向某个产业或某个群体适当倾斜，并适时地做出调整，以体现宏观的政策方向，修正某些文化创意产业的正外部性。加强税收政策对文化创意产业领域的针对性，可以更好地推动文化创意产业的发展。具体而言，利用税收政策扶持文化创意产业发展的重点应为：第一，根据文化创意企业的发展阶段，强化税收政策倾斜重点。扶持文化创意产业龙头企业，应当运用税收优惠政策支持龙头企业在管理、技术、产品上进行创新。引导龙头企业的资本投入，增强企业自主创新能力及产业竞争力。第二，建设文化创意产业平台。应当创造较为宽松的税收环境，推动文化创意产业平台的建立，以达到产业集群聚合效应，增强文化创意产业的市场竞争力。第三，向产业税收优惠政策倾斜。现在北京市针对文化创意产业主要实施区域税收优惠政策，但就目前形势来看，由产业来带动经济的发展的作用日渐凸显，所以应当向产业税收优惠政策倾斜。第四，向文化创意产业链的前端倾斜。目前，北京市对文化创意产业的税收优惠侧重于研发创新成功企业的终端环节，而对正在进行文化创意设备更新、研发科技活动、风险投资等重点环节的税收支持力度相对较小。研发环节的进步和激励将因此而受到限制，文化创意产业链的发展也会受到一系列的负面影响。

综上所述，税收导向功能需得到积极的发挥，应按照北京市文化创意产业重点发展的产业类别，实行差别税率，转变以往区域税收优惠政策为主的政策为产业税收优惠政策为主。考虑文化创意产业各类别的发展阶段，针对成熟的文化创意企业侧重终端环节的税收优惠，对于成长型的文化创意企业加大研发、设备更新等重点环节的税收支持力度，以体现宏观政策的引导方向，并适时做出调整，调整税收优惠政策的格局。北京市未来税收政策支持文化创意产业应着力的领域见表 11-5。

表 11-5　　北京市未来税收政策支持文化创意产业的重点

政策方向	项目	税收政策倾斜的原因	优惠方式
新兴产业	网游、动漫、新媒体、数字出版、移动多媒体等	新兴企业是传统文化和高科技结合的产物，有发展潜力，具有促进经济发展带动就业的作用	给予新兴产业更宽松的税收环境：即最优的优惠税率。要点：优惠面涉及要广泛，可以定期给予增值税、所得税、房产税、城镇土地使用税等多种优惠

续表

政策方向	项目	税收政策倾斜的原因	优惠方式
“走出去”的产品服务	文艺演出、电影电视、影视制作、图书报刊、设计、文化旅游等	出口型文化创意企业能够宣传民族文化，利于国际交流合作，具有产业龙头带动作用，税收优惠倾斜政策有助于增强竞争力，促进企业自主创新能力（这类产业发展相对成熟）	支持文化创意产品和服务出口业务，对出口业绩突出的企业予以奖励；鼓励文化企业开展境外投资活动；对企业在文化创意产品和服务出口过程中所发生的境外市场推广费用，核定后给予一定比例的补贴；对在境外提供文化劳务取得的境外收入不征营业税、免征企业所得税
具有强正外部性的产品	新闻出版、广播电视	优秀的文化创意产品和服务不仅能推动经济发展，创造就业机会；还在文化消费中向消费者传播和渗透文创产品的价值观和内涵，可以弘扬和传承民族文化	要点：外部性越强，优惠税率越高，体现政府对公众正确价值观的引导
文化产业核心（高端创意）领域	文艺演出、文艺创作、建筑设计、城市规划	推动产业的核心竞争力、核心领域有更高的附加值，更大的发展潜力。从长远来看，有助于提升地区的“上层建筑”	要点：选择间接优惠，这种税基式优惠目的更明确，激励效果好，利于长期发展
中小文化创意企业		中小文化创意企业是不容忽视的群体，一是它在数量上较多，涉及面面广，尤其是新兴产业多以中小企业形式存在；另外，它比较灵活多样，容易转换方向改变形式	由于中小企业在开办初期融资困难，资金缺乏，在研发创新方面投入成本过高或者投入不足，因此，可以在研发费用、开办费上给予全额抵扣，开办几年之内给予企业所给税的减免． 在开办过程中，对于给予这些中小企业以支持的金融企业以税收优惠，刺激其提供资金给中小企业，解决中小企业资金困难

资料来源：荔小珂．促进北京市文化创意产业发展的财税政策研究［D］．北京：首都经济贸易大学硕士学位论文，2012.

二、完善文化创意产业税收优惠体系

北京市支持文化创意产业发展的税收优惠政策当前依旧主要以直接优

惠为主，直接税收优惠政策重在强调事后优惠，适用于激励投资期限较短、见效快的产业或企业发展，而文化创意产业中很多行业属于经营周期较长、投资规模较大、技术水平要求较高、回报率不固定、风险性较高的产业，因此直接税收优惠政策的激励扶持政策效果大打折扣；间接税收优惠政策比直接税收优惠更富有弹性，具有持久、正向激励文化创意产业发展的优点，强调事前优惠，其比直接税收优惠政策对投资取向的引导和激励效果更显著。鉴于此，北京市文化创意产业发展的税收优惠政策方式应该丰富，当前北京市对文化创意产业以直接优惠为主的现状也应尽快转变，转为以间接优惠为主的税收激励方式。弱化直接减免税收的优惠方式，转为实施以纳税扣除、税收抵免、税收递延、亏损弥补、税收饶让、加速折旧等间接优惠为主的税收激励措施。当然直接税收优惠政策在鼓励文化创意产业投资上的作用也不容忽视，在政策实施上二者应紧密结合。

（一）直接税收优惠政策有待完善

首先，差别税率政策需要尽快完善。文化创意产业当中的差别税率应以政府的文化导向为依据，对不同种类的文化事业和不同社会效益的文化产品以及文化服务，实行不同的税率。如在文化创意产业结构上，对低俗文化实行高税率，对政府提倡和鼓励的高雅文化实行低税率。在文化消费对象上，对为青少年及基层百姓服务的文化，则应给予税率上的优惠；在产业分类上，对具有发展潜力、能扩大城市就业的动漫、游戏、新媒体、数字出版、移动多媒体等新兴产业，以及文艺创作、建筑设计、城市规划等具有高附加值的文化创意核心领域产业给予最优惠税率，对亚成熟产业给予适中优惠税率，如研发设计业、广告会展业、艺术品业等；对成熟产业给予相对较低的优惠税率，如新闻出版业、文艺演出业、文化旅游业和电影、广播、电视业等。

其次，完善税收减免政策。对于市场风险较大的初创文化创意企业尤其是中小文化创意企业应给予税收减免政策，降低企业资格认定标准，对于中小文化创意企业根据其发展情况给予其小微企业优惠待遇，对于新办中小文化创意企业其应纳税所得额小于 6 万元的还可给予免征 3 年企业所得税待遇；对一些符合条件的文化创意企业可参照高新技术企业标准予以税收减免政策；对于文化企业进口必要的影视设备、动漫等技术软件给予进口环节增值税、关税减免；对于境内外文化企业和个人在北京市尤其是文化创意产业发展滞后的区县开办的新文化创意产业门类，或加大社区书屋等文化基础设施工程投资建设等可享受再投资退税政策；对于民间资本投资于文艺表演团体、演出场所、博物馆、展览馆、报刊亭等领域的，可视情况给与免征 3~5 年所得税待遇；对于商业银行向中小文化创意企业提供信用贷款担保所取得的收入应准予减免相关税收等。

再次，完善文化创意产业奖励性税收返还政策。进一步加大税利返还力度，将广播影视、文化艺术、新闻出版、音像、文物等非营利文化事业部门上缴的税收和利润直接或间接地返还给上缴的部门，或利用可返还的税利设立或注入文化创意产业发展资金。对于从事创意策划与设计、新媒体研发与应用、数字娱乐与网络服务、艺术品生产与培训、电子出版等符合国家鼓励性质的新办文化创意经营企业可参照国外一些国家的做法，允许其自取得第一笔生产经营收入所属年度起 1~3 年内实际缴纳的增值税、营业税、企业所得税给予全额返还，免税期满后可按比例予以返还其所缴纳的税款。

（二）完善间接税收优惠政策

鉴于间接税收优惠政策更富有弹性、效果更持久，因此在为文化创意产业创造宽松投资环境的过程中应更多地采用纳税扣除、税收抵免、税收递延、亏损弥补、税收饶让、加速折旧、费用扣除、提取创意开发准备金等间接税收优惠政策，加大对企业自主创新投入的所得税税前抵扣力度，转变以往以区域税收优惠和企业优惠政策为主的政策，最终实现向产业税收优惠政策的转变。第一，对处于初创期和成长期的文化创意产业以及广播、电影、电视、动漫、网游等前期研发、制作成本较高，固定资产投入较大的行业和企业给予税收递延政策，允许其采用缩短折旧年限、提高折旧率等方式加速折旧；第二，允许符合条件的文化创意企业按其销售收入提取一定比例的创意开发基金，建立研发准备金制度，并准予其在计算应纳税所得中扣除以补充企业研发资金；第三，研究开发费用扣除额度加大，允许企业将技术转让、研究开发、技术服务等费用从增值税税基按比例中抵扣；第四，加大对文化创意新兴产业和亚成熟产业税收抵免的力度，允许其对购买的先进设备按照一定的比例抵免所得税，对于动漫、网游、电影、电视剧、高雅艺术等文化创意企业尤其是中小文化创意企业的研发支出可给予加计150%~200%的税前扣除政策，实际发生的技术开发费用当年抵扣不足的部分，允许其5年内继续结转抵扣，以鼓励文化创意企业尤其是中小文化创意企业加大投入，进行科技研发、设备更新以及文化产品和服务内容的创新等。具体内容和方式见表11-6。

表11-6 完善文化创意产业的税收优惠体系

税收优惠	内容	适用的范围	原因和方式
直接优惠	优惠税率	新兴企业	新兴企业具有发展潜力，能带动城市就业
		文化创意核心领域	核心领域有更高的附加值
	税收减免	初创期企业、成长期企业	初创期的企业面临高市场风险和巨额资金压力，适当的税收直接减免有助于帮其渡过难关
		中小文化创意企业	中小文化创意企业是目前整个产业发展的基础力量，又是薄弱环节，切实减轻实际税负和企业成本，有利于加快发展，壮大队伍
	出口退税	产品的生产阶段	我国生产技术水平与发达国家相比还有差距，文化创意企业进口国外先进技术设备给予增值税、关税的一定减免，可以提高文化创意产品的工艺水平和市场竞争力
		各个行业中"走出去"的文化创意产品	鼓励有实力的企业参与国际竞争，从而激励和带动整个行业的进步，因此要加大对文化创意产品出口退税的力度
	再投资退税	投资于市政府政策鼓励类文化创意产业；投资于文创产业发展较为缓慢的区县	重视利用再投资退税吸引民间资本进入该领域；优化北京市文创产业格局，推动区域平衡发展
	税收返还	政府鼓励类文化创意产业中的新办企业	新办企业自开办之日起1~3年内，实际缴纳的增值税、营业税、企业所得税市留成部分给予部分或者全额返还

续表

税收优惠	内容	适用的范围	原因和方式
间接优惠	税收扣除	产品的研发环节的成本和费用	鼓励企业创意研发，有助于提高企业的核心竞争力，对研发费用100%加计扣除
	准备金制度	各类企业	允许文化创意产业设立可在税前据实扣除的各种准备金，如风险准备金、新产品研发准备金、亏损准备金等
	税收抵免	新兴产业、亚成熟产业	对企业更新技术设备的投资按照一定比例抵免其所得额
	税收递延	“走出去”文化创意企业	文化创意企业在国外缴纳的税额按规定予以税收抵免
		初创期、成长期的各类企业	企业初创期资金需求量大，递延税款有利于稳定资金流，保证企业健康发展
		广播、电影电视、动漫、网络游戏	这些产业面临前期研发费用高，制作成本较高，固定资产资金量需求大等困难，允许企业采用缩短年限、提高折旧率等方法能缓解企业资金压力

三、重点需要完善的文化创意产业税收政策

（一）鼓励自主研发创意的税收优惠政策

经认定后的富含高技术含量的文化创意企业可按规定享受高新技术企业优惠政策，为其制定的文化创意产业发展的优惠税收可比照高科技园区的优惠政策执行。①对于北京市文化创意产业集聚区内新办的文化创意企业，对重点发展行业企业、产品和具有较强正外部性的中小企业，其所得税自获利年度1~3年内免征，之后按一定所得税优惠税率征收。同时，继续加大对企业自主创新投入的所得税税前抵扣力度。②对北京市从事技术含量高的文化创意行业企业、个人给予所得税的优惠，并对这些企业给予楼宇、厂房的租金减免或补贴。③研究开发费用扣除额度应加大，可允许企业将技术转让、研究开发、技术服务等费用从增值税税基中按一定比例抵扣。④鼓励企业设立准备金制度（该制度与技术开发、创意研发密切相关）。企业可以按销售收入的一定比例提取研发准备金，用于相关项目的技术培训、技术开发、引进

先进技术和设备，等等，并准予在计算应纳税所得中扣除。

（二）扶持特色和重点文化创意企业的政策

①对从事北京市规定的九类文创行业的企业，采取激励机制，享受这种激励机制的企业必须具备一定的先决条件。例如该企业必须连续3年对北京市财政年度贡献额达到100万元以上，这样该企业在第4年就可获得政府返还其贡献的50%。同时政府还可按第一年度企业对市财政贡献额的2%给予企业法人代表一次性奖励。②对扩大规模租赁或购买房屋的企业，给予一定减免税的政策。为了配套该措施北京市政府还规定，若是该企业能够产生外部效应，并在其产业链上能够吸引更多企业进入园区，那么不但可给予刚进入的企业税收优惠，而且还可按其吸引进来企业的贡献能力一并给予其相应比例的财税优惠。③税收激励北京市重点文化创意企业的公共服务平台建设，如带头承担行业基础性技术研发、市场推广等。

（三）文化创意产业公益性捐赠和赞助理应给予相应的鼓励政策

应鼓励和提倡企业以及个人对文化创意产业的捐赠积极性。如鼓励企业、个人向非营利文化创意企业转让专利技术、著作权、版权；企业或者个人对非营利文化创意企业国家级或者市级以及个别单位艺术团体捐赠；鼓励赞助非营利性文化活动等，建议将文化捐赠现行12%的税前扣除比例提高到15%~25%。

（四）文化创意产业从业人员所得税优惠范围扩大政策

鼓励职工再教育，提高职工教育经费提取比例，并鼓励社会创办文化创意产业培训的教育机构，对社会捐赠部分在应纳所得税额中扣除。对文化创意从业人员尤其是高技术人员的个人所得税政策加以完善。对于高级创意人才的相关工作收入适当减免其个人所得税；高技术人才在研究成果转让和技术服务等收入、以股票期权形式的个人奖励，在一定期限内给予减、免征收个人所得税，并适当扩大对科技研究开发人员技术成果奖励个人所得税的免税范围。鼓励个人加大教育投资，允许扣除文化创意从业人员的教育培训支出。对文化创意企业高薪人才获得的收入，可以允许其在一定年限内平均摊销，计算个人所得税等。

四、完善支持文化创意产业国际竞争的税收政策

文化创意产业只有通过频繁地参与国际间的竞争与交流，取其精华并去其糟粕，坚持将“引进来”和“走出去”相结合，才能使北京市文化创意产业发展的环境得以更好优化，从而激励和带动整个行业的进步，最终承担起国民经济发展支柱的重任。因此，北京市政府应大力推动和实施各项税收优惠政策措施以支持本市文化创意产业“引进来”和“走出去”：首先，应加大对文化创意产品和服务出口的退税力度，其中包括：文化用品、影视、文化技术、文化产业合作等，它们可享受的全额出口退税待遇最高为17%；对来北京市投资的国外新兴文化创意产业，可予以考虑在进口关税和增值税上给予其减免税。其次，扩大对文化创意企业境外投资的税收饶让适用范围，无论我国是否与出口国已签订避免双重征税协定，只要我国居民文化企业纳税人从该出口国取得减免所得税，且其能够提供有效证明材料，均应视同已纳税金，给予其享受全额税收抵免的税收优惠待遇。再次，对北京市通过独资、收购、合资、控股、参股等方式在境外兴办文化实体，拓展海外业务的文化创意企业，尤其是投资于海外高新技术含量大、产品附加值高的知识技术型文化创意产业，可考虑准许其在国外获得的利润享受1~5年的投资期投资抵免税收优惠政策；最后，可通过建立海外文化创意产业投资风险准备金制度，将海外投资金额按照15%~25%的比例计提海外投资损失准备金，其中北京市海外文化投资企业被包括在内，被允许将该计提的投资损失准备金计入文化投资企业当期费用予以税前扣除；对于国外文化创意企业来北京市投资也可允许其计提投资损失准备金以吸引更多的国外投资于北京市文化创意产业。

五、北京市促进文化创意产业的其他配套政策

（一）建立健全文化创意产业信用担保体系

尽管在北京市政府的大力支持下，大型文化创意产业的融资问题得到

了一定程度的解决，但是目前北京市文化创意产业的主体却是中小企业，其缺乏足够的融资抵押物的先天缺陷自然决定了其依然很难利用自身信用提供担保以获得外部资金支持。因此，北京市应进一步完善文化创意产业信用担保体系，加大政府政策支持力度，把财政投入规模与市场信用担保相结合，有效疏通文化创意企业融资渠道，推动担保业务的多元化。北京市政府目前应继续探索进一步完善文化创意产业财政资金担保机制：第一，应当对产业发展现状进行详细的评估，并在此基础上确定产业发展所需要的实际资金规模，进而设定担保资金的运作方式；第二，利用招标的方式择优选择担保项目，重点支持文化创意企业的创作、生产和营销等环节，为投资企业提供一定程度的担保，担保范围可以根据项目的优良程度，在2%~5%之间浮动；第三，着力推动文化创意企业自身的信用制度建设，加大与相关金融机构的配合，对文化创意企业信用等级进行严格审查，这样一方面可以规避政府陪同投资的风险，另一方面可以督促文化创意企业提高自身信用程度，减少不良贷款发生的可能性。

（二）积极促成文化创意企业通过公开上市募集资金

通过股票市场募集文化创意产业发展资金是文化创意企业获得长期资金支持最理想的融资方式。北京市政府应积极引导、支持符合条件的文化创意企业上市，从而迅速实现企业规模的扩张，尤其要积极支持那些经营状况优良、有相当实力的大型文化创意企业在主板市场上市融资；鼓励文化创意企业通过兼并重组壮大自身实力，形成大型文化创意企业集团进行上市；鼓励符合相关条件要求的中小文化创意企业进军创业板市场，从而充分发挥创业板的导向作用；并对拟在创业板上市的文化创意企业，除了给予相关政策优惠外，可考虑对那些完成股改并向证监会上报发行申请材料的文化创意企业给予一定的财政资金奖励；对于那些已经上市的文化创意企业，要支持其通过增资扩股的方式进行再融资。

（三）鼓励文化创意企业利用债券进行融资

由于公司债券具有优化企业财务结构，降低企业融资成本的天然优势，所以发行公司债券已经成为现代公司一种非常重要的融资方式。北京市政府应积极鼓励文化创意企业尝试通过发行企业债、公司债、短期融资券和中长期票据等方式来扩大文化创意企业的债券市场融资规模。但是由于目前对于企业发行公司债券的限制门槛限制较大，所以对于在文化创意产业中占多数的中小企业来说一般难以达到独立发行债券的资质要求，所以本书建议北京市可以借鉴相关省市的成熟经验，对于文化创意企业尤其是中小文化创意企业尽可能采取公司集合债券的方式进行融资，即将几个文化创意企业捆绑在一起集合发行债券，从而增加债券信用等级，降低投资者风险，增加投资者信心，大大规避单个企业自身规模小、风险大、经营不稳定的劣势，打开债券融资的渠道。具体来说，由北京市文化创意产业领导小组牵头协助企业选取一批盈利能力较好、风险控制能力好、偿债能力强的企业组成集合债券发行小组，在证交所统一使用一个名称进行发行，集合债券内部企业共同商讨发行债券数额，在证交所统一发行，发行后募集到的资金按照比例在企业间进行分配，按照领取金额各自还本付息。

参 考 文 献

［1］ Alan Peacock，Idle Rizzo. Cultural Economics and Cultural Policies ［M］. New York：Kluwer Academic Publishers，1994.

［2］ Allen J Scott. The Cultural Economy of Cities ［J］. International Journal of Urban and Regional Research，2002（2）.

［3］ Bernard Salanie. The Economics of Taxation ［M］. Paris：Economica，2002.

［4］ Franco Bianchini，Michael Parkinson. Cultural Policy and Urban Regeneration：The West European Experience ［M］. Manchester University Press，1993.

［5］ Li Shu-sheng. Culture Industry Development and Regional Economy-Case Study of Tianjin ［J］. Physics Procedia，2012.

［6］ Nicholas Gamham. From Culture to Creative Industries ［J］. International Journal of Cultural Policy，2005（11）.

［7］ OmarLizardo SaraSkiles. Cultural Consumption in the Fine and Popular Arts Realms ［J］. Sociology Compass，2008（2）.

［8］ Richard Caves. Creative Industry ［M］. Harvard Business School Press，2000.

［9］ 安体富，张新．关于促进我国文化产业发展的财税政策研究［J］．经济研究参考，2012（52）．

［10］ 北京市统计局，国家统计局北京调查总队．北京市文化创意产业分类标准［S］．2006.

［11］ 北京市统计局．北京统计年鉴 2010［M］．北京：中国统计出版社，2010.

［12］ 北京市文化创意产业领导小组办公室，北京市地方税务局．北京文化创意产业税收优惠政策汇编［Z］，2007.

［13］ 财政部财政科学研究所新闻出版总署财务司联合课题组．完善我国新闻出版业发展的财税政策建议［J］．经济研究参考，2013（26）．

［14］ 蔡鲤毓．促进文化产业发展的税收政策研究——以泉州“闽南文化”

特色产业为例［D］．厦门：华侨大学硕士学位论文，2013.
［15］ 蔡尚伟，温洪泉．文化产业导论［M］．上海：复旦大学出版社，2006.
［16］ 蔡天新．建国以来我国文化经济政策的改革与发展［J］．电子科技大学学报（社科版），2014（4）．
［17］ 曹芳．我国文化产业税收政策探析［D］．成都：西南财经大学硕士学位论文，2014.
［18］ 曾志兰．对金融支持福建文化产业发展的思考［J］．福建论坛（人文社会科学版），2010（12）．
［19］ 陈家泽．政府作用与文化产业政策设计［J］．西南交通大学学报（社会科学版），2006（5）．
［20］ 陈建国．政府购买公共服务过程管理研究——以北京市为例［J］．理论探索，2012（4）．
［21］ 陈莹莹．我国文化产业税收政策研究综述［J］．经济研究参考，2012（36）．
［22］ 迟树功．将文化产业培育成支柱性产业的政策体系研究［J］．理论学刊，2011（1）．
［23］ 创意产业特别工作组．英国创意产业路径文件［Z］，1998.
［24］ 代光举．区域文化产业竞争力与发展研究［D］．成都：西南财经大学博士学位论文，2012.
［25］ 邓安球．文化产业发展理论研究［M］．北京：中国社会科学出版社，2010.
［26］ 邓双双．论中国创意产业发展的财税政策支持［J］．经济研究导刊，2011（7）．
［27］ 丁俊杰．文化创意产业发展的观察与思考［J］．大市场（广告导报），2006（9）．
［28］ 丁兆庆．发展我国文化产业的战略意义及其路径选择［J］．甘肃联合大学学报（社会科学版），2007（1）．
［29］ 范永旭．社会主义市场经济条件下我国文化产业发展路径选择［D］．沈阳：沈阳师范大学硕士学位论文，2014.

［30］ 范志杰．发展文化事业促进文化产业政策研究［D］．北京：财政部财政科学研究所博士学位论文，2013.

［31］ 范周．中国文化产业新思考［M］．北京：光明日报出版社，2010.

［32］ 冯子标，焦斌龙．分工、比较优势与文化产业发展［M］．北京：商务印书馆，2005.

［33］ 高坡．改革开放以来我国文化产业发展研究［D］．成都：西南大学硕士学位论文，2009.

［34］ 葛欣航．发达国家文化创意产业融资发展经验与借鉴［J］．当代经济，2012（16）.

［35］ 郭庆旺．税收与经济发展［M］．北京：中国财政经济出版社，1995.

［36］ 郭卫华．北京市文化创意产业的财税支持研究［D］．北京：北京工商大学硕士学位论文，2009.

［37］ 郭周明．国际分工视角下中国文化产业“走出去”战略研究［M］．北京：对外经贸大学出版社，2014.

［38］ 韩磊．各国文化产业产值时事报告［J］．时事报告，2004（7）.

［39］ 韩美群．建国以来我国文化经济政策的演变及其经验教训［J］．中国经济史研究，2009（3）.

［40］ 何秋仙．论文化支出的政策选择［J］．商业经济与管理，2001（8）.

［41］ 宏奎．文化产业税收优惠政策梳理［J］．税收征纳，2010（11）.

［42］ 侯善文．我国文化产业发展的科技需求与对策［D］．锦州：渤海大学硕士学位论文，2013.

［43］ 胡惠林．当前我国文化产业发展的最新趋势及政策分析［J］．开发研究，2006（1）.

［44］ 胡惠林．文化产业学［M］．北京：高等教育出版社，2006.

［45］ 胡惠林．文化政策学［M］．上海：上海文艺出版社，2003.

［46］ 胡慧林．文化产业发展的中国道路：我国文化产业发展理论与实践研究［M］．上海：上海人民出版社，2004.

［47］ 胡慧林．文化产业可持续发展的关键——文化产业发展与人、社会

和自然的精神关系协调统一论［J］．中共浙江省委党校学报，2015（1）．
［48］胡慧林．我国文化产业发展战略理论文献研究综述［M］．上海：上海人民出版社，2011.
［49］胡绍山．促进文化产业发展的税收政策探讨［J］．山西财经大学学报，2011（4）．
［50］花建．产业界面上的文化之舞［M］．上海：上海人民出版社，2002.
［51］黄荔梅．促进文化产业发展的财税政策［J］．金融经济（下半月），2011（9）．
［52］计国忠．文化产业的政府支持——正外部性角度的分析［J］．新疆社会科学，2004（4）．
［53］贾康，马衍伟．促进文化产业发展的理论分析及政策建议［J］．财政研究，2012（4）．
［54］贾康，马衍伟．进一步促进文化产业发展的税收政策选择［J］．中国税务，2008（12）．
［55］江蓝生，谢绳武．中国文化产业发展报告［M］．北京：社会科学文献出版，2003.
［56］江陵．中国文化企业自主创新的现状与提升路径［J］．云南社会科学，2013（1）．
［57］姜宝华．从产业融合看创意产业的发展——以江西省创意产业的发展为例［J］．安徽商贸职业技术学院学报（社会科学版），2010（4）．
［58］蒋茜，方卿．我国文化产品的税收政策现状与思考——兼谈税收政策对文化产品创作生产的引导［J］．出版科学，2014（1）．
［59］蒋依娴．传统产业利用文化资源转型升级的路径探讨——基于消费者偏好的分析［J］．福建行政学院学报，2013（2）．
［60］焦茵茵．我国文化产业发展的财政支持研究［D］．长春：吉林财经大学硕士学位论文，2013.
［61］靳玉军．中国文化产业发展研究［D］．成都：西南师范大学硕士学位论文，2005.

［62］ 靳长巍．试论公共财政管理体制创新与文化产业发展［J］．商业经济，2013（1）．
［63］ 荆林波，李蕊．中国文化产业存在的问题及对策［J］．中国经贸导刊，2010（24）．
［64］ 科技智囊理论研究室．文化创意产业推助北京经济平稳较快发展［J］．科技智囊，2009（2）．
［65］ 兰相洁．促进文化产业发展的税收政策研究［J］．经济纵横，2012（6）．
［66］ 李本贵．促进文化产业发展的税收政策研究［J］．税务研究，2012（7）．
［67］ 李本贵．促进我国文化产业发展的财税政策［J］．税务研究，2010（7）．
［68］ 李春根，罗丽，朱国庆．财政促进先进文化建设大有可为［J］．山西大同大学学报（社会科学版），2010（4）．
［69］ 李德．深化金融与文化融合　促进社会主义文化繁荣发展［J］．西部金融，2012（1）．
［70］ 李季．我国文化产业财税政策研究［D］．大连：东北财经大学博士学位论文，2013.
［71］ 李锦舒．促进我国现代服务业发展的税收政策研究［D］．南昌：江西师范大学硕士学位论文，2013.
［72］ 李京文．中国文化产业发展的现状、走势及政策选择［J］．沿海企业与科技，2006（10）．
［73］ 李晶．加快文化产业振兴的税收政策［J］．财政研究，2013（11）．
［74］ 李琨．促进文化产业发展的财税政策研究［M］．北京：中国税务出版社，2013.
［75］ 李文瑞．甘肃省文化产业发展的金融支持研究［J］．甘肃金融，2013（5）．
［76］ 李兴国，董榕萍．海峡两岸文化交流合作的税法问题分析［J］．海峡法学，2013（3）．

[77] 李秀金，吴学丽．文化产业发展与税收政策选择［J］．税务研究，2010（7）．

[78] 李亚玲．优化税收政策促进文化产业发展［J］．新闻研究导刊，2015，6（2）．

[79] 李中坚，徐玉鹏．金融支持武威市文化产业发展的思考［J］．甘肃金融，2012（12）．

[80] 理海燕．我国文化产业发展路径研究［D］．郑州：河南大学硕士学位论文，2013.

[81] 厉无畏，蒋莉莉．文化创意产业促进科学发展的路径分析［J］．毛泽东与邓小平理论研究，2012（11）．

[82] 荔小珂．促进北京市文化创意产业发展的财税政策研究［D］．北京：首都经济贸易大学硕士论文，2012.

[83] 梁云凤，孙亦军，雷梅青．促进文化产业发展的财税政策［J］．税务研究，2010（7）．

[84] 林拓，李惠彬，薛晓源．世界文化产业发展前沿报告［M］．北京：社会科学文献出版社，2004.

[85] 刘国栋．中小型文化创意企业融资问题研究［D］．北京：对外经济贸易大学硕士学位论文，2007.

[86] 刘吉发．创新与文化创意：关系辨析及产业发展趋势［J］．现代经济参考，2009（1）．

[87] 刘建芳，周秀玲．对文化创意产业融资方式的探讨［J］．科技和产业，2010（10）．

[88] 刘君．文化产业财税政策研究［D］．大连：东北财经大学硕士学位论文，2012.

[89] 刘磊．促进江西文化产业发展的财税支持政策研究［D］．南昌：南昌大学硕士学位论文，2012.

[90] 刘利成．支持文化创意产业发展的财政政策研究［D］．北京：财政部财政科学研究所博士论文，2011.

[91] 刘倩含．我国文化产业发展现状及对策研究［D］．沈阳：辽宁大学硕士学位论文，2013.

[92] 刘永梅．中国文化产业发展研究［D］．成都：西南大学硕士学位论文，2007.

[93] 刘勇．发达国家政府采购促进高新技术产业发展的经验［J］．经济纵横，2009（6）．

[94] 刘元发．促进我国文化产业发展的财税政策研究［D］．北京：财政部财政科学研究所博士学位论文，2014.

[95] 刘佐．2009 年税收政策重要调整一览［J］．中国农业会计，2010（1）．

[96] 柳斌杰．文化产业是中国经济的新增长点［J］．中国报业，2006（5）．

[97] 路春城．促进文化产业发展的税收政策研究［J］．山东经济，2008（4）．

[98] 罗仲尤，张清平，沈淑娟．我国文化创意产业规模化发展的资金瓶颈问题研究［J］．湖南大学学报（社会科学版），2010（6）．

[99] 吕庆华．文化资源的产业开发［M］．北京：经济日报出版社，2006.

[100] 吕志胜．公共财政投入与文化产业增长：影响与对策建议［J］．财政研究，2012（10）．

[101] 马洪范．文化观、文化发展与财税政策选择［J］．地方财政研究，2012（1）．

[102] 马近朱．支付业助力文化产业发展的路径探索［J］．支付创新，2015（1）．

[103] 马拴友．税收政策与经济增长［M］．北京：中国城市出版社，2001.

[104] 马晓红．福建文化创意产业融资问题研究［J］．金融经济（理论版），2013（3）．

[105] 马应超，李永强．新时期推动我国文化产业发展的税收政策研究［J］．商业时代，2010（25）．

[106] 明朗．产业税收政策与产业结构高度化研究［D］．重庆：重庆大学硕士论文，2007.

[107] 莫挺．支持浙江文化产业发展的财税金融政策研究［D］．厦门：

厦门大学硕士学位论文，2014.
[108] 南京市人民政府．南京市文化创意产业“十一五”发展规划纲要［Z］，2007.
[109] 潘玉香，海洋．天津市文化创意产业投融资研究［J］．天津经济，2012（9）．
[110] 彭永斌．传媒产业发展的系统理论分析［M］．成都：西南财经大学出版社，2004.
[111] 祁述裕．从文化到文化产业［J］．中国改革，2000（5）．
[112] 祁述裕．中国和欧盟国家文化体制、文化政策比较分析［J］．比较借鉴，2005（2）．
[113] 祁述裕．中国文化产业竞争力国际报告［M］．北京：社会科学文献出版社，2004.
[114] 曲博．促进文化产业发展的公共政策研究［D］．哈尔滨：哈尔滨商业大学硕士学位论文，2013.
[115] 曲顺兰，路春城．促进文化产业发展的财税政策研究［J］．财政经济评论，2010（2）．
[116] 任建业．财政支持文化产业发展路径［D］．郑州：河南大学硕士学位论文，2014.
[117] 萨缪尔森．经济学［M］．北京：人民邮电出版社，2008.
[118] 邵汝军．发展我国创意产业的策略研究［J］．特区经济，2007（7）．
[119] 申国军．发达国家促进文化产业发展税收政策及其借鉴［J］．国际税收，2010（4）．
[120] 石祥强．知识经济时代文化创意产业形态发展探析［J］．生产力研究，2010（3）．
[121] 石应江，李哲．科技期刊社转企改制实践［J］．中国科技期刊研究，2010（6）．
[122] 苏东水．产业经济学［M］．北京：高等教育出版社，2000.
[123] 苏玉娥．我国政府支持文化创意产业发展的政策选择［J］．学术交流，2011（6）．

[124] 孙春祥．广州市文化产业的财税政策研究［D］．广州：暨南大学硕士学位论文，2013.

[125] 孙国学．赤峰市文化产业发展的战略选择——赤峰市文化产业发展研究之二［J］．赤峰学院学报：汉文哲学社会科学版，2011（7）．

[126] 孙丽坤．民族地区文化旅游产业可持续发展理论与案例［M］．北京：中国环境科学出版社，2011.

[127] 孙若风．我国文化产业发展的政策基础与取向［J］．理论研究，2015（2）．

[128] 佟贺丰．英国文化创意产业发展概况及其启示［J］．科技与管理，2005（1）．

[129] 王爱云．网络文化产业的发展方向与路径探讨［J］．理论学刊，2009（11）．

[130] 王丹，万兴亚．完善我国文化产业发展政策的思考［J］．经济纵横，2013（4）．

[131] 王丹．我国文化产业政策及其体系构建研究［D］．沈阳：东北师范大学博士学位论文，2013.

[132] 王二双．新时期繁荣文化产业的税收优惠政策研究［D］．武汉：中南民族大学硕士学位论文，2013.

[133] 王广深，王金秀．我国文化事业财政支出结构的优化分析［J］．华东经济管理，2008（5）．

[134] 王江，刘莹．北京创意产业集群化发展探讨［J］．北京工商大学学报（社会科学版），2008.

[135] 王骏．鼓励软件和集成电路产业发展所得税新政解读［J］．财务与会计（理财版），2012（10）．

[136] 王丽华．山西文化产业发展问题研究［D］．太原：山西财经大学硕士学位论文，2009.

[137] 王璐璐，曾元祥，许洁．论文化产品的公共产品属性——兼谈文化产品生产中的政府职能［J］．出版科学，2014（5）．

[138] 王美田．提高石油公司海外业务技术水平的建议［J］．投资与合

作，2012（5）.
[139] 王能宪. 文化：有待投入的产业［J］. 人文杂志，2005（4）.
[140] 王庆金，侯英津. 文化创意产业集聚演化路径及发展策略［J］. 财经问题研究，2015（2）.
[141] 王伟年，张平宇. 创意产业与城市再生［J］. 城市规划学刊，2006（2）.
[142] 王香茜. 税收政策促进文化产业发展的对策研究［J］. 未来与发展，2013（2）.
[143] 王新忠. 我国文化产业发展现状及对策分析［J］. 经济师，2008（2）.
[144] 王秀华. 创意产业的内涵与发展模式［J］. 沈阳航空工业学院学报，2008（12）.
[145] 王永庆. 发展文化产业：提升深圳城市竞争力的战略和策略［J］. 开放导报，2004（4）.
[146] 王志标. 传统文化资源产业化的路径分析［J］. 河南大学学报（社会科学版），2012（12）.
[147] 魏鹏举，王玺. 中国文化产业税收政策的现状与建议［J］. 同济大学学报（社会科学版），2013（10）.
[148] 魏鹏举. 公共财政的文化投入机制创新刍议［J］. 艺术与投资，2008（7）.
[149] 温嘉玮. 加入世界贸易组织后中国文化产业政策与立法研究［M］. 北京：人民出版社，2006.
[150] 翁昌寿. 文化竞合：华语文化创意产业特色与路径［M］. 北京：北京大学出版社，2013.
[151] 吴丽媛. 文化产业财政补贴政策评价研究［D］. 南京：南京航空航天大学硕士学位论文，2012.
[152] 吴庆华. 国外文化产业财税政策借鉴与启示［J］. 财会月刊，2012.
[153] 吴学丽. 当代国外文化产业发展趋向及其启示［J］. 理论学刊，2011（7）.

[154] 西安高新区管委会. 西安高新区关于促进创意产业发展的扶持政策 [Z], 2007.
[155] 夏振俊. 经济欠发达地区金融支持文化产业发展的探讨 [J]. 理论观察, 2013 (8).
[156] 谢玉亮. 全球化背景下中国文化发展问题研究 [D]. 贵阳: 贵州师范大学硕士学位论文, 2005.
[157] 新加坡信息通讯艺术部. 创意产业发展战略 [Z], 2002.
[158] 新加坡信息通讯艺术部. 创意新加坡 [Z], 1998.
[159] 邢志勤. 文化产业生态化系统的实现路径 [J]. 文化建设研究, 2015 (1).
[160] 熊彩虹. 新税收政策下的动漫企业纳税筹划策略 [J]. 会计之友, 2010 (15).
[161] 徐丽, 邹超. 文化创意产业聚集区的发展模式研究 [J]. 中国商贸, 2012 (32).
[162] 徐彤. 英国对文化艺术的拨款和资助 [M] //国际文化发展报告. 北京: 北京商务印书馆, 2005.
[163] 杨京钟. 日本文化产业财政政策对中国的启示 [J]. 郑州航空工业管理学院学报, 2011 (6).
[164] 杨京钟. 文化产业政策支持: 理论依据与调控机理 [J]. 河北工业大学学报, 2013 (1).
[165] 杨小凯, 张永生. 新兴古典经济学与超边际分析 [M]. 北京: 社会科学文献出版社, 2003.
[166] 杨志. 产业经济学导论 [M]. 北京: 人民大学出版社, 1985.
[167] 杨志银. 促进贵州省文化产业发展的税收政策研究 [J]. 经济研究导刊, 2012 (35).
[168] 姚林青. 文化创意产业集聚与发展 [M]. 北京: 中国传媒大学出版社, 2012.
[169] 姚廷康, 赵新贵. 软件产业和集成电路产业税收优惠政策解析 [J]. 财务与会计, 2012 (7).
[170] 叶菊华. 文化产业发展的财政扶持研究综述 [J]. 财经界 (学术

版)，2011（4）.
［171］ 尹婷．我国文化产业发展财政政分析［D］．成都：西南财经大学硕士学位论文，2013.
［172］ 俞剑光．文化创意产业区与城市空间互动发展研究［D］．天津：天津大学博士学位论文，2013.
［173］ 袁海．文化产业集聚的形成及效应研究［D］．西安：陕西师范大学博士学位论文，2012.
［174］ 袁艳红．完善文化产业发展的税收政策［J］．税务研究，2007（10）.
［175］ 苑新丽，任东梅．现代服务业发展与财税政策选择［J］．地方财政研究，2008（11）.
［176］ 臧志彭．韩国文化产业的跨越式发展之路［M］//北大文化产业（2006年卷）．长沙：湖南文艺出版社，2006.
［177］ 张秉福．我国文化产业政府规制的现状与问题探析［J］．图书与情报，2012（4）.
［178］ 张国洪．中国文化产业的战略驱动——国家和地方推进文化产业发展的关键路径［J］．CULTURE·产业观潮，2010（6）.
［179］ 张国玲．充分认识发展文化产业的重要意义［J］．全国商情（经济理论研究），2009（16）.
［180］ 张皓．支持文化体制改革和文化产业发展的财税政策研究［J］．税务研究，2010（7）.
［181］ 张洁．技术创新与文化产业发展［J］．社会科学，2013（11）.
［182］ 张珂明．创新驱动发展战略背景下我国文化产业发展研究［D］．济南：山东大学硕士学位论文，2014.
［183］ 张社安．浅议文化产业财税政策研究［J］．税务研究，2013（8）.
［184］ 张胜冰，徐向里，马树华．世界文化产业概要［M］．昆明：云南大学出版社，2006.
［185］ 张晓明．文化蓝皮书2005年：中国文化产业发展报告［M］．北京：社科学文献出版社，2005.

[186] 张馨．公共财政论纲［M］．北京：经济科学出版社，1999.

[187] 张亚丽．我国文化产业发展及其路径选择研究［D］．长春：吉林大学博士学位论文，2014.

[188] 张颖．文化产业发展与中国文化软实力的提升［D］．济南：山东大学硕士学位论文，2012.

[189] 张玉峰．促进民族文化产业发展的税收政策研究［D］．吉首：吉首大学硕士学位论文，2011.

[190] 张玉峰．我国文化产业税收政策研究［J］．商业经济，2011（8）．

[191] 张玉君．论实质课税原则在动漫产业发展中的应用［D］．太原：山西财经大学硕士学位论文，2013.

[192] 张玉君．浅谈税收减免优惠政策对动漫产业发展的扶持［J］．商情，2012（5）．

[193] 张中华．促进我国文化产业发展的财税政策思考［D］．大连：东北财经大学硕士学位论文，2013.

[194] 赵静．我国文化产业财政政策创新研究［D］．西安：长安大学硕士学位论文，2013.

[195] 赵鹏．文化产业税收优惠制度研究［D］．石家庄：河北大学硕士学位论文，2013.

[196] 赵莹．当前我国文化产业发展面临的机遇与挑战浅析［J］．江西科技师范学院学报，2012（1）．

[197] 郑世林，葛珺沂．文化体制改革与文化产业全要素生产率增长［J］．中国软科学，2012（10）．

[198] 中国注册会计师协会．税法［M］．北京：北京经济科学出版社，2008.

[199] 中宣部文化体制改革和发展办公室．国际文化发展报告［M］．北京：商务印书馆，2005.

[200] 钟军宁．公司捐赠行为若干法律问题研究［D］．南宁：广西大学硕士学位论文，2012.

[201] 重庆市人民政府．关于加快创意产业发展的意见［Z］，2006.

[202] 周锦，马卿．我国文化产业创新的战略选择［J］．文化产业研究，2013（10）．

[203] 周宇．文化创意产业的融资渠道探讨［J］．人民论坛，2013（29）．

[204] 周正刚，陈曙光．文化产业可持续发展指标体系的探讨［J］．广东社会科学，2008（5）．

[205] 朱国辉．近十年来我国文化产业政策分析研究［D］．济南：山东大学硕士学位论文，2011.

[206] 朱秒秒．我国文化产业的税收优惠法律制度研究［D］．合肥：安徽大学硕士学位论文，2014.

[207] 邹超．我国文化创意产业政策现状、问题及对策分析［J］．内蒙古财经大学学报，2013（3）．

[208] 戎霞，丁智才．城镇化进程中边疆文化产业发展与少数民族文化保护互动研究——以广西为例［J］．广西社会科学，2015（1）．

[209] 娄爱花，宁晓娜．促进陕西文化产业发展的财税政策选择［J］．陕西行政学院学报，2014（1）．

[210] 刘磊．促进江西文化产业发展的财税支持政策研究［D］．南昌：南昌大学硕士学位论文，2012.

[211] 刘元发．促进我国文化产业发展的财税政策研究［D］．北京：财政部财政科学研究所博士学位论文，2014.

[212] 王学军．甘肃省区域文化产业效率及影响因素分析［J］．甘肃社会科学，2015（3）．

[213] 龙丽佳．广西建成新战略支点的财税政策［J］．地方财政，2014（2）．

[214] 丁佳，边世平．环青海湖地区文化旅游资源竞争力评价分析［J］．青海师范大学学报（自然科学版），2015（1）．

[215] 薛勇军，申登明．我国省际文化产业竞争力评价与对策［J］．资源开发与市场，2015（3）．

[216] 王欣，徐明．我国四大区域间文化产业发展评价分析——基于2011—2013年31个省（市）的基础数据［J］．江汉学术，2015

(4).

[217] 肖怀德. 我国西部文化产业集聚发展问题探究 [J]. 甘肃社会科学，2014 (2).

[218] 孟航. 西部地区文化产业与旅游产业互动发展之文化基础及道路选择 [J]. 旅游研究，2013 (2).

[219] 刘维奇. 中西部地区文化产业发展战略研究——以山西省为例 [J]. 石家庄经济学院学报，2009 (5).

[220] 孟鑫. 中国西部文化产业发展探究 [D]. 北京：中央民族大学博士学位论文，2011.

[221] 孙丽华，唐天伟. 中国省域文化产业效率测度及分析 [J]. 金融教育研究，2015，28 (1).

[222] 梁柰. 西南少数民族地区文化产业发展现状及创新途径——以广西百色市为例 [J]. 百色学院学报，2014，27 (6).

[223] 乐祥海. 中部六省区域文化产业竞争力评价研究 [J]. 系统工程，2013，31 (3).

[224] 丁智才. 民族地区少数民族特色文化产业发展研究 [J]. 广西民族研究，2014 (6).

[225] 甘肃省国家税务局课题组. 促进甘肃文化产业发展的财税政策研究 [J]. 调查研究，2013 (3).

[226] 王艳艳. 促进区域文化产业发展的地方财税政策研究——以河南省为例 [J]. 现代商业，2013 (4).